职业教育城市轨道交通专业系列教材

城市轨道交通行车组织

主　编　牛凯兰　牛红霞
参　编　刘福安　任　萍　胡金成
　　　　张大勇　彭志平
主　审　张洪树

机 械 工 业 出 版 社

本书以项目形式编写，以城市轨道交通系统行车专业岗位所需的理论知识和操作技能为主，对城市轨道交通（主要是地铁和轻轨）行车组织进行了较详细、较全面的描述。内容包括行车组织基础，正常情况下的列车运行组织，ATC设备故障时的列车运行组织，车站联锁设备故障时的列车运行组织，特殊情况下的列车运行组织，施工及工程列车的开行，调车工作，行车调度工作，行车突发事件应急处理，行车事故的分类、通报与调查处理等。

本书适合作为车站及车辆基地（车厂）行车值班员、站务员、调车员等行车各岗位人员的培训教材，可作为高等及中等职业院校城市轨道交通及相关专业的教材和教学参考书，也可供从事城市轨道交通运营管理的专业技术人员参考。

为方便教学，本书配有电子课件。凡选用本书作为授课教材的教师均可登录 www. cmpedu. com 免费注册下载电子课件。编辑咨询电话：010 - 88379865。

图书在版编目（CIP）数据

城市轨道交通行车组织/牛凯兰，牛红霞主编. —北京：机械工业出版社，2009.7（2022.1 重印）
教育部职业教育改革创新示范教材
高等职业教育城市轨道交通专业系列教材
ISBN 978 - 7 - 111 - 27777 - 4

Ⅰ. 城… Ⅱ. ①牛…②牛… Ⅲ. 城市铁路 - 铁路运输 - 行车组织 - 高等学校：技术学校 - 教材 Ⅳ. U239.5 U292

中国版本图书馆 CIP 数据核字（2009）第 119804 号

机械工业出版社（北京市百万庄大街 22 号 邮政编码 100037）
策划编辑：曹新宇 宋学敏 责任编辑：曹新宇
版式设计：霍永明 责任校对：李锦莉 刘秀丽
封面设计：王伟光 责任印制：常天培
唐山三艺印务有限公司印刷
2022 年 1 月第 1 版 · 第 16 次印刷
184mm × 260mm · 13.25 印张 · 321 千字
标准书号：ISBN 978 - 7 - 111 - 27777 - 4
定价：35.00 元

电话服务
客服电话：010-88361066
010-88379833
010-68326294

网络服务
机 工 官 网：www. cmpbook. com
机 工 官 博：weibo. com/cmp1952
金 书 网：www. golden-book. com
机工教育服务网：www. cmpedu. com

职业教育城市轨道交通专业系列教材
编 写 委 员 会

出 版 说 明

目前我国正在经历着有史以来规模最大的城市轨道交通建设。城市轨道交通的高速发展，带来了对城市轨道交通专业人才的巨大需求，巨大的城市轨道交通人才需求为职业教育城市轨道交通专业的发展带来了良好契机。目前国内开设城市轨道交通专业的院校正逐年增多，但是适合于职业教育的教材却很少，特别是专门为职业教育量身设计的、注重实际操作技能及管理技能的教材几乎没有。机械工业出版社根据教育部大力发展职业教育的要求，为促进职业教育城市轨道交通专业教学的交流与推广，推动职业教育城市轨道交通教材建设，培养符合企业实际需求的应用型、综合性人才，特组织国内开设城市轨道交通专业的优秀教师及院校编写此套教材。

为了做好教材的编写工作，机械工业出版社特别成立了由著名专家组成的教材编写委员会。这些专家对城市轨道交通专业教学作了深入细致的调查研究，对教材编写提出许多建设性意见，慎重地对每一本教材一审再审，确保教材质量，并对教材的教学思想和方法的先进性、科学性严格把关。希望职业院校师生在使用本套教材后及时反馈意见和建议，使我们能更好地为教学改革服务。机械工业出版社轨道教材交流 QQ 群：73242168。

机械工业出版社

前　言

随着世界范围内城市化进程的日益加快，城市人口不断增加，城市交通拥堵问题日益加重，城市交通造成的环境污染日益加剧，这些都在一定程度上严重影响着人们的工作和生活，严重制约着生态型城市的建设和城市的可持续发展。大力发展城市轨道交通，已成为世界各国解决城市交通问题的主要手段。发达国家100多年的城市轨道交通建设历史证明，城市轨道交通具有大容量、高速度、低污染的优势，是解决城市交通问题的主要手段。城市轨道交通是城市交通系统的骨架和脉络，是现代化城市的标志，对拉动城市的可持续发展，发挥着巨大的作用。

我国城市轨道交通建设发展至今，已有40多年的历史。据不完全统计，我国已经建设和正在规划建设城市轨道交通的城市已近30个，规划城市轨道交通总里程达到4000km，逐渐形成以地铁、轻轨、单轨、市郊铁路等多种类型并举的轨道交通建设新格局。当前是我国城市轨道交通快速发展时期，需要大量的城市轨道交通专业技术人才。但缺乏较系统、细致的，与专业岗位所需理论知识及操作技能联系紧密的专业培训系列教材。因此，机械工业出版社组织编写了这套丛书，以满足我国城市轨道交通发展的人才需要。

本书以项目形式编写，以城市轨道交通系统行车专业岗位所需的理论知识和操作技能为主，对城市轨道交通（主要是地铁和轻轨）行车组织进行了较详细、较全面的描述。内容包括行车组织基础，正常情况下的列车运行组织，ATC设备故障时的列车运行组织，车站联锁设备故障时的列车运行组织，特殊情况下的列车运行组织，施工及工程列车的开行，调车工作，行车调度工作，行车突发事件应急处理，行车事故的分类、通报与调查处理等。本书适合作为车站及车辆基地（车厂）行车值班员、站务员、调车员等行车各岗位人员的培训教材，可作为高等及中等职业院校城市轨道交通及相关专业的教材和教学参考书，也可供从事城市轨道交通运营管理的专业技术人员参考。

本书的编写工作分工如下：牛凯兰编写项目一、项目四、项目五，刘福安编写项目七、项目八，胡金成编写项目六，任萍编写项目九，彭志平编写项目十；牛红霞编写项目二，张大勇编写项目三。

全书经从事城市轨道交通工作近20年，具有丰富现场实践经验的天津滨海快速交通发展有限公司车务部主管部长张洪树审阅定稿。张部长为本书的编写思路和内容提出了许多中肯的意见，在此表示深深的谢意。本书由牛凯兰负责对全书框架及编写思路的设计、部分项目的撰写，以及全书的统稿校对工作。

本书在编写过程中得到了深圳地铁、上海地铁、广州地铁、南京地铁、天津轻轨等公司的大力支持，在此表示衷心的感谢。本书还参考引用了许多国内外专家、学者发表的有关城市轨道交通的文献，部分城市轨道交通企业的运营资料及相关文献，在此谨向有关专家及部门致以衷心的感谢。

鉴于编写人员技术水平及实践经验的局限性，对各种问题的分析和处理不免有偏颇不足之处，敬请读者反馈，以便今后修订和完善。我们真诚地期待着广大读者和同行多提宝贵意见。

编　者

目　　录

项目一　行车组织基础

【知识要点】

1. 车站的设置、作用、分类。

2. 车站的线路、通信信号、旅客服务设施。

3. 行车工作的基本要求、基本制度、行车组织基本方法。

【项目任务】

1. 了解城市轨道交通的运营组织方式。

2. 了解城市轨道交通运营线路、车辆、通信信号、车站设备，对城市轨道交通运营情况有基本认识。

3. 了解行车组织规章作用和内容。

【相关理论知识】

在系统学习行车组织专业知识和技能之前，对城市轨道交通系统的运营设备、运营环境、行车组织方法、基本要求等进行较全面的学习，建立一定感性认识，有助于对城市轨道交通系统行车组织工作的深入学习和掌握。

一、城市轨道交通系统构成

城市轨道交通系统是一个庞大而复杂的系统，技术层面涵盖计算机、建筑、机械、自动控制、通信信号等领域。从运营功能看，城市轨道交通设施、设备分属于三大系统：列车运行系统、客运服务及安全保障系统、检修保障系统。

1）列车运行系统：车站、线路、车辆、牵引供电、通信、信号等。

2）客运服务及安全保障系统：车站照明、自动扶梯、自动售检票设备，广播、导向及乘客信息系统，消防、乘客监视、防灾报警系统，车站通风与噪声控制系统，车站站台屏蔽门及车站空调服务设施等。

3）检修保障系统：为保障行车安全、客运设备良好，保证乘客安全运输工作不间断地进行而设置的检修设施及设备，如停车、架车机、镟轮机、洗车设备等。

在实际应用中，城市轨道交通运营企业通常将各系统按专业分类，使设施设备的分类与各专业单位相对应，以便日常工作和管理，协同作业。例如，车辆部、通信信号部、专门负责组织行车的车务部、负责运营服务的客运服务和票务部等。下面主要介绍与列车安全运行有关的设备设施系统。

1. 线路与车站

（1）线路　线路通常由钢轨、道床、路基三部分组成。轨道线路可铺设在隧道、高架桥和地面，供列车运行，如图 1-1 所示。

图 1-1 高架桥及地面轨道线路图

按照行车组织的要求，各车站可根据行车要求设置不同用途的线路，采用不同类型的钢轨、轨枕、道岔。线路按其在运营中的作用分为正线、辅助线（折返线、渡线、联络线等）、车厂线。城市轨道交通运营正线一般采用60kg/m 钢轨，车厂线采用50kg/m 钢轨，正线采用焊接型长钢轨。在隧道内的道床一般采用混凝土整体道床；高架线路可采用整体道床也可采用碎石道床；地面一般采用碎石道床，对路基进行强度处理，并通过采用高性能的弹性扣件以减轻列车运行时的振动和噪声。城市轨道交通线路的正线及折返线统一采用9 号道岔，车厂线除试车线采用9 号道岔，其余均采用7 号道岔。直线轨距标准为1435mm。

1）正线。正线是连接车站并贯穿或直股伸入车站的线路。正线为载客运营线路，包括区间正线和车站正线。正线中车站两端墙间内方的线路为站内线路，简称站线；两相邻车站相邻端墙间的线路范围称为区间。城市轨道交通线路的正线一般为全封闭线路，按双线设计，采用右侧行车制。正线与其他交通线路相交时，一般采用立体交叉。

2）辅助线。辅助线是为保证正线运营而配置的线路，是为列车提供折返、停放、检查、转线及出入段作业的线路。辅助线包括折返线、渡线、联络线、出入段线、存车线等。

①折返线。折返线是指在线路两端终点站或中间站，为能开行折返列车而设置的专供改变列车运行方向的线路。城市轨道交通线路中，全线的客流分布一般不太均匀，通常需要根据行车交路的要求，在终点站与中间车站或中间站与中间站之间开行折返列车，这些可折返的车站需配置折返线。折返线的形式应能满足折返能力的要求。常见的折返线形式如图 1-2 所示。

②渡线。渡线可满足改变列车进路的需要，也可改变列车运行方向。但在中间站利用渡线进行区间列车折返时，需占用正线进行作业，故对行车组织要求十分严格，且列车运行间隔时间受其制约将加大，导致线路通行能力下降，安全可靠性存在隐患。所以，在列车运行速度较高、运行间隔时间较短、运量较大的线路不宜采用渡线作为折返方式。常见的渡线形式如图 1-3 所示。

③联络线。在城市轨道交通网络中，同种制式的线路实现列车过轨运行，一般通过线与线之间的联络线实现，联络线的位置在路网规划中确定，如图 1-4 所示。

④出入段线。出入段线是从车辆段到运营正线之间的连接线。车辆段出入线可设计为单线或双线，平交或立体交叉线路，具体方案要根据具体地理条件和远期线路通过能力需要来确定。

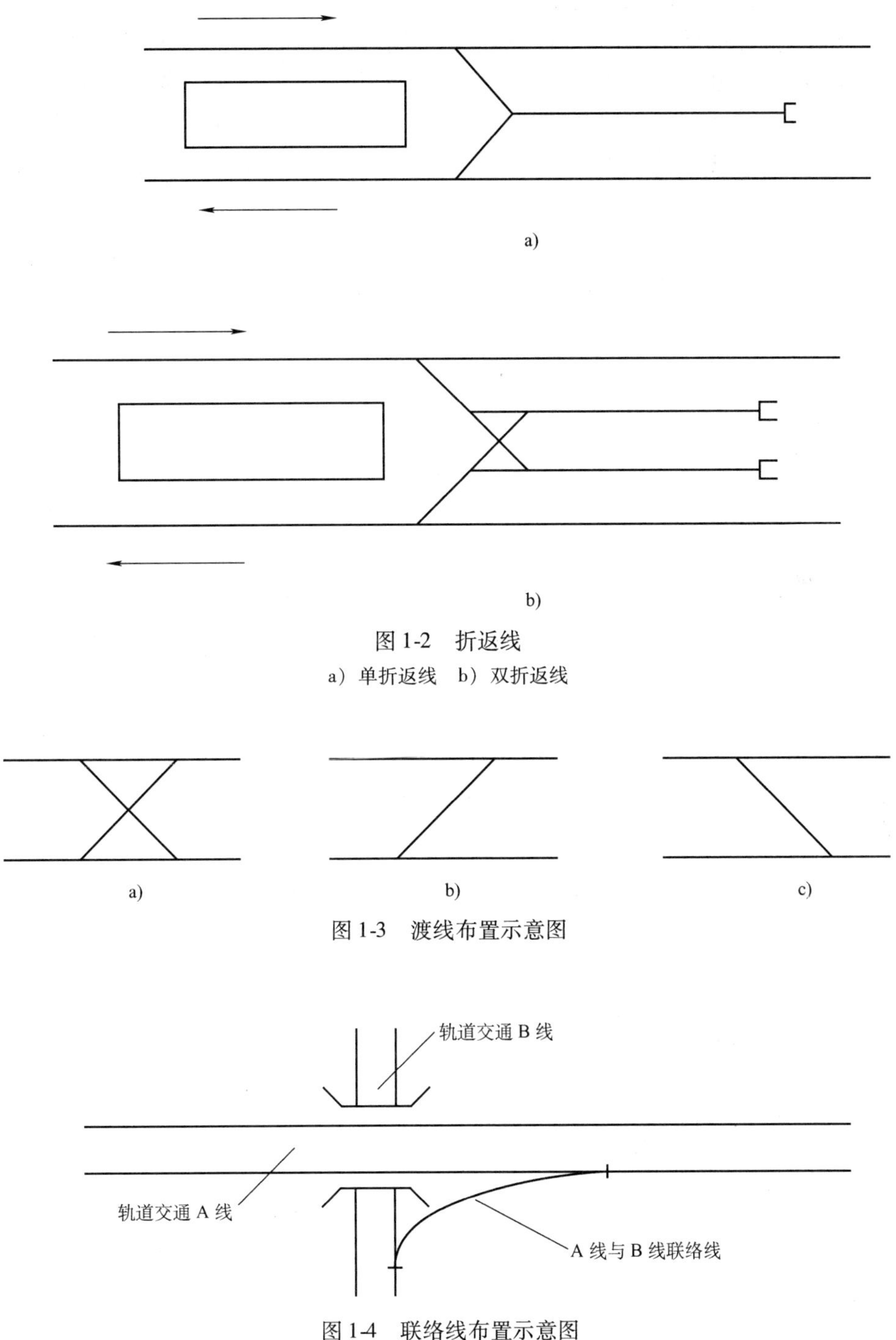

图 1-2　折返线
a）单折返线　b）双折返线

图 1-3　渡线布置示意图

图 1-4　联络线布置示意图

⑤存车线。存车线一般设置在终点站或区间车站，专门用于列车停放使用，并可进行少量检修作业。在正线运营过程中，列车运行间隔通常很小，如出现非正常情况，为使故障列车能及时退出正线运营而不影响后续列车运行，通常每隔 3 ~5 个车站应加设存车线和渡线。

3）车厂线。车厂线是厂区作业、停放列车的线路。按作业目的和用途分为运用线和维修线。车厂线主要是指车辆段内的线路。

（2）车站　车站是轨道交通客流的集散地，同时又是轨道交通运营设备集中设置的场所，主要包括线路、道岔、通信、信号、环控、自动售检票、自动扶梯、电梯、照明、给排水、消防、防灾报警（FAS）、设备监控（EMCS）等设备系统，由出入口、通道、站厅层、站台层、设备用房、管理用房及生活用房等几部分构成。有些简易车站无站厅层。

1）按车站客流量大小可分为：大车站、中等车站和小车站。

①大车站：高峰每小时客流量在3万人次以上。

②中等车站：高峰每小时客流量在2~3万人次之间。

③小车站：高峰每小时客流量在2万人次以下。

2）按车站的运营功能不同可分为：始发（终到）站、中间站和换乘站。

①始发（终到）站：一般设置在线路两端。除具有供乘客乘降的基本功能之外，还可供列车折返、停留、临时检修之用。

②中间站：其主要作用就是供乘客乘降之用。但有些中间站还设有折返线、渡线和存车线等，可供列车折返和进行列车运行调整。

③换乘站：设置在两条及两条以上的轨道交通线路交叉点。除具有供乘客乘降的基本功能之外，其最大的特点是乘客可从一条线路换乘到另一条线路。有平面换乘和立体换乘之分。换乘站在最大程度上节省了乘客出站、进站及排队购票的时间，为乘客换乘提供方便。

3）按车站设置的位置可分为：地下站、地面站和高架站。

①地下站：线路、主体建筑和设备设施设置在地下隧道的车站，又可分为浅埋式车站和深埋式车站两种。

②地面站：线路、主体建筑和设备设施设置在地面的车站。

③高架站：线路、主体建筑和设备设施设置在高架桥上的车站。

4）按站台形式可分为：岛式站台车站、侧式站台车站和混合式站台车站。

①岛式站台车站：上、下行线分布在站台的两侧。站台面积可以得到充分利用，管理集中，车站结构紧凑，乘客换乘方便，如图1-5所示。

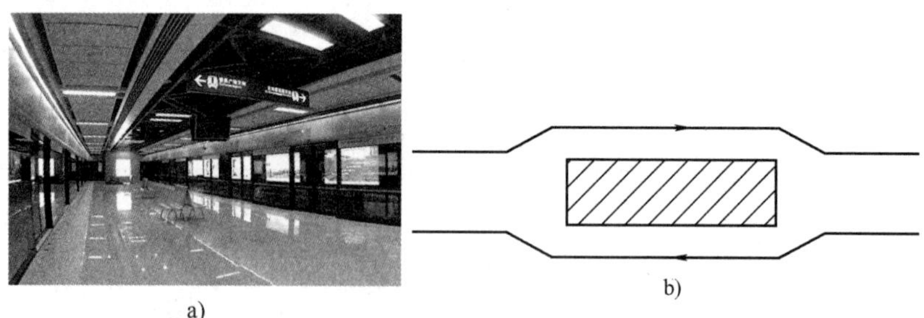

图1-5　岛式站台车站

a）照片图　b）示意图

②侧式站台车站：站台分布在上、下行线一侧，列车进站无曲线，运行状态好。乘客乘降车互不干扰，不易乘错方向，站台横向扩展余地大，如图1-6所示。

③混合式站台车站：既有岛式站台，又有侧式站台的混合形式。一般多为始发/终到站，设有道岔和信号联锁等设备。

a)

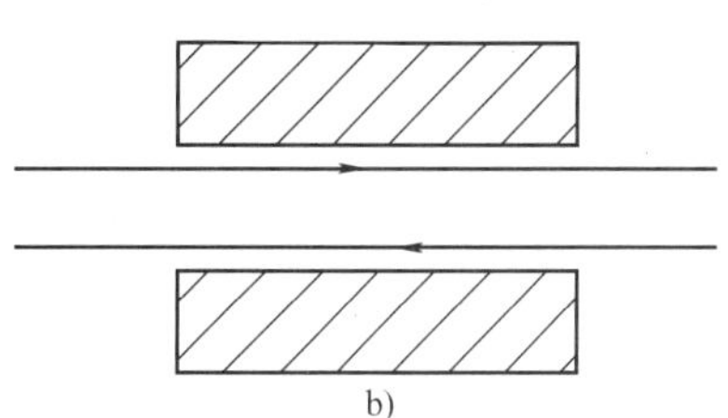
b)

图 1-6　侧式站台车站
a）照片图　b）示意图

2. 车辆及车辆段

（1）车辆　轨道交通系统中，车辆是最重要的组成部分，其技术含量较高，是直接为乘客提供服务的设备。它的发展历程：轨道公共马车→蒸汽机车牵引→内燃机车牵引→电力机车牵引→电动车组。现代城市轨道交通车辆融合了先进的机械制造技术、电子技术、信息技术、计算机网络技术、材料工艺等高新技术，其发展方向是轻量化、节能化、少维修，满足容量大、安全、快速、舒适、美观和高可靠性的要求。

城市轨道交通车辆的种类主要有：客车、内燃机车和轨道车。客车也称电客车，它一般以电力牵引、动车组形式编组，主要任务是载客。内燃机车使用柴油机作为动力，一般用于轨道交通系统工程领域，但在特殊情况下（如接触网、供电大型故障时）可担任电客车救援、调动等任务。轨道车包括轨道检测车、接触网作业车、接触网检测车等，使用柴油机为动力，用于轨道交通系统工程领域。下面对客车进行简要介绍。

1）客车组成形式。客车有动车和拖车、带驾驶室车和不带驾驶室车等多种形式。例如深圳地铁有带驾驶室的拖车（A 车）、无驾驶室带受电弓的动车（B 车）和无驾驶室不带受电弓的动车（C 车）共三种车型。以三辆车为一组列车单元，六辆车为一列车编组，排列为：—A * B * C = C * B * A—(其中“ = ”为半自动车钩，“ * ”为半永久牵引杆)，这样就能保证列车两端均带有驾驶室，中间各车采用贯通式车厢，如图 1-7 所示。

图 1-7　贯通式车厢客车

2）客车车辆基本构造。客车由机械和电气两大部分构成。

机械部分包括：车体、车钩及缓冲器、车门系统、转向架、空气制动、空调和通风。

电气部分包括：牵引及电制动系统、辅助系统、列车控制系统、列车故障诊断系统、列车通信系统和列车自动控制系统。

3）客车制动系统。制动系统保证列车在运行时按需要减速或停车，是保证列车安全运行必不可少的装置，动力车和拖车都设有制动装置。在车辆上，除了常规的空气制动装置外还有再生制动和电阻制动。

4）客车车辆与其他系统的关系。车辆与许多城市轨道交通系统有着密切的关系，包括土建、线路、供电、接触网、通信、信号、屏蔽门、车辆段设备等。

土建：全线的限界要求是车辆能够安全运行的前提条件，车站站台面的高度、站台边缘与车体的距离、桥隧建筑物与车体的限界等都影响到客车的安全通行。

线路：线路的坡度、曲线半径、道岔型号、轨距、轨道特性等都与车辆的选型、动力配置、运行能力和舒适性等有关。

供电和接触网：车辆的电气性能要与供电的电气性能相匹配，接触网的高度与车辆的高度、牵引特性、供电系统的容量相互匹配，接触网的导电性能及布线要与车辆的特性和受电弓性能相匹配。

信号：车辆可以 ATO 方式进行列车自动驾驶，车辆的速度及门控受信号 ATP 监控，客车全线的运行状态受 ATS 自动监控和调整，信号系统还可以通过车辆的有线通信系统和信息显示系统进行自动报点和信息显示。

通信：控制中心可通过无线系统与驾驶员对话，也可通过列车通信系统对乘客进行广播，通过车地信息交换系统可以完成列车信息与调度控制信息交互。

（2）车辆段　城市轨道交通车辆段主要担负着一条或几条线路的城市轨道交通车辆的停放、检修、清洁等任务，有的车辆段还负责乘务人员的组织管理、出乘、换班等业务工作，并相应配备乘务值班室等设施。车辆段一般设有停车库（厂）、检修库、洗车设备、运营管理用房等设施。另外还有测试列车综合性能的试车线，存放内燃机车、工程车的车库。

1）车辆段的主要功能：

①列车的停放、日常检查、一般故障处理和清扫洗刷、定期消毒，根据需要进行车辆摘挂、编组、转线等调车作业。

②车辆修理：月修、定修、架修与临修。

③车辆的技术改造或厂修。

④车辆段内通用设施及车辆维修设备的维护管理。

⑤乘务人员组织管理、出乘计划编制、备乘换班的业务工作。

车辆段线路及车库如图 1-8 所示。

2）车辆段与联轨站相连接的主要形式：

①车辆段位于线路端部。线路起（终）点站站后接车辆段，这种形式较好，车辆基地出入线与正线干扰少，有利于运营管理，如图 1-9 所示。

②车辆段位于线路中间，有一站接轨与两站接轨两种方式。一站接轨，需要设立列车回转设备，如图 1-10 所示。两站接轨，列车出入车辆段可自然调头，车辆段内不需设列车回转设备，如图 1-11 所示。

图 1-8　车辆段线路及车库

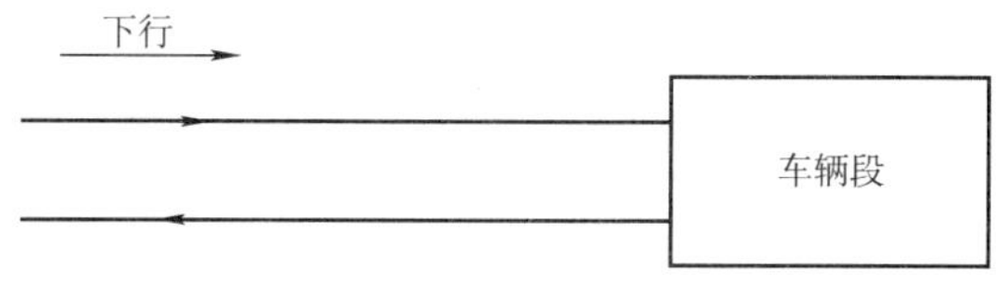

图 1-9　车辆段位于线路终端

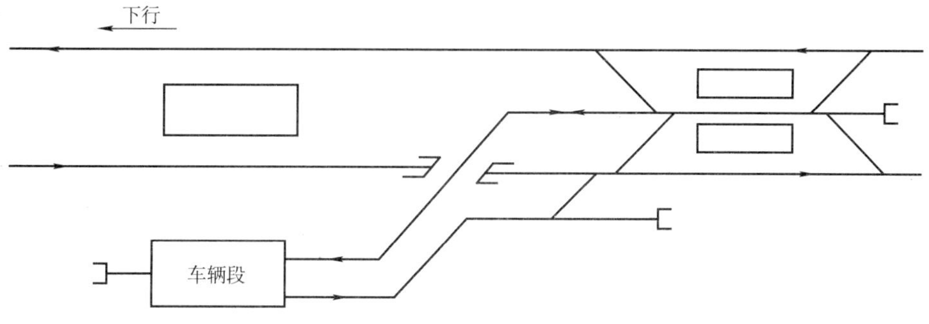

图 1-10　车辆基地一站接轨

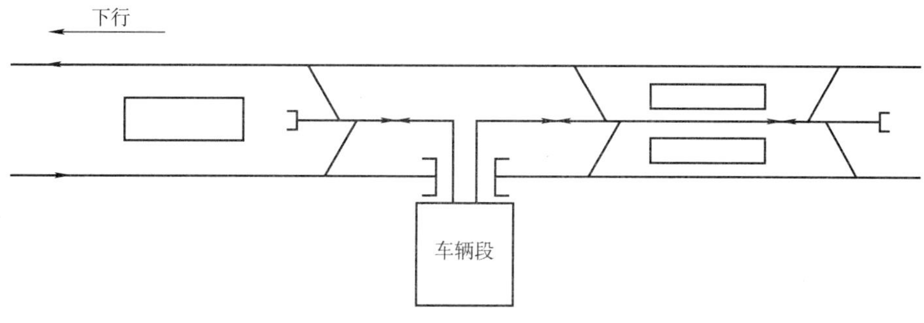

图 1-11　车辆基地两站接轨

3. 控制系统

(1) 信号系统　信号系统是用于指挥和控制列车运行的设备系统，是安全行车的重要保证，也是列车通过能力和输送能力决定因素之一，影响着城市轨道交通的行车速度和行车间隔时间。

信号系统通常包括三大部分：基础设备、联锁设备和列车自动运行控制系统（又称为ATC系统——Automatic Train Control System）。

信号系统基础设备包括：（色灯）信号机、（电动）转辙机、轨道电路等。

道岔、进路和信号三者之间相互制约的关系称为“联锁”，实现这种联锁关系的设备叫联锁设备。确保只有当线路空闲，进路道岔位置正确并锁闭，敌对信号未开放时，防护该进路的信号机才能开放。一旦开放则该进路上的道岔位置不能转换，敌对信号不能开放。

联锁设备具有以下功能：轨道电路的处理、进路控制、道岔控制、信号控制、进路自动设置。值班人员通过控制台（LOW）控制现场设备，并通过表示盘（墙式大表示盘或显示器）所反映的现场设备状态来监视车站情况。控制台和表示盘可以设在本站，也可设在控制中心，通过遥控、遥测手段来实现监控。

城市轨道交通的信号系统是保证列车运行安全和提高运输效率的重要设施。由于城市轨道交通行车密度大、站间距离短，所以对列车运行的安全性和自动化程度有更高的要求。传统的信号系统是通过设置在地面的色灯信号机传递不同的行车命令，驾驶员根据地面的信号显示，按照行车有关规定操纵列车进站、出站、区间运行，这种制式基本上是依赖驾驶员保证行车安全。这种传统的信号系统已不能适应城市轨道交通系统高密度、高安全性的行车要求。目前，我国城市轨道交通系统车厂内一般使用微机联锁设备，设有地面信号机，信号机和道岔由车厂信号控制室集中控制。正线使用ATC列车自动控制系统，车站不设进站、出站信号机，区间无通过信号机，在区间或车站设置道岔时，在该处设有地面防护信号，以确保进路开通正确。

ATC系统是一种能实现列车速度自动控制和列车运行间隔自动调整的信号系统。ATC系统取消了传统的地面信号，将机车信号作为主体信号，信号的含义发生了质的变化，传递给列车的是具体的速度或距离信息。ATC系统根据与先行列车之间的距离和进路条件，在车内连续地显示出允许的速度信息，或按设定的运行条件所能达到的允许速度信息，自动地控制运行速度，进行超速防护，以达到自动调整行车间隔的目的，并实现列车在车站的定位停车。ATC系统包括ATP(Automatic Train Protection）列车超速防护子系统、ATO(Automatic Train Operation）列车自动驾驶子系统和ATS(Automatic Train Supervision）列车自动监控子系统。

ATP子系统主要用于对列车驾驶进行防护，对与安全有关的设备或系统实行监控，实现列车间隔保护、超速防护等功能，其主要的工作原理是：不断地将一些如前方目标点的距离和允许速度等信息从地面传至车上，从而得出此时刻所允许的安全速度，以此来对列车实现速度监督及管理。

ATO子系统主要用于实现“地对车控制”，即用地面信息实现对列车驱动、制动的控制，自动调整列车的速度。使用ATO子系统的一大优点是缩短了列车间隔，提高了线路的利用率和行车的安全可靠性。

ATS子系统主要是实现对列车运行的监督和控制，辅助行车调度人员对全线列车运行进行管理。它给行车调度人员显示出全线列车的运行状态，监督和记录运行图的执行情况，在列车因故偏离运行图时及时作出反应（提出调整建议或者自动修整运行图），通过ATO的接口，向旅客提供运行信息通报（例如：列车到达、出发时间，运行方向，中途停靠站名等）。

（2）通信系统 通信系统是城市轨道交通运营的联络中枢，它的主要任务是及时传递运营各系统、各部门和控制中心间及其相互间的信息，以便及时采取行动确保整个系统正常运营。整个通信系统包括以下5个子系统。

1）传输系统。在城市轨道交通系统内，传输系统为设备系统提供传输信道，如为电话、广播、闭路电视图像、无线通信系统、供电远动系统（SCADA）、自动售检票系统（AFC）、环控系统（BAS）、防灾报警系统（FAS）、办公系统及其他自动化系统等提供必要的传输信道。

2）电话子系统。电话子系统由公务电话通信系统和专用电话通信系统组成。

①公务电话通信系统：包括各车站、控制中心、各系统设备的维修单位、各管理单位以及管理指挥机关内部及单位之间的公务电话通信系统。

②专用电话通信系统：包括调度电话、站间直通电话和轨旁电话。

调度电话：包括行车调度、电力调度、环控调度、专用调度和各车站、车辆运用单位等用户之间的直接通话。

站间直通电话：由专用通道传递，拎起直通，主要办理行车业务用。

轨旁电话：供有关专业人员及时报告运行线路发生的故障及其他紧急情况。

3）广播系统。该系统的主要作用是向乘客及时通报运营信息或播放音乐以改善候车环境；在故障等非常情况下通报行车、客运安排，必要时亦可紧急召唤检修、抢修人员。

4）电视监视系统。电视监视系统主要是供控制中心的调度人员和车站值班员实时、有选择地监视沿线各车站（主要是站台及站厅）的状况；监视客流动态以确保乘客进出站及乘降列车的安全和有序；监视列车在车站作业情况以确保行车安全。该系统也供列车驾驶员监控乘客乘降列车情况，一般情况下站台列车停车位置头部装有显示器，显示器由两台摄像机摄出了乘客上下列车及车门、屏蔽门开闭情况。

5）无线通信系统。无线通信系统一般供在移动状态下工作的人员，例如，驾驶员、检修人员及站务人员等在工作中和调度及指挥机构取得联系时通话使用，必要时可以使用无线通信发布调度口头命令，指挥行车。无线通信系统包括列车无线调度电话、车辆段无线电话及应急抢险无线电话等若干部分。

4. 其他重要的设备系统

（1）供电系统 城市轨道交通供电系统，担负着整个交通系统运行所需电能的供应与传输，是系统安全可靠运行的重要保证。一般取自城市电网，且大部分为城市电网一级负荷，要求比较高，以确保供电的可靠性。

城市轨道交通供电系统包括外部电源、主变电所、牵引供电系统、动力照明供电系统、电力监控系统。

1）牵引供电系统。牵引供电系统为电动客车运行提供电能，它由牵引变电所、接触网、钢轨等组成。目前我国各城市的地铁和轻轨采用的电压制式均在750V和1500V之间。接触网分为接触轨（又称为第三轨）和架空接触网两种。各城市轨道交通系统可根据各自实际情况采用不同的供电方式。如北京地铁即采用了750V接触轨供电方式，上海、广州地铁均采用了1500V接触网供电方式。

2）动力照明供电系统。动力照明供电系统为车站和区间各类照明、自动扶梯、风机、水泵等动力机械设备和通信、信号、自动化等设备提供电源，它由降压变电所和动力照明配电线路组成。

3）电力监控系统。电力监控系统的作用是保证控制中心能够对供电系统的主变电所、牵引变电所、降压变电所的供电设备的运行状态实时进行监控、控制及数据采集。它由控制中心的主机、设在各变电所的远程控制终端以及连接终端与中心的通信网络三部分组成。

（2）环控系统　环控系统是采用 BAS（Buiding Automation System）这种先进的楼宇自动化系统对地铁车站及区间隧道进行环境监控的系统。BAS 系统对地铁车站及区间隧道内的空调通风、给排水、照明、电梯、自动扶梯、导向标识等机电设备进行全面运行管理和控制。当发生火灾等非正常情况时，能够及时迅速地进入防灾运行模式，根据火灾报警系统发送的着火点信息，自动调整送风和排风状态，进行通风排烟，这样极大地提高了城市轨道交通运营的智能化和安全性。

（3）防灾报警系统　防灾报警系统能够监测车站和隧道内的空气温度和车站烟雾浓度，监测防排烟设备和气体灭火设备的运行状态，当监测到火灾险情后，及时向控制中心、本站气体灭火系统、本站环境监控系统发送报警信息。

（4）给排水系统

1）给水系统。目前我国城市轨道交通给水系统，大致可分为下列几类：生产、生活和消防共用的给水系统，生产、生活给水系统，消火栓给水系统，自动喷水灭火给水系统，空调冷却循环给水系统。

2）排水系统。排水系统主要处理系统的粪便污水、结构渗水、冲洗及消防等废水和车站露天出入口及洞口的雨水。一般包括主排水泵站、辅助排水泵站、污水泵站、局部排水泵站和临时排水泵站。

二、行车组织概述

1. 列车运行基本概念

（1）运营时刻表　运营时刻表是行车组织工作的基础，它规定了运营线路的每个运营周期（一般为每天）的起止时间、高峰期起止时间、各次列车占用区间的顺序、列车在一个车站到达和出发（或通过）的时刻、列车在区间的运行时分、列车在车站的停站时分、折返站列车折返作业时间及电客车出入车厂的时刻。

运营时刻表也是城市轨道交通运行组织的一个综合性计划。如，车站根据运营时刻表所规定的列车到达和出发时刻，安排本站行车组织工作和客运组织工作；车辆维修部门根据运营时刻表在每天运营前要整备好运营需求的列车数；车辆运转部门根据运营时刻表的要求确定列车的派出时刻和乘务员的作息计划；线路桥梁、通信、信号、供电、机电等专业部门也根据运营时刻表的规定来安排施工计划和维修计划。

（2）行车间隔及列车停站时间

1）行车间隔。行车间隔是指列车更替时间，通俗地说是两列同方向载客列车的间隔时间。

2）列车停站时间。列车停站时间是指列车停站作业时间，它的计算方法是从列车对标停妥时刻起至列车从本站发出（不再停下）的时刻止，对客车来说一般包括开、关门和乘客上、下车所需时间的总和。

影响列车停站时间的主要因素有：①车门、屏蔽门的开关时间；②列车满员和乘客拥挤程度；③乘客或其物品挡住车门、屏蔽门；④驾驶员确认车门、屏蔽门关好的时间。

列车停站时间一般在编制列车时刻表时根据设备能力和列车停站作业程序计算出最小值，有屏蔽门的车站一般不少于20s，客流较大的车站可放宽至30~50s。

（3）列车延误及晚点

1）列车延误及晚点的定义。列车延误是指运营列车在某一位置（一般指车站）的时刻比照其在时刻表规定的时刻延后的现象。列车晚点是指列车延误发生在本列次终点站时且符合列车晚点范围的现象。

2）列车晚点统计方法。各城市轨道交通企业在列车晚点统计方法上不尽相同，以下是深圳地铁公司列车晚点统计方法及正、晚点的界定：

①列车晚点统计方法：比照运营时刻表单程每列晚点 N 秒（N 的取值为行车间隔的三分之一，但最小值不低于120s）以下为正常，N 秒及以上为晚点。行车调度员（以下简称“行调”）应根据客车晚点情况及时采取措施，调整客车运行。因列车调整需要，在两端站晚发的列车不计为晚点，但在单程运行过程中增晚 N 秒及以上时为晚点。

②列车正、晚点的界定：凡按列车运行图图定车次、时间准点始发、终到的列车全部统计为正点列车数；临时加开列车按正点统计；由于客流变化而抽调部分列车或加开列车，行车调度员采取措施对部分列车调点时，该部分列车按正点统计。

3）列车到、发、通过时刻的确认：

到达时刻：以列车在规定位置对正停稳为准。

出发时刻：以列车由车站（包括车厂规定发车地点）前进起动（不再停下）时为准。

通过时刻：以列车最前部通过站线规定位置时为准。

（4）列车种类及车次的规定　不同城市轨道交通系统根据各自运营实际，列车种类及车次的规定各不相同。下面以深圳地铁和天津轻轨公司为例来加以说明。

深圳地铁公司列车种类及车次的规定如下：

1）客车车次：4位表示，前2位代表列车服务号，后2位代表行程，单数行程代表下行，双数行程代表上行。普通客车服务号为01~79；空客车服务号为80~89；调试车服务号为90~97；专列服务号为98~99。

2）工程列车：3位表示，工程列车开行车次编号为501~549；轨道车开行车次编号为551~599。

3）救援列车：开行车次编号为601~629。

天津轻轨公司列车种类及车次的规定如下：

1）专运列车：车次号（TID）为001~099；

2）客运列车：车次号（TID）为301~599；

3）回空列车：车次号（TID）为601~699；

4）工程列车：车次号（TID）为701~799；

5）试验列车：车次号（TID）为801~899；

6）救援列车：车次号（TID）为901~999。

（5）行车时间的规定　行车时间以北京时间为准，从零时起计算，实行24小时制。行车日期划分以零时为界。零时以前办妥的行车手续，零时以后仍视为有效。

2. 行车组织及指挥

（1）行车组织原则　行车组织工作必须坚持安全生产的方针，贯彻高度集中、统一指挥、逐级负责的原则；发扬协作精神。各单位、各部门要主动配合，紧密联系，协同动作，不断提高效率，安全、准时、高效地完成客运服务工作。

（2）行车组织机构及其主要工作

1）运营控制中心（OCC）。运营控制中心是城市轨道交通系统运营日常管理、设备维修、行车组织的指挥中心，设有主任调度员、行调、电调、环调，通过各调度员，对全线列车运营和设备运行情况进行总的监视、控制、协调、指挥和调度。运营控制中心也是城市轨道交通系统运营信息收发中心，所有与行车有关的信息必须通过OCC集散。

2）车厂控制中心（DCC）。车厂控制中心是车厂管理、车辆维修组织和作业的控制中心，负责车厂范围内的行车组织、维修施工管理，负责车辆日常检修、清洁、定修和临修工作控制，为轨道交通系统运营及设备维修施工提供数量足够和工况良好的客车和工程列车。

3）车厂信号控制室。车厂信号控制室设有微机联锁设备，集中控制车厂范围内的进路、道岔和信号机，隶属车厂调度员管理，车厂信号控制室与其邻接车站通过进路照查电路，共同组织与监控列车进出车厂。

4）车站。车站设有车控室，主要任务是接发列车，并做好乘客服务工作，遇突发情况进行应急处理，确保行车安全和乘客的人身安全。

为确保城市轨道交通系统的安全、高效运营，各部门、各单位间须各尽其责，协调配合，下级要服从上级，严格按规章制度执行。

行车工作由行调统一指挥，供电设备运作由电调统一指挥，环控和防灾报警设备运作由环调统一指挥，控制中心主任调度负责协调各工种调度工作，组织处理运营中发生的故障和事故。DCC为二级调度机构，服从OCC统一指挥。车站行车组织工作由车站当班值班站长统一负责，行车值班员协助，值班站长必须服从行调的统一指挥，执行调度命令。客车上的员工由驾驶员负责指挥，工程列车上的员工由车长负责指挥。正线发生行车设备故障，车站值班站长（值班员）应及时报告行调，由行调通知各相关专业调度、值班人员，并派人组织抢修。城市轨道交通运营行车指挥执行层次一般如图1-12所示。

3. 车站行车备品的种类及管理

（1）车站行车备品种类　车站行车备品包括员工劳动保护用品和专用器具两大类。

1）劳动保护用品包括安全帽、绝缘手套、沙手套、安全带、荧光背心、口笛、手电筒、强力探照灯及其充电用具、臂章等。

2）专用器具包括钩锁器、手摇把、信号灯及其充电用具、信号旗、红闪灯及其充电用具、无线电台及其充电用具、手提广播、调度命令、行车凭证、下轨梯、拾物钳等。

（2）行车备品的存放　行车备品应按规定要求存放，具体按照各城市轨道交通企业制定的相关规定执行。以下是深圳地铁公司关于行车备品存放的规定。

1）要求所有行车备品要进行整理、整顿，有序摆放，摆放的地方做到干净、清爽。

2）行车公用物品统一存放，且要存放合理，不准乱堆、乱放。个人用品放进个人专用

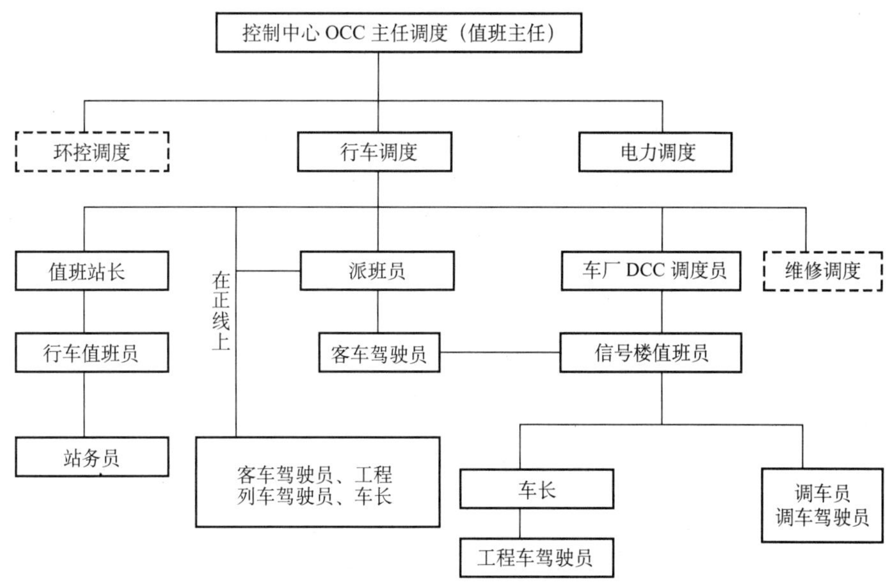

图1-12　城市轨道交通运营行车指挥执行层次

（注：虚线框者有的轨道交通企业不设置）

柜子。

3）荧光背心、口笛、信号灯及其充电用具、手电筒及其充电用具、强力探照灯及其充电用具、无线电台、红闪灯及其充电用具、手提广播及其充电用具、调度命令等放在规定位置，行车许可证放在行车值班员就近随手可拿的地方。文件盒放在指定地点。防毒面具分散放在车控室、会议室、更衣室、站务室、站长室等房间。

4）行车备品柜摆放在车控室，位置以不影响整个车控室美观为准。

5）行车备品柜要有统一标识和备品目录表，标明备品名称、数量和负责人，柜内物品要摆放整齐有序。

6）钩锁器、手摇把、信号旗、下轨梯、拾物钳等放在站台监控亭。

7）车控室开放式电源柜上摆放打印机、复印机和无线电台充电用具（固定），禁止摆放其他物品，但其他设备也需在开放式电源柜上充电时，应摆放整齐，充完电后立即收起放回备品柜。

（3）行车备品的使用

1）正确穿戴劳动保护用品。

2）带电备品（如红闪灯）按照其使用说明提示进行使用。

3）使用过程中，要珍惜爱护，不得随意乱扔，不得损坏。

（4）行车备品的交接

1）每班交接班时应进行行车备品的交接，检查数量与性能及摆放状态。

2）具体交接手续应按相关规定执行。

4. 主要行车人员的基本要求

（1）行车调度员　作为实现列车时刻表的实际组织者，行车调度员肩负着控制整体系统、指挥列车运行、处理突发事件的重大责任。在值班调度主任的监督下，行车调度员须指挥得度，发令明确，处事果断，遇变不惊，充分发挥调度指挥作用，防止行车事故，保持高水平的运营。当发生重大故障影响正常行车时要及时向值班调度主任汇报，并在值班调度主任的领导下进行工作。

（2）列车驾驶员　身为行车组织的最前线执行人员，列车驾驶员肩负着安全驾驶列车、快捷运送乘客、保证人身安全的重大任务。要求列车驾驶员时刻牢记安全第一的方针，并严格执行时刻表，服从行车调度员指挥，精心操纵列车，发现问题要及时向行车调度员汇报，及时处理危机，为广大乘客提供优质的旅程服务。

（3）车站行车值班员和站务员　车站人员要确保自动化设备和所提供的服务能满足乘客的需求，也要保障在车站管辖范围内乘客的安全；车站的运输服务工作需要与控制中心紧密合作，车站人员随时准备执行行车调度员命令，协助行车调度员完成行车组织工作，根据客流状况作出适当的安排措施。

（4）车辆段、停车厂人员　车辆段及停车厂人员是行车组织工作中重要的后勤保障人员，为正线列车安全运营提供状态良好的列车，要求各岗位人员认真做好列车检修、维护及准备工作。严格按列车时刻表做好调车及发车工作，以维持列车运营顺畅，并随时准备接受行车调度员的特别调度安排，以应对特别情况的需要。

5. 信号显示

信号是指示列车运行及调车作业的命令，有关行车人员必须严格执行。信号的显示方式及使用方法，应按各城市轨道交通企业的《行车组织规则》中的规定执行。有关人员必须熟记有关信号显示的规定，严格执行信号显示的命令，以保证行车安全和提高运输效率。

信号分为视觉信号和听觉信号两大类。如信号机、信号灯、信号旗、信号标志牌等显示的信号，都是视觉信号。如口笛发出的音响和客车、工程车、轨道车的鸣笛声都是听觉信号。视觉信号分为固定信号、车载信号、手信号、信号标志牌。信号的基本颜色为黄、绿、红、白4色。

（1）固定信号

1）正线的固定信号。在采用ATC系统的正线上，一般区间不设地面信号机，各站不设进、出站信号机，只在道岔区段设进路防护信号机，线路尽头设阻挡信号机。

防护信号机为黄、绿、红三显示，显示方式及显示意义如下：

①黄灯——允许通行，进路上的道岔开通侧向；

②绿灯——允许通行，进路上的道岔开通直向；

③红灯——禁止通行，列车须在该信号机前停车；

④黄灯＋红灯——引导信号，允许列车以不超过规定速度越过该信号机，并随时准备停车。

阻挡信号机为单红显示，列车应在距信号机至少10m的安全距离前停下。

2）车辆段与停车厂的固定信号。在车辆段（停车厂）转换轨正线一端分别设置进、出段（厂）信号机，进段（厂）信号机由车辆段（停车厂）控制，出段（厂）信号机由控制中心和正线车站控制。车辆段（停车厂）内另设红、白两显示调车信号机。

进段（厂）信号机显示方式及显示意义如下：

①黄灯——允许进车厂，前方进路道岔开通侧向；

②绿灯——允许进车厂，前方进路道岔开通直向；

③红灯——禁止越过，列车须在该信号机前停车；

④黄灯+红灯——引导信号，允许列车以不超过规定速度越过该信号机进车厂，并随时准备停车（有的城轨公司引导信号为红灯+白灯）。

出段（厂）信号机显示方式及显示意义如下：

①黄灯——允许出车厂，前方进路道岔开通侧向；

②绿灯——允许出车厂，前方进路道岔开通直向；

③红灯——禁止越过，列车须在该信号机前停车；

④黄灯+红灯——引导信号，允许列车以不超过规定速度越过该信号机出车厂，并随时准备停车。

调车信号机显示方式及显示意义如下：

①红灯——停车，禁止列车越过该信号机；

②白灯——允许列车越过该信号机调车。

任何信号机的灯光熄灭、显示不明或显示不正确时，均视为停车信号。

（2）车载信号　图1-13为车载信号面板布置。正中为速度表，采用模拟和数字两种方式显示速度值。模拟信号是一个双色模拟环，绿色表示当前速度，而红色表示当前线路允许的速度。列车驾驶员应按车载信号的指示运行。

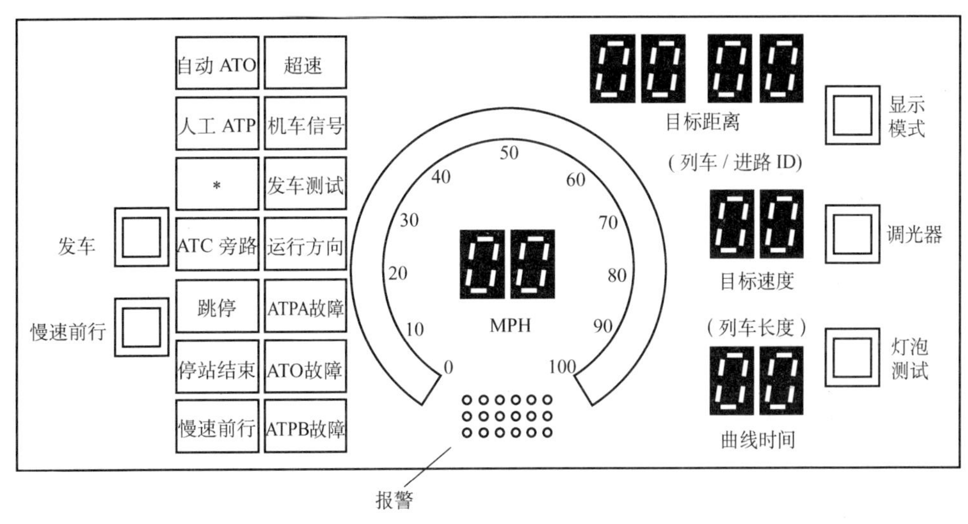

图1-13　车载信号

（3）手信号　行车人员应严格遵守手信号的指示。手信号分为徒手信号、信号旗（昼间用的手信号）及信号灯（夜间用的手信号）；按用途分为列车手信号和调车手信号。在昼间遇降大雾、暴风雨雪及其他情况而导致视野不明朗时，由行车调度员指示，使用夜间信号；任何不明确或不正确的手信号都应视为危险信号，驾驶员必须立即停车。有关手信号的显示将在后面的有关项目中详细介绍。

（4）信号标志牌　在轨道旁设置有关信号标志牌，如停车标、接近车站预告标、限速标、鸣笛标、一度停车标等，以提示驾驶员有关注意事项，确保行车安全，驾驶员须严格执行。

6. 列车运行组织工作简述

城市轨道交通系统的正常运行需要多部门、多工种岗位人员密切配合，协同动作，须在统一领导指挥下进行工作，才能保证城市轨道交通运输的安全和高效。控制中心（调度所）就是为实现行车工作的统一组织指挥而设置的，控制中心的设备包括信号系统（ATS）、供电系统、环控系统、主机及显示屏、通信系统等。列车运行时由行车调度员、电力调度员、环控调度员分别担任行车系统、供电系统及环控系统的调度指挥。

正常情况下，城市轨道交通系统的自动化系统均由系统主机按设定的模式运行，列车在驾驶员的监护及必要的操作下正常行驶，同时运行的信息如列车位置、列车间隔及是否偏离设定的运行图、供电及环控系统运行状态在显示屏上实时显示，调度员可随时监视、掌握列车运行状态和有关系统运行状况。调度员还可以利用有线或无线通信系统随时和有关人员（如驾驶员、行车值班员/值班站长、车厂调度、维修调度、供电及环控等系统运营值班人员）通话了解有关情况。

发生一般的问题，如列车晚点，系统设备可自动调整运行。发生信号系统设备故障时，可根据故障问题的不同，在行车调度员的统一指挥下，采用不同的列车驾驶模式和行车组织方法组织行车。列车驾驶模式和行车组织方法在后面的项目中有详细描述。遇有重大事故，如列车故障停运、线路故障停运、牵引供电设备故障停运等，则由各专业调度员按照预案或紧急抢修方案有序地指挥有关驾驶员、车站行车值班员、牵引变电所值班员、环控值班人员、事故现场抢修人员等，采取必要的措施迅速进行抢修。有关车站按照指令进行客运组织工作，在确保乘客安全的前提下，尽快恢复设备和列车的正常运行。必要时一边抢修，一边组织行车作业，缩小事故影响范围，疏散滞留乘客。所有这些工作都要在调度指挥下，按指令操作。

三、行车组织规章

1. 城市轨道交通技术管理规程

城市轨道交通是国家的重要基础设施，是城市交通的大动脉，具有高度集中、各环节紧密联系、协同动作的特点。为确保轨道交通系统安全正点、方便快捷、高速高效，必须制定《城市轨道交通技术管理规程》。

《城市轨道交通技术管理规程》明确了城市轨道交通在基本建设、产品制造、验收交接、使用管理及保养维修方面的基本要求和标准；规定了城市轨道交通各部门、各单位、各工种在从事运输生产工作中必须遵循的基本原则、责任范围、工作方法、作业程序和相互关系；规定了信号的显示方式和执行要求；明确了城市轨道交通工作人员的主要职责和必须具备的素质。

《城市轨道交通技术管理规程》是广大职工长期生产实践经验的总结，是经科学研究、实践检验探索出来的，是城市轨道交通技术管理的基本法规。各部门、各单位制定的规程、规范、规则、细则、标准和办法等，都必须符合《城市轨道交通技术管理规程》的规定。我国目前还未形成完整的《城市轨道交通技术管理规程》，但它的出台是势在必行。

2. 城市轨道交通行车组织规则

（1）《行车组织规则》的内容 《行车组织规则》是各城市轨道交通企业根据各自运营线路信号及有关设备系统运营使用功能和行车设备的配置及实际运营要求情况制定的，是一个企业行车管理的基本法规。

1）技术设备：包括车站设置原则、限界、速度限制、线路铺设要求、轨道、道岔及信号机的设置、列车自动控制系统、通信设备、供电设备、机电设备和车厂等。

2）行车组织指挥系统：包括行车组织原则、运营组织指挥机构及功能、运营指挥执行层次等。

3）介绍行车闭塞法：主要包括自动闭塞法、电话闭塞法。

4）列车出入厂的有关规定。

5）接发列车作业有关规定。

6）列车运行有关规定：主要包括列车运行方向的规定、列车车次的规定、列车编组规定、列车驾驶模式的规定。

7）列车折返作业的规定：主要包括列车折返方法、折返线的使用、列车折返有关规定。

8）列车监控：主要包括车次号的设置及使用规定、列车运行等级的设置、集中站控制条件、需下达调度命令的情况及下达方法和内容等。

9）非正常情况下的行车组织：包括列车反方向运行规定、列车退行规定、列车推进运行规定、隧道内线路积水时的行车规定、地面站迷雾天气的行车规定、信号系统设备故障时的行车办法、客车故障处理、列车晚点时的运行调整、大客流时的行车组织办法、人工操纵道岔准备进路的规定等。

10）救援列车的开行：列车救援准则、救援连挂车作业规定、救援列车开行办法。

11）车厂内调车作业要求。

12）运营前的准备及停营清厂的规定：包括运营准备、停营清厂要求。

13）设备的日常养护维修、施工及工程列车的开行规定、施工管理办法。

14）信号设备操作规定：主要包括 MMI 操作规定、LOW 操作规定、LCP 盘的操作规定。

15）固定信号及手信号显示方式及显示意义的规定。

16）其他：包括隧道照明、标志、行车日期的划分、电动列车驾驶员添乘要求、行车凭证及行车表簿的格式及填写要求等。

（2）《行车组织规则》的编制要求

1）《行车组织规则》是运营管理的基本法规，它规定了各部门、各单位在从事运营生产过程中，必须遵循的基本原则、工作方法、作业程序和相互关系。编制时必须使规程具有普遍性、全面性、原则性。

2）《行车组织规则》需明确运营工作人员的主要职责和必须具备的基本条件，并对工作流程作原则性说明。

3）各部门、各单位制定的有关技术业务方面规程、规则、细则和办法等都须符合《行车组织规则》。

4）随着城市轨道交通系统的不断发展，线路的不断延伸，信号管理模式的改变，《行车组织规则》也需不断充实和完善。

3. 行车调度工作规则

行车调度工作是城市轨道交通运输组织指挥系统的中枢，担负着日常行车指挥工作，组织各部门、各单位正确执行列车运行图，并安排各项施工检修作业，保证完成各项运输生产任务。为此调度指挥工作必须有一个统一的行车调度工作规则。

（1）《行车调度工作规则》的主要内容

1）行车调度的组织机构、职责范围和工作制度。

2）行车调度设备。

3）日常调度工作。

4）调度命令的下达程序及要求。

5）中央控制室 ATS 操作及故障处理。

6）施工计划的安排实施及运营前的多项准备。

7）非正常情况下的列车运行调整。

8）列车运行图的铺画规定。

9）运行记录、图表。

10）运营分析及信息传递。

11）调度员的培训工作。

（2）《行车调度工作规则》的编制要求

1）编制时应以《行车组织规则》为依据，内容不应与行车组织规则的规定相抵触。

2）在行车调度工作中，《行车调度工作规则》应对调度工作具有指导作用。

3）《行车调度工作规则》应根据线路、信号等设备的调整进行相应的修改。

4）行车调度员及有关行车人员必须认真学习执行。

4. 车站行车工作细则

《车站行车工作细则》是根据《行车组织规则》制定的具体指导车站行车工作的工作细则，是加强车站技术管理，保证安全组织行车的重要技术文件；是车站编制、执行日常作业计划，组织接发列车、调车和各项技术作业以及有关技术设备使用的基本法规；是组织查定各项技术作业过程、时间标准，计算设备能力，进行日常运输生产分析、总结，以及运输主管部门下达年、月度技术指标任务的主要依据。

（1）《车站行车工作细则》的主要内容

1）车站概况和技术设备：车站概况包括车站的位置、性质、等级和任务；技术设备包括股道、信号、联锁及闭塞、客运设备、自动售检票系统、通信、照明、供电等设备。

2）日常作业计划及生产管理制度。

3）车站行车组织工作：包括正常运营期间及非正常情况下车站行车办法、调车工作组织。

4）车站客运组织工作：包括正常运营期间及非正常情况下车站客运组织办法。

5）特殊运输工作组织。

6）检修施工管理。

7）行车备品管理及行车簿册填记要求。

8）设备故障时车站广播宣传的规定。

9）列车与车辆技术作业过程及其时间标准。

除此之外，还应附有有关部门提供的注有坡度的车站线路平面图，进站线路的平、纵断面图及其相关资料。

（2）《车站行车工作细则》的编制要求　《车站行车工作细则》的编制应树立为运输生产服务的观念，从全局出发，统筹兼顾，组织好运输各部门的联合劳动及与其他单位的协作，并应保证实现下列要求：

1）编制时应以《行车组织规则》为依据，细则中的规定不能与《行车组织规则》的规定相违背。树立安全第一思想，建立健全安全质量管理体系和各项安全作业制度，确保行车和人身安全。

2）《车站行车工作细则》的编制应以车站实际情况出发，制定的规定需符合车站工作要求，充分发挥现有设备的运用效能，从实际出发，更新改造限制能力的薄弱环节，不断提高作业效率，扩大设备能力。

3）《车站行车工作细则》的编制内容应是《行车组织规则》的规定在车站工作的具体细化，并根据车站实际情况作补充，用合理的劳动组织推行作业标准化，做到各项作业的连续性、均衡性，最大限度地平行作业，减少各种等待、干扰时间，加速车辆周转，实现安全、正点、畅通、优质、高效地为乘客服务。

（3）《车站行车工作细则》编制、修订的具体规定　《车站行车工作细则》由车站组织有关部门，根据《技术管理规程》、列车运行图、《行车组织规则》及其他有关规章命令并结合车站的具体情况进行编制，各相关单位要共同做好该项工作并及时提供有关资料。要求参与车站作业的所有人员必须熟悉并严格执行《车站行车工作细则》的有关规定。

各车站在遇有如下情形时，应组织有关部门对《车站行车工作细则》进行重新编制或修订：

1）新建线路的车站，在投入运营前应组织编制《车站行车工作细则》。

2）采用新技术设备时，车站在技术改造完成后，应组织重新编制《车站行车工作细则》。

3）《技术管理规程》、《行车组织规则》重新修改执行时，车站应组织重新编制《车站行车工作细则》。

4）车站作业组织方法有较大变动时，应组织重新编制《车站行车工作细则》。

5）当《技术管理规程》、《行车组织规则》、列车运行图、车站技术设备和技术作业组织办法变更时或上级有规章命令要求时，车站应结合车站具体情况及时修订《车站行车工作细则》。

5. 其他有关行车工作的规章

为确保城市轨道交通安全运营，除上述指导行车工作的有关规章制度外，还需有严密的与安全关系密切的一些制度。如交接班制度，明确了接班人员要提前到岗了解列车运行、车辆设备等运输情况及有关文件、命令、指示等事项，由有关行车工作的负责人主持交接班会议，布置有关行车事项，提出本班工作重点，明确完成任务的措施。

【复习思考题】

1. 城市轨道交通运营的行车组织原则是什么？

2. 站线和区间的定义是什么？
3. 车站如何分类？
4. ATC 列车自动控制系统由哪三个子系统组成？
5. 线路如何分类？辅助线包括什么？
6. 行车组织机构有哪些？其主要工作是什么？
7. 行车间隔、停站时间、列车延误、列车晚点的概念是什么？
8. 行车调度员、车站行车值班员、站务员分别有哪些要求？
9. 信号如何分类？

项目二　正常情况下的列车运行组织

【知识要点】

1. 基本行车闭塞法的种类及其行车办法。
2. 列车运行组织方式、行车组织原则。
3. 列车驾驶模式及各种驾驶模式的运用。

【项目任务】

1. 掌握不同列车运行组织方式下的行车组织方法。
2. 掌握不同列车驾驶模式下的列车行车凭证。

【项目准备】

1. **场地、工具准备：** 列车运行控制系统、模拟沙盘、线路、信号机等行车设备模型、车站模型、列车模型、各种登记表簿、联系电话、调度命令等。

2. **人员安排：** 学生按车站数分组，安排行调 1 人，每站设有行车值班员 1 人、站务员 1 人。

【相关理论知识】

一、行车闭塞法

1. 行车闭塞法概述

（1）闭塞的概念　为了确保列车在区间内的运行安全，列车由车站向区间发车时，必须确认区间内没有列车，并需遵循一定的规律组织行车，以免发生列车正面冲突或追尾等事故。这种为保证列车运行的安全，在组织列车运行时，通过设备或人工控制，使连续发出列车保持一定间隔距离安全行车的办法，称为行车闭塞法，简称闭塞。

区间行车组织的基本方法一般有以下两种：一种是时间间隔法，即列车按照事先规定好的时间由车站发车，使前行列车和追踪列车之间必须保持一定时间间隔的行车方法；另一种是空间间隔法，即把线路划分为若干个段落（区间或分区），在每个段落内同时只准许一列列车运行，使前行列车和追踪列车之间必须保持一定距离的行车方法。我国的轨道交通线路以车站为分界点划分为若干区间，采用区间作为列车运行的空间间隔。

时间间隔法因追踪列车不能确切地得到前行列车的运行状况，所以不能确保列车在区间的运行安全，在我国已不再使用该种行车方法。空间间隔法能严格地把列车分隔在两个空间，可以有效地防止列车追尾和正面冲突事故的发生，确保列车运行安全。我国目前所采用的行车组织的基本方法是空间间隔法，通常所说的闭塞就是基于空间间隔的闭塞方法。

（2）闭塞区间的划分　在城市轨道交通线路上采用的闭塞方式不同，闭塞区间的划分也不相同。采用站间闭塞时，在单线上以两个车站的进站信号机机柱的中心线为车站与区间的分界线；在双线或多线上，分别以各线路的进站信号机机柱或站界标的中心线为车站与区间的分界线。两站间的线路区段称为站间区间。

采用大区间闭塞时，并非所有的车站都是闭塞区间的分界点，通常根据作业需要将某些大站（或重要车站）设置为闭塞区车站，两闭塞区车站之间的线路区段称为大区间，其他车站则为大区间内的闭塞分区分界点。

采用移动闭塞时，是以同方向保持最小运行间隔的前行列车尾部和追踪列车头部为活动闭塞区间的分界线。

区间与站内的划分，是行车组织工作的一项重要内容，也是划定责任范围的依据。列车进入不同地段时必须取得相应的凭证或准许。在我国，列车占用区间的凭证通常为车站出站信号机的准许显示或目标点和速度码。闭塞区间的划分如图 2-1 ~ 图 2-4 所示。

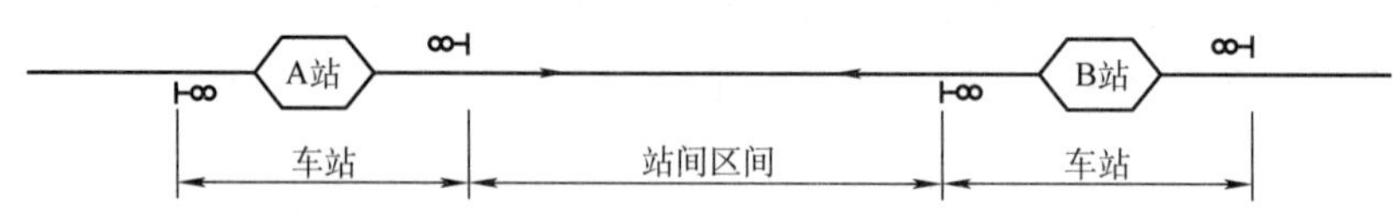

图 2-1　单线线路区间划分

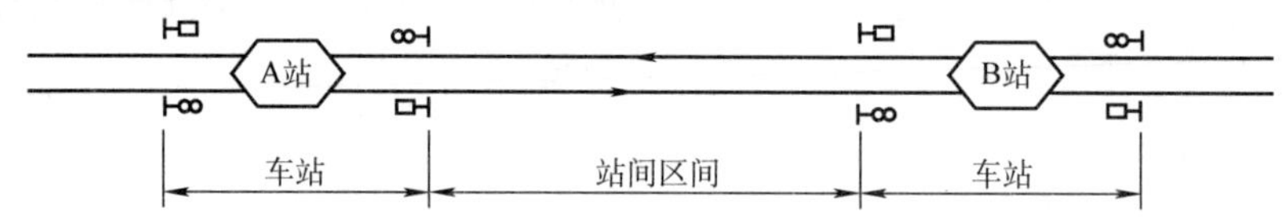

图 2-2　双线线路区间划分

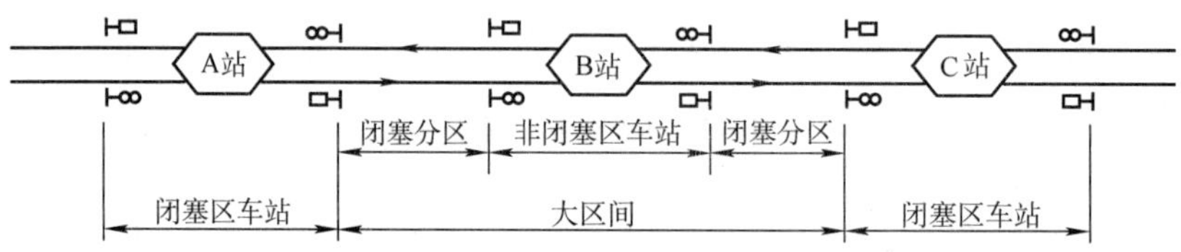

图 2-3　双线线路自动闭塞分区划分

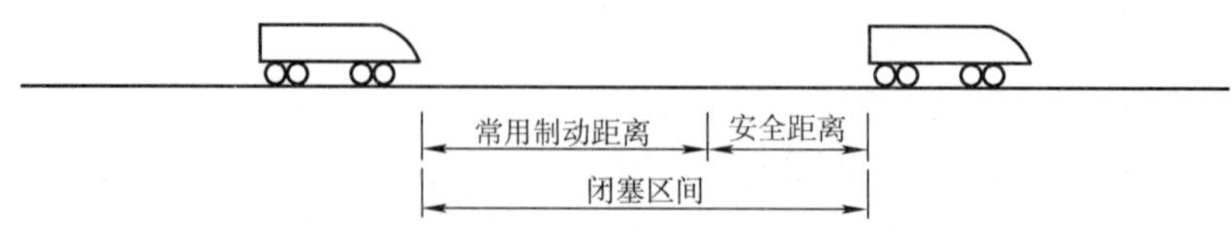

图 2-4　移动闭塞线路闭塞分区划分

闭塞就是用信号或凭证，保证列车按照空间间隔制运行的技术方法。空间间隔制就是前行列车和追踪列车之间必须保持一定距离的行车方法。从各种不同的角度闭塞可以有各种不同的分类，总的说可分为站间闭塞和自动闭塞两大类。

1）站间闭塞。站间闭塞就是两站间只能运行一列车，其列车的空间间隔为一个站间。按技术手段和闭塞方法又可分为：电话闭塞、路签闭塞、路牌闭塞、半自动闭塞、自动站间闭塞。

电话闭塞被作为一种最终的备用闭塞。

路签和路牌闭塞在我国已经被淘汰。

半自动闭塞就是人工办理闭塞手续，列车凭信号显示发车后，出站信号机自动关闭的闭塞方法。其特征为：站间只准走行一列车；人工办理闭塞手续；人工确认列车完整到达和人工恢复闭塞。

自动站间闭塞就是在有区间占用检查的条件下，自动办理闭塞手续，列车凭信号显示发车后，出站信号机自动关闭的闭塞方法。其特征为：有区间占用检查设备；站间区间只准走行一列车；办理发车进路时自动办理闭塞手续；自动确认列车到达和自动恢复闭塞。

2）自动闭塞。自动闭塞就是根据列车运行及有关闭塞分区状态自动变换信号显示，而驾驶员凭信号行车的闭塞方法。其特征为：把站间划分为若干闭塞分区，有分区占用检查设备，可以凭通过信号机的显示行车，也可凭机车信号或列车运行控制的车载信号行车；站间能实现列车追踪；办理发车进路时自动办理闭塞手续，自动变换信号显示。

从保证列车运行而采取的技术手段角度来看，自动闭塞可分两大类：传统的自动闭塞和装备列车运行自动控制系统的自动闭塞。

①传统的自动闭塞。传统的自动闭塞属固定闭塞的范畴，一般设地面通过信号机，装备有机车信号，保证列车按照空间间隔制运行的技术方法是用信号或凭证来实现的。传统的自动闭塞通常就称自动闭塞，在此因为要与装备列车运行控制的自动闭塞以区分，故冠以传统的自动闭塞之称。目前，传统的自动闭塞一般适用于列车最高运行速度在160km/h及以下。

②装备列车运行自动控制系统的自动闭塞。列车运行自动控制系统（简称列控系统）保证列车按照空间间隔制运行的技术方法是靠控制列车运行速度的方式来实现的。

从闭塞制式的角度来看，装备列车运行自动控制系统的自动闭塞可分为三类：固定闭塞、准移动闭塞（含虚拟闭塞）和移动闭塞。称为准移动闭塞，说明它还不是移动闭塞，所以有时仍把它归入固定闭塞。

固定闭塞：列控系统采取分级速度控制模式时，采用固定闭塞方式。运行列车间的空间间隔是若干个闭塞分区，闭塞分区数依划分的速度级别而定。一般情况下，闭塞分区是用轨道电路或计轴装置来划分的，它具有列车定位和占用轨道的检查功能。固定闭塞的追踪目标点为前行列车所占用闭塞分区的始端，后行列车从最高速开始制动的计算点为要求开始减速的闭塞分区的始端，这两个点都是固定的，空间间隔的长度也是固定的，所以称为固定闭塞。

准移动闭塞：准移动闭塞方式的列控系统采取目标距离控制模式（又称连续式一次速度控制）。目标距离控制模式根据目标距离、目标速度及列车本身的性能确定列车制动曲线，不设定每个闭塞分区速度等级，采用一次制动方式。准移动闭塞的追踪目标点是前行列车所占用闭塞分区的始端，当然会留有一定的安全距离，而后行列车从最高速开始制动的计算点是根据目标距离、目标速度及列车本身的性能计算决定的。目标点相对固定，在同一闭塞分区内不依前行列车的走行而变化，而制动的起始点是随线路参数和列车本身性能不同而变化的。空间间隔的长度是不固定的，由于要与移动闭塞相区别，所以称为准移动闭塞。

虚拟闭塞：虚拟闭塞是准移动闭塞的一种特殊方式，它不设轨道占用检查设备，采取无线定位方式来实现列车定位和占用轨道的检查功能，闭塞分区是计算机技术虚拟设定的，仅在系统逻辑上存在有闭塞分区和信号机的概念。虚拟闭塞除闭塞分区和轨旁信号机是虚拟的以外，从操作到管理等，都等效于准移动闭塞方式。虚拟闭塞方式非常有条件将闭塞分区划分得很短，当短到一定程度时，其效率就接近于移动闭塞。

移动闭塞：移动闭塞是全球铁路及轨道交通信号界公认的最先进的信号系统，国际上已有不少城市开始采用这种新技术对现有的城市轨道交通列车控制系统进行更新，我国武汉轨道交通 1 号线、广州地铁 3 号线等城市轨道交通线路也采用了移动闭塞。该技术的应用，对保证行车安全、缩短列车运行间隔、提高线路通过能力均可起到重要作用，也给运营部门带来良好的经济效益和社会效益。因此，采用移动闭塞方式是城市轨道交通发展的一种趋势。关于移动闭塞的内容将在以后详细介绍。

2. 传统的自动闭塞

（1）传统自动闭塞设备的特点及使用

1）传统自动闭塞设备的特点。传统自动闭塞设备可分为：三显示自动闭塞、四显示自动闭塞、多信息自动闭塞。

三显示自动闭塞就是通过信号机具有三种显示，能预告列车前方两个闭塞分区状态的自动闭塞。三显示自动闭塞分两个速度等级，一个闭塞分区的长度满足从规定速度到零的制动距离。

四显示自动闭塞就是通过信号机具有四种显示，能预告列车前方三个闭塞分区状态的自动闭塞。四显示自动闭塞分三个速度等级，两个闭塞分区的长度满足从规定速度到零的制动距离。

多信息自动闭塞也称多显示自动闭塞，是对四显示及以上自动闭塞的统称。多于四显示时，往往地面通过信号机不具备多显示的条件，而以机车信号显示为主。

2）自动闭塞设备的使用。在采用传统自动闭塞方式时，车站进站信号机和出站信号机的开放，需车站值班员在控制台上操纵。

双线自动闭塞区段的车站发车时，车站值班员不需办理闭塞手续，在发车进路准备妥当后，从控制台上确认区间空闲符合发车条件时，即可开放出站信号机发车。为使接车站做好接车准备，应向接车站通报列车车次、出发时刻及有关注意事项。

单线自动闭塞区段车站发车时，发车站得到行车调度员准许后，按下发车按钮，该列车运行方向的发车表示灯及接车站的接车表示灯亮灯，车站值班员即可开放出站信号机发车。列车到达后，接车站的接车表示灯和发车站的发车表示灯均熄灭，表示区间空闲。

（2）自动闭塞区间行车办法　采用传统的自动闭塞方式，列车进入闭塞分区的行车凭证为信号机的准许信号显示。

在三显示区段，列车进入闭塞分区的凭证为出站或通过信号机的黄色灯光或绿色灯光。为确保客运列车的安全，对客运列车及跟随客运列车后面在车站通过的列车，只准在出站信号机显示绿色灯光的条件下从车站出发或通过。

在四显示区段，列车进入闭塞分区的凭证为出站或通过信号机的黄色灯光、绿黄色灯光、绿色灯光。对客运列车及跟随客运列车后面通过的列车，进入闭塞分区的凭证为出站信号机的绿黄色灯光或绿色灯光，但特快旅客列车由车站通过时为出站信号机的绿色灯光。

三显示自动闭塞中，黄灯是注意信号，表示运行前方有一个闭塞分区空闲，一个闭塞分区的长度能满足从规定速度到零的制动距离，可以越过黄灯后再开始制动。四显示自动闭塞中，绿黄灯是警惕信号，表示运行前方有两个闭塞分区空闲，两个闭塞分区的长度满足从规定速度到零的制动距离，可以越过绿黄灯后再开始减速；黄灯是限速信号，列车越过黄灯时必须减速至规定的限速值，不然就难以保证在下一个红灯前可靠停车。

3. 移动闭塞

在城市轨道交通中，移动闭塞是一种采用先进的通信、计算机、控制技术相结合的列车控制技术，所以国际上习惯称之为基于通信的列车控制系统 CBTC（Communication Based Train Control）。

（1）移动闭塞的概念　移动闭塞（Moving Block，简称 MB）是相对于固定闭塞而言的。固定闭塞有固定的闭塞分区，移动闭塞与固定闭塞相比最显著的特点是，取消了以通过信号机分隔的固定闭塞分区，列车间的最小运行间隔距离由列车在线路上的实际运行位置和运行状态确定，闭塞分区随着列车的行驶，不断地向前移动和调整，所以称为移动闭塞。

移动闭塞采用车地双向通信，并将前方列车的移动信息，经由车地通信安全地传给后续列车。在移动闭塞中，后行列车的追踪目标点为移动的前车的尾部。移动闭塞列车间隔是按后续列车在当前速度下所需要的制动距离，加上安全余量计算和控制的，确保不追尾。移动闭塞的行车凭证是后续列车收到的经由车地通信系统传过来的移动授权，该授权包括前方列车的速度和距离，以及前方的线路坡度、曲线等线路信息，列车根据该移动授权方能继续前行，由于该移动授权是随前方列车的运行不断由车地通信系统传给后续列车，因此闭塞分区是不固定的。

移动闭塞方式的列控系统与准移动闭塞方式的列控系统相同，采取目标距离控制模式（又称连续式一次速度控制）。但移动闭塞的追踪目标点是前行列车的尾部，也留有一定的安全距离，后行列车从最高速开始制动的计算点也是根据目标距离、目标速度及列车本身的性能计算决定的。目标点是前行列车的尾部，与前行列车的走行和速度有关，是随时变化的，而制动的起始点也随线路参数和列车本身性能不同而变化。空间间隔的长度是不固定的，所以称为移动闭塞。其追踪运行间隔要比准移动闭塞更小一些，移动闭塞一般是采用无线通信和无线定位技术来实现的。

（2）移动闭塞的基本要素　在移动闭塞技术中，闭塞分区仅仅是保证列车安全运行的逻辑间隔，与实际线路并无物理上的对应关系，因此，移动闭塞在设计和实现上与固定闭塞有比较大的区别。其中，列车定位（Train Position）、安全距离（Safety Distance）和目标点（Target Point）是移动闭塞技术中最重要的三个概念，可以称为移动闭塞的三个基本要素。

1）列车定位。在固定闭塞和准移动闭塞中有轨道电路或计轴等设备作为闭塞分区列车占用的检查，就能粗略地进行列车定位，再配以测速测距就能较细地进行列车定位，最多再加应答器校准坐标。在移动闭塞中没有轨道电路等设备作为闭塞分区列车占用的检查，被控对象基本处于动态过程中，只有了解所有列车的具体位置，以何种速度运行等信息，才能实施对列车的有效控制，所以列车定位技术在移动闭塞系统中就显得更为重要。

列车定位由地面设备和车载设备共同完成。列车定位信息的主要作用是：为保证安全列车间隔提供依据，CBTC 系统对在线的每一列车能计算出距前行列车尾部距离，或距进站信号点的距离，从而对它实施有效的速度控制；作为列车在车站停车后打开车门以及屏蔽门的依据。

目前，在列车自动控制系统中得到应用的列车定位技术主要有：测速定位法、查询—应答器法、交叉感应线圈法、卫星定位法。测速定位法的原理是在车轮外侧安装光栅，按车轮旋转次数与转角计算出列车的位移。查询—应答器法是在线路上按一定间隔设置应答器，应答器内存储了其所在位置的公里标，列车上的查询无线经过时读取位置信息。交叉感应线圈法是在线路上敷设轨道电缆，将轨道电缆每隔一定距离交叉一次，利用交叉回线列车可测算出自己的位置。卫星定位法是 GPS（Global Positioning System）和 GNSS（Global Navigation Satellite System）利用导航卫星进行测时和测距，从而实现全球定位功能。

另外，还有多普勒雷达法、无线扩频列车定位法、惯性列车定位法、航位推算系统定位法、漏泄波导法、漏泄电缆法等等。

2）安全距离。安全距离是后续追踪列车的命令停车点与其前方障碍物之间的一个固定距离。障碍物可以是确认了的前行列车尾部的位置或者无道岔表示（道岔故障）的道岔位置。该距离是基于列车安全制动模型计算得到的一个附加距离，它保证追踪列车在最不利条件下能够安全地停止在前行列车的后方不发生冲撞。所以，安全距离是移动闭塞系统中的关键，是整个系统设计的理论基础和安全依据。

移动闭塞基本原理为：线路上的前行列车经 ATP 车载设备将本车的实际位置，通过通信系统传送给轨旁的移动闭塞处理器，并将此信息处理生成后续列车的运行权限，传送给后续列车的 ATP 车载设备。后续列车与前行列车总是保持一个“安全距离”。该安全距离是介于后车的目标停车点和确认的前车尾部之间的一个固定距离。在选择该距离时，已充分考虑了在一系列最坏的情况下，列车仍能够被安全地分隔开来。

如图 2-5 所示，安全距离是附加在列车常用制动距离上的一段富余量。列车行驶过程中，追踪列车 T_2 和前行列车 T_1 始终保持一个常用制动距离加上一个安全距离，即一个移动闭塞间隔，以确保在最不利的情况下，追踪列车和前行列车不发生碰撞。安全距离与线路状况、列车性能等因素有关。通常在系统设计阶段规定了系统能使用的最小安全距离，同时在满足运营时间间隔的前提下，采用比理论计算值大的安全距离，提高系统运行的安全性。

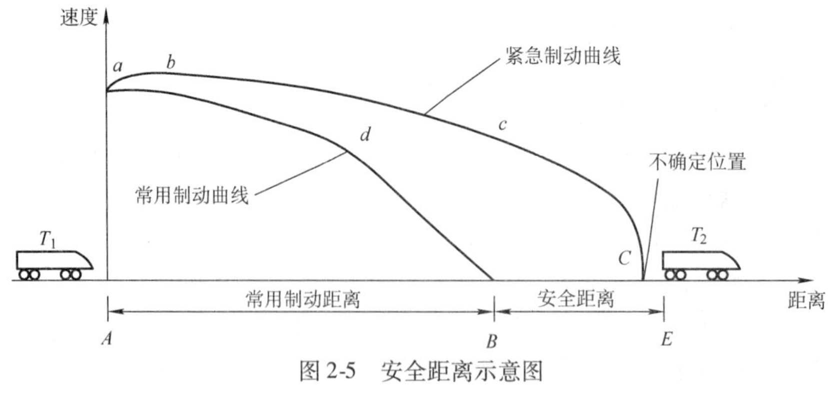

图 2-5 安全距离示意图

3）目标点。目标点是列车运行的行车凭证，如同固定闭塞系统中的允许信号，列车只有获得了目标点，才能够向前移动。目标点通常是设在列车前方一定距离的某个位置点，一旦设定，即表明列车可以安全运行至该点，但不能超过该点。移动闭塞系统就是通过不断前移列车的目标点，引导列车在线路上安全运行。

（3）移动闭塞系统的组成和特点

1）移动闭塞系统的组成。移动闭塞系统主要包括无线数据通信网、车载设备、区域控制器和控制中心等。如图 2-6 所示是基于通信的 CBTC 系统框图。地面和车载设备通过“数据通信网络”连接起来，构成系统的核心。

无线数据通信是移动闭塞实现的基础。通过可靠的无线数据通信网，列车将位置、车次、列车长度、实际速度、制动潜能和运行状况等信息以无线的方式发送给区域控制器；区域控制器追踪列车并通过无线传输方式向列车发送移动授权。车载设备包括无线电台、车载计算机和其他设备（如传感器、查询器等）。列车将采集到的数据（如机车信息、车辆信息、现场状况和位置信息等）通过无线数据通信网发送给区域控制器，以协助完成运行决策；同时对接收到的命令进行确认并执行。

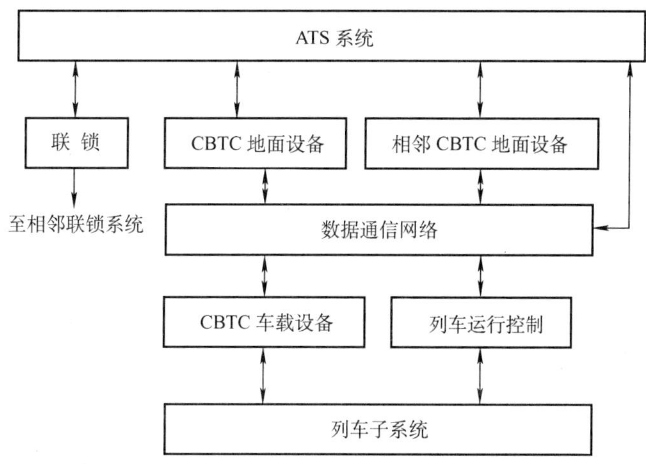

图 2-6　典型的 CBTC 系统结构框图

目前，国内轨道交通行业主要采用的是 Seltrac 移动闭塞系统，如武汉城轨交通 1 号线是第一个开通的移动闭塞式 ATC 系统。

Seltrac 列车自动控制系统是阿尔卡特（Alcatel）公司研制的一套基于通信的列车自动控制系统，它采用移动闭塞原理，以电缆环线作为车地双向信息传输方式，集 ATP、ATS、ATO 于一身，实现对列车运行的安全控制。

典型的 Seltrac 移动闭塞系统主要由三个控制层次，共 5 个子系统构成，如图 2-7 所示。

①管理层，由系统管理中心（SMC）子系统构成，主要实现 ATS 功能，对列车进行自动监督和实现调度管理。

②操作层，由列车控制中心（VCC）子系统构成，负责计算列车的安全运行间隔。它综合来自车载控制器（VOBC）的列车位置、速度、运行方向信息和来自车站控制器（STC）的轨旁设备（如道岔等）的状态信息，实现列车的运行和轨旁设备的联锁，达到在移动闭塞运行方式下控制列车安全运行的功能。

③执行层，由车站控制器 STC、车载控制器 VOBC 和感应环线 3 个子系统构成，负责解释和执行 VCC 发来的控制命令，并向 VCC 报告所辖设备的状态信息。其中，STC 负责对轨旁设备（道岔、计轴器、站台发车表示器、站台屏、蔽门等）的控制和信息采集；VOBC 则对列车的运行进行控制并反馈列车的状态信息；而感应环线则是列车和 VCC 间通信的传输介质，同时系统利用环线电缆、环线电缆交叉以及 VOBC 中的转速计实现对列车的定位。

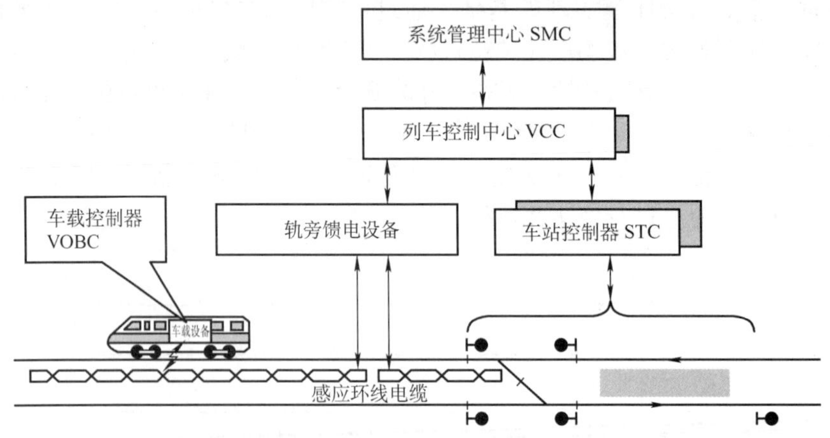

图 2-7　移动闭塞系统框图

2）移动闭塞系统的特点。移动闭塞与传统的固定闭塞相比，具有以下特点：

①线路没有固定划分的闭塞分区，列车间隔是动态的，并随前一列车的移动而移动。

②列车间隔是按后续列车在当前速度下所需的制动距离，加上安全余量计算和控制的，这样可确保不追尾。

③制动的起点和终点是动态的，轨旁设备的数量与列车运行间隔关系不大。

④可实现较小的列车运行间隔。

⑤采用地车双向数据传输，信息量大，易于实现无人驾驶。

（4）移动闭塞系统的主要运行模式及行车办法　国内轨道交通行业采用的主要是 Seltrac 移动闭塞系统，它可以提供两种主要运行模式，即列车自动控制（Automatic Train Control，简称 ATC）模式和后退模式。

1）列车自动控制模式。在 ATC 模式下，系统根据 Seltrac 移动闭塞原理自动地控制列车，驾驶员的干预最少。该模式是 ATC 系统和列车运营服务的常用工作模式。正常运营条件下，列车的运行由车辆控制中心进行控制，列车在 ATC 系统控制下自动地在整个线路上运行，驾驶员仅对运行进行监视。ATC 系统将在车厂边界转换轨处进行列车自检，并在自检成功后自动投入到正线运营当中。退出运营的列车将自动返回到车厂边界转换轨，车厂的列车自动监控子系统（Automatic Train Supervision，简称 ATS）从这里控制列车进入车厂。

①信息传输路径。ATC 模式下的信息传输路径如图 2-7 所示。

②进路与道岔控制。在 ATC 模式下，VCC 负责列车的安全间隔和运行（安全运行还包括对道岔的操作）。VCC 按照 SMC 中执行的时刻表（或运行线）正确排列进路。当列车按所分配的进路前进时，VCC 将在列车前方预留相应的轨道及道岔，并在允许列车通过之前命令 SRC 转换道岔到所需位置。当 VCC 确认列车已从相关轨道及道岔出清，预留取消。一

且中心调度员在中心控制室的VCC终端上设置了人工进路预留（MRR）或者调度员人工单独预留道岔命令，系统就不会自动转换道岔。

③信号显示与计轴状态。在ATC模式下，信号机显示蓝色以提醒驾驶员信号机防护区域是“自动”区域，人工列车（限制人工或非限制人工）禁止通过。在ATC模式下，ATC系统不会在信号机上显示其他灯光。计轴器在ATC模式下仍然工作，但其检测的列车定位信息将不返回给VCC，即计轴状态不参与ATC模式下的联锁逻辑。

④运行方式。列车可在ATO驾驶模式、人工保护驾驶模式以及无人驾驶模式下运行。在ATC模式下，VCC对站台紧急停车按钮以及中央紧急停车按钮的按下进行响应。ATC系统有能力使列车在线路的任何区域上双向运行。双向运行可以有效应对线路的任何部分由于特殊原因（如轨道阻塞）而采取的自动变更运行。与正向运营一样，反向运行时信号系统提供ATP、ATO及ATS的功能。

2）后退模式。后退模式可以使列车人工驾驶（限制人工或非限制人工）运行，是考虑到ATC系统设备故障，或没有配备ATC设备的列车要在正线线路上运行而设计的。当出现VCC严重故障、感应环线故障或者车载VOBC故障时，后退模式可以提供一种降级服务。此时，列车采用人工驾驶，按照轨旁信号机显示运行。

后退模式根据移动闭塞系统的故障影响分为全人工后退模式和局部后退模式。全人工后退模式下，单个或全部的STC将不受VCC控制，该STC控制下的所有正线区域均以自动闭塞运营；局部后退模式则是指STC控制的个别信号机防护的区段以自动闭塞方式运营，其余区域仍以移动闭塞方式运营。

①后退模式的特点。后退模式下的行车是单方向的，用于使无通信列车进入固定闭塞下运营，在确保安全的前提下，达到一定的运输能力，系统中的STC设备可以为其控制区域内的列车提供地面信号，以保证列车安全运行。进路是由中央调度员或车站值班员采取设置人工进路的方式设置的，并将进路上有关道岔设到所要求的位置。

②后退模式的功能。后退模式时，轨旁信号机平时点亮红灯，在人工办理了进路、联锁条件满足的情况下开放允许信号，在禁止信号“红灯”不能点亮的情况下不能开放任何允许信号。

在后退模式下，STC根据区段占用状态和道岔位置等联锁条件来设置信号机的显示。因此，一旦调度员设置了人工进路，当列车占用了该进路计轴区段时，防护该进路的信号机将显示“红灯”。当列车出清该占用区段后，如果所有的道岔都处在“正常”进路所要求的正确位置，则该区段信号机自动开放，显示“绿灯”；如果所有的道岔都处在“变更”进路所要求的正确位置，则该区段信号机自动显示“黄灯”。当道岔处于锁闭状态时，信号机才能显示开放的信号（绿灯或黄灯）。

STC根据中心SMC（或处于局部后退模式的VCC）的指令或SMC本地工作站控制指令转动道岔，并依据联锁条件设置信号机的显示。假如接近计轴区段并且道岔区段均空闲，则在STC将信号机成功设置为红灯后，命令道岔开始转动；当道岔转到规定位置并锁闭后，STC检查所有的联锁条件，均符合时就将信号机设置为允许灯光显示。

如果STC收到道岔转换指令时接近计轴区段有车且道岔区段空闲，STC则将信号机显示为“红灯”后60s计时；一旦时间计完，若道岔区段无车，则STC开始转动道岔，使其转到规定的位置。

③后退模式的转换。后退模式与自动模式的相互转换时机取决于中央调度员，而时间长短主要取决于驾驶员、调度员以及系统中正在运行的列车数量。当VCC故障时，中央调度员开始干预，系统将在大约60s内从自动模式转入全人工后退模式。只有所有的人工预留进路均已取消，所有线路上正在以人工模式运行的列车都重新进入自动模式，并且中央调度员进行干预，系统才能启用全自动运行模式，否则系统将维持原局部人工运行模式或全人工运行模式。

4. 电话闭塞

电话闭塞是当基本闭塞设备不能使用时，由区间两端站的车站值班员利用站间行车电话以发出电话记录号码的方式办理闭塞的一种方法。

电话闭塞不论单线或双线，均按站间区间办理。由于没有机械、电气设备控制，全凭制度约束来保证行车安全，因此办理手续必须严格。为保证同一区间在同一时间内不会用两种闭塞法，在停用基本闭塞法改按电话闭塞法或恢复基本闭塞法时，均需行车调度员下达调度命令后方准采用，行车凭证为路票。

当遇有下列情况时，需改用电话闭塞法行车：

1）基本闭塞设备发生故障时：

①自动闭塞设备发生故障或停电，包括区间内两架及其以上信号机故障或灯光熄灭。

②移动闭塞采用全人工后退模式。

2）无双向闭塞设备的双线区间反方向发车或改按单线行车时。无双向闭塞设备的双线区间反方向发车只能改按电话闭塞进行。

当无双向闭塞设备的双线区间的一条正线因施工或其他原因封锁，另一条正线改按单线行车时，虽然该正线正方向闭塞设备能使用，但由于该正线的反方向无闭塞设备，如果对该线路正方向与反方向运行的列车采用不同的闭塞方法，不但增加了行车调度员发布变更或恢复基本闭塞法命令的次数，而且车站办理时容易发生错误。因此，双线改按单线行车时，上、下行运行的列车均需改用电话闭塞。

3）列车由区间折回。

4）施工列车或轨道车运行。

遇列车调度电话不通时，闭塞法的变更或恢复，应由该区间两端站的车站值班员确认区间空闲后，直接以电话记录办理。

二、列车运行模式的基本特征及运用

目前地铁车辆的五种列车驾驶模式的特征及运用如下。

1. ATO模式（列车自动驾驶）

（1）基本特征　ATO模式是优先级最高的驾驶模式，通过ATC信号系统实现。在该种模式下，两站间的列车自动运行，列车的运行不取决于驾驶员。驾驶员负责监督ATP/ATO指示，列车状况，所要通过的轨道、道岔、信号的状态，必要时加以干预。

（2）基本运用　正线的正常运行（包括折返线和试车线）。

2. AR模式（自动折返）

（1）基本特征　AR模式包括列车的自动换向和有折返轨的自动折返。其中，有折返轨的自动折返又可分为人工折返和无人折返。

（2）基本运用　在折返站和具有换向功能的轨道区段使用。

3. SM 模式（受 ATP 监控的人工驾驶）

（1）基本特征　SM 模式是次优先级的驾驶模式，正常情况下培训时采用，或当 ATO 设备故障，但车载和轨旁的 ATP 设备良好时必须采用。在 SM 模式下，驾驶员必须根据显示屏显示的推荐速度驾驶列车，当实际速度在推荐速度 -1km/h 到推荐速度 +4km/h 这范围时，会有声音报警；当实际速度大于推荐速度 4km/h 时，ATP 产生紧急制动，驾驶员要负责监督列车状况，所要通过的轨道、道岔、信号的状态。驾驶员以 SM 模式驾驶时，要保持按下警惕按钮，否则会产生紧急制动。驾驶员以 SM 模式驾驶列车进站，车停在停车窗内，ATP 给出门释放命令后，驾驶员手动开门。

（2）基本运用　①ATO 故障时的降级运行；②运行时轨道上发现有障碍物（如人）；③列车在下雨时在地面站行驶。

4. RM 模式（限制人工驾驶）

（1）基本特征　RM 模式是较低级的驾驶模式，在该模式下，列车由驾驶员驾驶，驾驶员负责监督 ATP/ATO 指示显示，列车状况，所要通过的轨道、道岔、信号的状态，速度不能大于 25km/h，ATP 只提供 25km/h 的超速防护。

（2）基本运用　①车辆段运行；②联锁、轨道电路、ATP 轨旁设备故障；③列车紧急制动以后。

5. URM 模式（非限制人工驾驶）

（1）基本特征　URM 模式是故障级驾驶模式，在该模式下，列车的运行完全由驾驶员负责，没有 ATP 的监控。国内部分地铁车辆采用 URM 模式时，列车前进最高速度可达 80km/h，后退最高速度可达 10km/h。

（2）基本运用　①车载 ATP 设备故障，不能使用；②车辆部分设备检修和调试。

在城轨线路上，驾驶员可根据线路、设备状态及运营要求，以任何一种驾驶模式驾驶列车运行。

以国内城市轨道交通某种车型为例，各种驾驶模式的特性和运用见表 2-1。

表 2-1　各种驾驶模式的特性和运用

模式	定　义	基本特性	运　用
ATO	列车自动驾驶模式	自动控制两站间的列车运行。驾驶员负责监督 ATP 及 ATO 的显示，列车运行状态，通过的轨道、道岔和信号的状态，必要时加以人工干预	地铁正线的正常运行方式
SM	受 ATP 监控的人工驾驶模式	列车运行由驾驶员驾驶，列车的运行速度受 ATP 监控，如果列车的极限速度超过了 ATP 允许速度，则列车产生紧急制动而停车。驾驶员负责驾驶列车，监督 ATP 的显示	ATO 故障时（但车载和轨旁的 ATP 设备良好）降级运营
RM	受限制的人工驾驶模式	列车运行由驾驶员驾驶，列车的运行速度不能大于 25km/h，如果超过，则列车产生紧急制动而停车。驾驶员负责列车运行安全	列车在车辆段范围内运行（试车线例外），或联锁、轨道电路、ATP 轨旁设备、ATP 列车天线发生故障及列车紧急制动后运行

（续）

模式	定　义	基本特性	运　用
URM	非限制人工驾驶模式	用ATP钥匙开关后才起作用，使用时必须经过批准和登记。列车运行由驾驶员控制，没有限制速度监督	车载ATP设备故障或联锁故障后采用降级的行车组织办法时使用
AR	自动折返模式	自动控制列车折返，驾驶员可以不在列车上及不加干预进行列车折返作业。驾驶员负责检查自动折返前乘客已经下车，车门已经关闭，才操作位于站台端墙处的自动折返按钮	在设有自动折返功能的折返站计划采用的方式

三、列车运行组织方式

1. 行车组织原则

1）在ATC系统正常的情况下，客车以ATO模式驾驶，驾驶员需在客车出库或交接班时输入乘务组号。在有ATS计划运行图时，客车进入正线运行时自动接收目的地及车次信息；在没有ATS计划运行图时，客车在正线运行时，驾驶员或行调需输入目的地码和车次号信息。

2）正常情况下正线上驾驶员凭车载信号显示或行调命令行车，按运营时刻表和DTI显示时分掌握运行及停站时间。

3）非正常情况下行车时，驾驶员应严格掌握进出站、过岔、线路限制等特殊运行速度。

4）客车在运行中，驾驶员应在前端驾驶，如推进运行时由副驾驶员或引导员在前端驾驶室引导和监控客车运行。

5）在车厂范围内指挥列车或车厂调车的信号以地面信号和调车专用电台为主，手信号旗/灯为辅。

6）调度电话、站车无线电话用于行车工作联系，须使用标准用语。

7）客车驾驶员可使用客车广播系统向乘客进行信息广播。遇信息广播故障时，可使用人工广播，若人工广播也不能使用时，报告行调，按行调的指示办理。

8）当客车发生晚点时，行调应根据客车晚点情况及时采取措施，调整客车运行。

2. 行车调度概述

1）调度机构是轨道交通系统日常运输工作的指挥中枢，凡与运输有关各部门、各工种都必须在调度的统一组织指挥下，进行日常生产活动。调度机构的基本任务是科学地组织客流，合理地运用设备，组织运输有关各部门、各工种协同作业，确保实现列车运行图，努力完成运输生产任务，提高运输效率和经济效益。值班调度主任是调度班组工作的组织者和领导者，其主要工作职责是传达、贯彻和执行上级有关文件、命令及指示，负责完成本班组各项运输指标，主持接班会，布置有关注意事项，检查安全生产情况，掌握列车运行图执行情况，负责检修、施工和救援工作的把关，主持事故分析会等。

2）行车调度是调度机构的核心工种。行车调度员担负着指挥列车运行、贯彻安全生产、实现列车运行图、完成运输计划的重要任务。行车调度员是列车运行的组织指挥者，负责监控或操纵列车运行控制设备，掌握列车运行、到发情况，发布调度命令，检查各站、段执行和完成行车计划情况，在列车晚点或运行秩序紊乱时采取有效措施尽快恢复按图行车，发生行车事故要迅速采取救援措施，并向上级和有关部门报告，以及填写各种表报等。

3. 行车指挥自动化时的列车运行组织

行车指挥自动化是利用电子计算机控制调度集中设备，指挥列车运行的一种自动远程遥控设备。在行车指挥自动化时，自动闭塞为基本闭塞法。

行车指挥自动化子系统的主要功能有：

1）由基本列车运行图或计划列车运行图生成使用列车运行图。

2）自动或人工控制管辖范围内各车站的发车表示器、道岔以及排列列车进路。

3）跟踪正线列车运行，显示各车站发车表示器开闭、进路占有和列车车次、列车运行状态等。

4）自动或人工进行列车运行调整。

5）自动绘制实迹列车运行图和生成运营统计报告。

（1）列车运行组织　在行车指挥自动化情况下，由电子计算机通过调度集中设备实现当日使用列车运行图、列车进路自动排列和列车运行自动调整，指挥列车运行。控制中心ATS通常储存数个基本列车运行图，经过加开或停运列车等修改后的基本列车运行图称为计划列车运行图。使用列车运行图是当日列车运行的计划，由基本列车运行图或计划列车运行图生成。行车调度员通过显示盘与工作站显示器，准确掌握线路上列车运行和分布情况、区间和站内线路的占用情况以及发车表示器的显示状态和道岔开通位置等。行车调度员也可应用人工功能，通过工作站终端键盘输入各种控制命令，控制管辖线路上的发车表示器、道岔及排列列车进路，进行列车运行调整。

在行车指挥自动化情况下，列车占用区间的行车凭证为列车收到的速度码，凭发车表示器显示的稳定白色灯光发车，如发车表示器故障无显示，凭行车调度员的命令发车。追踪运行列车间的安全间隔由ATP子系统自动实现。

（2）控制中心ATS　行车指挥自动化子系统（ATS）包括控制中心ATS设备、车站ATS设备和车载ATS设备三部分。控制中心ATS设备是一个实时控制系统，由调度控制和数据传输电子计算机、工作站、显示盘和绘图仪等构成，电子计算机按双机备份配置；车站ATS设备由列车与地面间数据传输设备和电气集中联锁或微机联锁设备等构成。车载ATS设备由列车与地面间数据传输设备等构成。

（3）列车正线运行　列车正线运行可采用以下几种驾驶模式。

1）列车自动驾驶ATO模式。列车出发前，在列车进路已设置完毕、车门及屏蔽门已关闭的条件下，驾驶员可操作列车进入自动驾驶模式。车载ATO系统根据从线路上接收到的速度码，自动控制列车加速、巡航、惰行、制动，控制列车按要求停车，并自动控制车门、屏蔽门的开启。车门、屏蔽门的关闭是由驾驶员按压关门按钮完成的。驾驶员主要监督车载ATP/ATO设备的状态显示，并注意列车运行所经过的线路状况（如道岔、信号机），必要时可人工进行干预，以保证行车安全。列车在站台停车时如果超出了停车区域，则车门和屏蔽门均不能打开。

2）ATP监控的人工驾驶SM模式。在ATO设备故障，但车载和轨旁的ATP设备良好，列车发车前，列车进路已设置完毕、车门及屏蔽门已关闭的条件下，驾驶员操作列车进入ATP监控的人工驾驶（SM）模式。列车由驾驶员驾驶，运行速度受“列车超速防护（ATP）系统”的实时监督。当列车运行速度接近ATP限制速度时，系统对驾驶员给出声、光报警信号，提醒驾驶员注意。如果驾驶员未采取措施，列车的运行速度超过了限制速度，并达到了列车“紧急制动曲线”确定的速度，ATP系统将对列车实施紧急制动。一旦产生紧急制动，不能进行人工缓解，必须待列车停稳并经特殊操作后才能重新起动列车。到站停车时，与采用ATO驾驶模式的列车停站规定相同。

3）限制人工驾驶RM模式。驾驶员根据信号显示等要求，操作列车进入“限制人工驾驶模式”，一般设定的限制速度为25km/h，若列车运行速度超过ATP限制速度，则产生紧急制动。在此模式下运行，驾驶员对列车运行安全负责。此运营模式主要作为联锁设备故障情况的降级运行模式及列车在车辆段内的运行模式。

4）非限制人工驾驶URM模式。在此模式下ATP系统将不起任何作用，列车运行的安全完全由调度员、车站值班员和驾驶员人为保证。驾驶员必须使用特殊的钥匙开关才能进入该模式。

（4）列车出入段　车辆段内的列车驾驶模式采用限制人工驾驶（RM）模式。所有设备正常的情况下，列车按照设计的模式运行。因车辆段没有安装轨旁ATP设备，且联锁设备为6502电气集中联锁或微机联锁，与ATP设备没有接口关系，列车在车辆段范围内只能用RM模式运行，车载ATP提供25km/h的超速防护。

列车出入段的程序如下：

1）列车整备完毕列车状态符合正线服务后，报告车厂信号值班员列车整备完毕。

2）确认出厂信号开放，按该列车出车厂时刻以RM模式驾驶列车出库，整列离开库门前限速5km/h。库大门前、平交道口应一度停车，确认线路状况良好后动车。

3）列车运行到转换轨一度停车，待显示屏收到速度码，“ATO”灯亮后，驾驶员确认进路防护信号开放，以ATO/SM模式运行至车站。

（5）列车运行调整

1）自动列车运行调整。在执行自动列车运行调整功能时，ATS系统根据使用列车运行图对早、晚点时间在一定范围内的图定列车自动进行列车运行调整。自动列车运行调整通过控制列车的停站时间和列车的运行等级来实现。列车运行等级的自动降低或升高可实现列车运行速度的自动控制。列车运行等级的设置如下：

①运行等级1。ATS限速等于ATP限速，列车在ATS限速正负2km/h范围内调速。

②运行等级2。ATS限速等于ATP限速，但经过惰行标志线圈后，在列车速度高于30km/h时，惰行进站停车；在列车速度低于30km/h时，提速至30km/h运行。

③运行等级3。除ATP限速为20km/h和30km/h外，ATS限速等于75%的ATP限速，例如，在ATP限速为65km/h时，ATS限速为48km/h。

④运行等级4。ATS限速等于65%的ATP限速。

针对列车运行偏离列车运行图的各种可能，ATS系统设置了太早、很早、早点和太晚、很晚、晚点，及最大、最小停站时间参数。表2-2为某城轨企业ATS系统上述各参数的现行取值。系统计算列车实际到站时间与列车图定到站时间的差值，并将此差值与上述六种参数进行比较，根据比较结果确定列车运行调整方法。

表 2-2　列车运行调整比较参数取值

参　数	取值/s	参　数	取值/s
太早	90	太晚	90
很早	60	很晚	60
早点	10	晚点	10
最大停站时间	60	最小停站时间	20

①在早于“太早”和晚于“太晚”时，系统不能进行自动列车运行调整。

②在“早点”与“晚点”之间时，系统不进行列车运行调整。

③在“太早”与“很早”之间时，列车降低一个运行等级，调整列车停站时间。

④在“很早”与“早点”之间时，列车运行等级不变，调整列车停站时间，停站时间改为图定停站时间加上早点时间，但调整后的列车停站时间不大于列车最大停站时间。

⑤在“晚点”与“很晚”之间时，列车运行等级不变，调整列车停站时间，停站时间改为图定停站时间减去晚点时间，但调整后的列车停站时间不小于列车最小停站时间。

⑥在“很晚”与“太晚”之间时，列车升高一个运行等级，调整列车停站时间。

2）人工列车运行调整。凡列车早点早于“太早”、晚点晚于“太晚”或列车运行秩序较紊乱时，控制中心 ATS 可执行人工功能，由行车调度员进行人工列车运行调整。

在列车早点早于“太早”和晚点晚于“太晚”时，可在不退出自动功能情况下执行人工功能进行列车运行调整，此时，人工功能优先于自动功能。但执行人工功能时设定的列车停站时间和列车运行等级仅对经过指定车站的指定列车一次有效。当指定列车经过指定车站后，系统将自动恢复对经过该站的后续列车进行自动列车运行调整。

在列车运行秩序较紊乱时，应退出自动功能，进行人工列车运行调整，待列车运行基本恢复正常后，再进入列车运行调整的自动功能。人工列车运行调整的主要方法有：

①列车跳站停车。列车跳站停车分为列车载客跳站停车和列车空驶跳站停车两种。列车载客跳站停车应严格掌握，客流较大的车站原则上不应组织列车跳停通过，仅在由于车辆或其他设备故障、发生事故，车站因乘客滞留造成拥挤等原因引起列车运行秩序紊乱，以及特殊需要时，方准列车载客跳停通过。安排列车跳站停车应考虑越站乘客是否有返回乘坐的列车，末班列车不办理列车载客跳停通过。为了缓解客流压力或因列车晚点影响后续列车运行时，准许始发列车空驶跳停，但不宜连续两个空驶列车跳停。组织列车跳站停车时，行车调度员要加强预见性和计划性，提前下达命令。驾驶员和车站有关人员应对乘客作好宣传解释工作，车站应维持秩序，组织好乘客乘降，保证乘客安全。

列车跳站停车的设置可由行车调度员在工作站上进行，也可由行车调度员命令驾驶员在当次列车上进行，前者称为中央设置，后者称为列车设置。中央设置对允许跳停车站有所限制，并且不能设置一列车在两个车站连续跳停。列车设置对允许跳停车站没有限制，并且具有连续设置跳停功能。

在行车组织上，为保证一定的服务水平和行车安全，规定：

- 一般情况下不采取列车跳站停车措施；
- 图定首、末班客运列车不办理列车跳站停车；
- 同一车站不允许连续两列车跳停通过；

● 除特殊情形外，客流较大车站不准列车跳停通过。

②扣车。当一条线路的列车由于车辆及其他设备故障或某种原因不能正常运行，造成换乘站站台上乘客拥挤时，行车调度员应采取扣车措施，即将另一条线路的上下行列车扣在换乘站附近的各个车站，以缓和换乘站的压力。扣车时间一般应控制在10min内，如果堵塞线路的列车在短时间内不能恢复正常运行，可组织扣下的列车在换乘站通过。同时，行车调度员应发布畅通线路各站停售跨线票的命令。

行车调度员实施扣车应在列车到达指定站台停稳，并在发车表示器闪光前完成。如多列车分别在各站进行扣车时，行车调度员应及时命令驾驶员在指定车站扣车。实施扣车后，如要终止列车停站，行车调度员应进行催发车。

③设置列车运行等级。除系统自动调整列车运行等级外，行车调度员还可人工设置列车运行等级，即由初始设定的运行等级改设为其他运行等级。列车运行等级的设置可由行车调度员在工作站上进行，也可由行车调度员命令驾驶员在当次列车上进行。行调设置只对指定列车一次有效。

4. 调度集中时的列车运行组织

调度集中是指挥列车运行的一种远程遥控设备。在调度集中时，自动闭塞为基本闭塞法。调度集中系统由调度集中总机、进路控制终端、显示盘与显示器、描绘仪、打印机和电气集中联锁设备等构成。

调度集中的主要功能有：

● 控制管辖范围内各车站的信号机、道岔以及排列列车进路。

● 显示各车站信号机开闭、进路占用和列车车次、列车运行状态等。

● 自动绘制实际列车运行图。

（1）列车运行组织　在调度集中情况下，由行车调度员人工排列列车进路，指挥列车运行以及进行列车运行调整。行车调度员通过进路控制终端键盘输入各种控制命令，控制管辖线路上的信号机、道岔以及排列列车进路；通过显示盘与显示器，准确掌握线路上列车运行和分布情况、区间和站内线路的占用情况以及信号机的显示状态和道岔开通位置等。

在调度集中情况下，列车进入区间的行车凭证为出站信号机的绿灯显示。如出站信号机故障，凭行车调度员的命令发车。追踪运行列车间的安全间隔由自动闭塞设备实现。

（2）列车运行调整　为了实现按图行车，行车调度员要努力组织列车正点运行，而组织列车正点始发又是列车正点运行的基础。对始发列车，行车调度员应在列车出段、列车折返交路和客流情况等各方面进行具体掌握和组织，以确保正点始发。

在始发站列车正点始发的情况下，由于途中运缓、作业延误或设备故障等原因，难免出现列车运行晚点的情况。此时，行车调度员应根据列车运行的实际情况，按恢复正点和行车安全兼顾的原则，根据规定的列车等级进行运行调整，尽可能在最短时间内使晚点列车恢复正点运行。

列车的等级依次为：专运列车、客运列车、调试列车、空驶列车和其他列车。在抢险救灾情况下，优先放行救援列车。对同一等级的客运列车，可根据列车的接续车次和载客人数等情况进行运行调整。列车运行调整的主要方法有：

1）始发站提前或推迟发出列车。

2）根据车辆的技术状况、驾驶员驾驶水平和线路允许速度，组织列车加速运行、恢复正点。

3）组织车站快速作业，压缩列车停站时间。

4）组织列车跳站停车。

5）变更列车运行交路，组织列车在具备条件的中间站折返。

6）组织列车反方向运行。在双线线路上，如一个方向列车密度较大，而另一个方向列车密度较小，为了恢复正点运行，可利用有道岔车站的渡线，将列车转到列车密度较小的线路上反方向运行。

7）扣车。

8）调整列车运行时间间隔：当换乘站由于客流骤增造成作业困难时，行车调度员可根据列车的运行情况，适当调整列车运行时间间隔，尽量避免各线列车同时到达换乘站。

9）在环形线情况下，当一条线路运行秩序紊乱时，要尽力维持另一条线路列车的正常运行，并通知各站组织乘客乘坐畅通线路方向的列车。

10）停运列车。

行车调度员对列车运行调整方法的选择，取决于列车运行的具体情况。而在实际工作中，往往又可以是几种列车运行调整方法结合运用。

5. 调度监督时的列车运行组织

调度监督是一种行车调度员能监督现场设备和列车运行状态，但不能直接进行控制的远程监控设备。轨道交通系统采用调度监督组织指挥列车运行，通常是新线在信号系统尚未安装情况下投入运营时采用的过渡期调度指挥方式。为了实现调度监督，除控制中心的显示盘等设备外，需在车站安装出站信号机等临时联锁设备。在调度监督时，双区间闭塞为基本闭塞法。双区间闭塞法即以两个站间区间为一个闭塞分区，如上海地铁采用的行车闭塞法有：自动闭塞、半自动闭塞、双区间闭塞法。

调度监督的主要功能有：

1）显示各车站出站信号机开闭、区间闭塞、列车运行状态，以及到站列车车次等。

2）储存和打印列车运行时刻和出站信号机开放时刻等运行资料。

在调度监督情况下，由车站行车值班员排列列车进路、开闭出站信号，行车调度员通过显示盘，监督线路上各车站信号机开闭显示、区间闭塞情况和列车运行状态，组织指挥列车运行。

双区间闭塞法行车时，列车占用区间的凭证为出站信号机的绿灯显示，凭助理行车值班员手信号发车。追踪运行列车间的安全间隔按双区间要求，由双区间闭塞设备实现。

在按双区间闭塞法行车时，列车正线运行限速60km/h。列车接近车站时，驾驶员应加强对接近车站的瞭望，控制进站速度，遇有险情立即制动停车。列车进入通过式车站的限速为40km/h，列车进入尽头式车站的限速为30km/h。

在列车晚点或列车运行秩序紊乱时，行车调度员应及时进行列车运行调整，尽快恢复按图行车，列车运行调整方法可参见调度集中时的列车运行组织，此处不再赘述。应该强调，在调度监督时，载客列车一般不安排跳站停车，如因特殊情况需要跳站停车，应经公司主管领导同意，由行车调度员发布调度命令执行。在调度监督过程中，如发现车站行车值班员或列车驾驶员有违章作业情况，行车调度员应及时下令纠正，确保行车安全。

6. 调度监督下半自动控制时的列车运行组织

在控制中心行车调度员的统一指挥下，由车站行车值班员操作车站微机联锁或电气集中联锁设备或临时信号设备控制列车运行。早期建成的城市轨道交通至今仍采用这种列车运行组织方式，一些新线由于信号系统尚未安装调试完毕，在过渡期采取这种方式进行行车组织。调度监督下的半自动控制可实现的功能如下：

1）利用车站信号控制系统具有的联锁功能，车站行车值班员可对进路排列、道岔转换、信号开放实行人工操作。

2）控制中心可实时反映进路占用、信号及道岔等的工作状态，对线路上的列车运行进行监护。

3）控制中心可储存信号开放时刻、道岔动作、列车运行等各类运行资料，并可根据需要调用。

4）车站可根据中央指令对列车运行进行调整。

5）计算机自动绘制或人工绘制列车实迹运行图。

四、车站行车作业

1. 基本要求

车站日常运输工作的目标是合理运用技术设备，按列车运行图接发列车，质量良好地完成运输任务，确保行车安全与乘客安全。车站行车组织工作在实现上述目标的过程中起着核心作用。车站行车工作的基本要求如下。

（1）执行命令听从指挥　严格执行单一指挥制，车站行车工作由车站行车值班员统一指挥。列车在车站时，所有乘务人员应在车站行车值班员指挥下进行工作。车站行车值班员应认真执行行车调度员的命令和上级领导的指示。

（2）遵章守纪按图行车　认真执行行车规章制度，遵守各项劳动纪律。办理作业正确及时，严防错办和忘办，严禁违章作业。当班必须精神集中，服装整洁，佩戴标志，保证车站安全、不间断地按列车运行图接发列车。

（3）作业联系及时准确　联系各种行车事宜时，必须程序正确、用语规范、内容完整、简明清楚，严防误听、误解和臆测行事。

（4）接发列车目迎目送　接发列车严肃认真，姿势端正。认真做好“看”、“听”、“闻”，确保列车安全运行。

（5）行车表报填写齐全　行车表报包括各种行车凭证、行车日志和各种登记簿。行车凭证有路票、绿色许可证、红色许可证和调度命令等，登记簿有“调度命令登记簿”、“检修施工登记簿”和“交接班登记簿”等。应按规定内容、格式认真填写各种行车表报，保持表报完整、整洁。

2. 作业制度

为了加强车站行车工作组织，保证车站良好的行车作业秩序，必须建立和健全各项行车工作制度，做到行车作业制度化、程序化、标准化。车站行车工作的制度主要有行车值班员岗位责任制、交接班制度、检修施工登记制度、道岔擦拭制度、巡视检查制度和行车事故处理制度等。

（1）行车值班员岗位责任制　车站行车工作实行单一指挥制，行车值班员是车站行车工作的组织者和指挥者。车站根据行车工作的需要设置行车值班员和助理行车值班员（在采用 ATC 或 ATP 时可不设）。

行车值班员的岗位职责是：执行行车调度员的命令和指示，统一指挥车站的行车工作。监视行车控制台的进路开通方向、道岔位置及信号显示，监视列车运行状态和乘客乘降情况。车站控制时，按列车运行图及行车调度员下达的列车运行计划办理闭塞、排列进路、开闭信号、接发列车。填写行车凭证和其他各种行车表报。签认设备维修和施工登记。组织交接班工作。

助理行车值班员的岗位职责是：接送列车，监护列车运行。交递调度命令及行车凭证。手信号发车。调车作业现场组织。进行站线巡视。协助乘客乘降组织。

（2）交接班制度　行车值班员交班时，应将列车运行和设备状态，上级指示和命令及完成情况等填记在“交接班登记簿”上，并口头向接班行车值班员交代清楚。行车值班员接班时，要了解列车运行情况，对行车设备、备品、表报进行检查后，签认接班。内、外勤行车值班员实行对口交接。

（3）检修、施工登记制度　行车值班员对各项检修及施工作业，应根据检修、施工计划，向检修、施工负责人交代有关注意事项后，方可登记。凡影响列车运行的临时设备抢修，要在与行车调度员联系作业时间，并获同意后，方可登记。检修、施工作业结束后，行车设备经试验，确认技术状态良好，方可签认注销。

（4）道岔擦拭制度　道岔必须由专人负责定期擦拭。擦拭道岔，必须与行车调度员联系，办理调控权下放手续。道岔擦拭时，车站控制室要有人监护，不准随意扳动道岔。擦拭道岔人员一律穿绝缘鞋，携带防护用具，擦拭前施放木楔，无关人员不得擅自进入道岔区，如需转换道岔，室内监护人员与现场擦拭人员应进行联系，说明道岔号码及定、反位，现场擦拭人员要离开道岔。道岔擦拭完毕，要认真清理现场，清点工具，撤除木楔，并检查有无妨碍列车运行及道岔转换的物品；试验道岔及确认良好后，与行车调度员办理调控权上交手续，有关按钮由信号人员加封并作记录；填写“道岔擦拭登记簿”。

（5）巡视检查制度　送电前，行车值班员应进行站线巡视，检查线路上有无影响列车运行的异物。对站内设备检修、施工后的现场进行巡视检查，复核检修、施工登记注销情况。检查行车控制台是否有异常情况。

（6）行车事故处理制度　发生行车事故，应立即采取措施进行处理，同时向行车调度员及有关部门报告。认真记录事故发生的时间、地点、列车车次、车号、关系人员姓名及人员伤亡和设备损坏情况。赶赴现场，查找人证与物证，并作好记录。清理现场，尽快开通线路。对责任行车事故，应认真找出原因，提出处理意见，制定防范措施。

3. 接发列车作业

由于国内城市轨道交通信号系统普遍实现中央级控制（ATS），列车实行自动驾驶运行，城市轨道交通车站原则上不办理接发列车作业。车站对列车运行情况进行监视，负责向行调报点，各站间相互报点，当发生意外事件时，向行调请示，经同意后暂不报点；站台站务员按有关规定迎送列车。只有在信号联锁故障，需人工排列进路组织列车运行及列车开到区间因故障要退回车站等特殊情况下须办理接发列车作业。

（1）接发列车作业环节　一般的城市轨道交通车站接发列车的基本程序为：办理闭塞、布置与准备进路、开（闭）信号或交接凭证、迎送列车、开通区间五个步骤。具体接发列车作业程序与信号联锁设备及其状态有关。

1）办理闭塞。闭塞的实质是同一区间在同一时间内只允许一列车占用。办理闭塞实际上就是使出发列车取得占用区间的许可权。

城市轨道交通系统一般都采用自动闭塞，故随着列车的运行，自动完成闭塞作用。新线在全线投入正式运营前采用半自动闭塞时，须由区间两端车站行车值班员通过按压闭塞按钮办理闭塞，当区间两站闭塞表示灯均亮绿灯即表示闭塞完成。

当基本闭塞设备故障须采用代用闭塞法——电话闭塞法时，办理闭塞主要由区间两端车站行车值班员通过行车电话发出电话记录号码来办理闭塞。

2）布置与准备进路：

①接发列车进路的划分。进路是指列车运行或调车作业走行的路径，前者称为列车进路，后者称为调车进路。列车进路可分为接车进路、发车进路和通过进路。

接车进路：接入停车列车时，由进站信号机（或进站方向进路防护信号机）起，至接车线末端警冲标或出站信号机（或另一端进路防护信号机）止的一段线路，称为接车进路。

发车进路：发出列车时，由列车前端至相对方向进站信号机（或进路防护信号机）止的一段线路，称为发车进路。

通过进路：列车通过时，该列车通过车站两端进站信号机（或进路防护信号机）间的一段线路，称为通过进路。

②进路的布置。在轨道交通系统中，接发列车的关键是正确及时地准备好列车进路，值班站长或行车值班员必须亲自布置和确认进路是否准备妥当。布置准备进路时，一定要确定车次和列车占用线路情况。如果车站一端有两个及以上列车运行方向或双线反方向行车时，还应确定方向。

③准备进路。准备进路与联锁设备有关。

A. 采用电气集中联锁和微机联锁准备进路时，顺序按压进路始、终端按钮，道岔即自动转换并锁闭进路，进路一次性排列完毕，同时防护该进路的信号机自动开放。

B. 装有列控系统（ATC）的 ATS 子系统能根据列车运行图自动排列进路、开放信号。当中央 ATS 系统故障，可通过微机联锁区域操作员工作站（简称 LOW 工作站）人工排列进路。

C. 联锁全部故障或停电时，需要人工手摇道岔准备进路。手摇道岔时，应到《车站行车工作细则》规定地点取得钥匙，打开钥匙孔盖上的锁，使钥匙盖向下方转动，露出手摇把孔。将手摇把插入孔内，用力摇动一定的圈数，听到“咔嚓”的声音后，即表示道岔已手摇到位，尖轨被锁闭。经过手摇的道岔不能自动恢复集中操纵。道岔转辙机底壳内的安全触点是非自复式触点，抽出手摇把后安全触点也不能接通，电动转辙机处于断电状态。即使恢复供电，该道岔的电动转辙机仍不能动作，使人工转换过的道岔不改变其开通方向，以保证进路正确。

当故障处理完毕或恢复供电后，须恢复使用正常联锁，停止手摇道岔。应由电务人员使用专用钥匙打开电动转辙机盖，经确认设备处于正常状态后，接通安全触点，使钥匙孔盖恢复原来位置，手摇把孔被覆盖，人工转换停止，对电动转辙机及钥匙孔盖加锁。当道岔操纵电路恢复后，即纳入集中操纵。

3）开闭信号。当集中联锁站接发列车进路准备好后，信号自动开放。由于轨道电路的作用，当机车或车辆第一轮对越过信号机后即自动关闭。引导信号（含人工引导信号）应在列车头部越过信号机（或引导人员）后及时关闭（或收回）。

4）交接凭证。这里所说的凭证，是指发车信号机显示的进路信号以外的“证件”，如路票、列车进入封锁区间的“调度命令”等。交接凭证时要认真检查是否正确，注意安全，一般应停车交付。收回凭证后，要确认凭证是否正确，并及时注销保管。

5）迎送列车。站台接发列车作业人员应在《车站行车工作细则》规定地点立岗迎送列车，注意列车运行状态，发现危及行车安全情况时，立即采取紧急措施。

6）开通区间。与办理闭塞相对应，接发列车作业完毕后，半自动闭塞区间和电话闭塞须开通区间，使区间恢复空闲，保证不间断地接发列车。

半自动闭塞区间开通区间时，由区间两端站车站值班员拉出闭塞按钮或按压复原按钮，区间两站的闭塞表示灯熄灭即表示区间开通。

（2）接发列车作业程序及用语　中央信号联锁故障，联锁站联锁设备良好，需人工在微机联锁区域操作员工作站上（简称 LOW 工作站）排列进路，列车在 ATP 保护下以 ATO 或 SM 模式驾驶运行，此时联锁站需办理接发列车作业。

1）联锁站的接车作业程序见表 2-3。

表 2-3　接车作业程序及用语

作业程序	作业程序及用语			说明事项
	值班站长	LOW 操作员(行车值班员)	站台站务员	
一、听取预告	1. 根据“行车日志”和 LOW 工作站显示,确认接车线路空闲 2. 听取发车站预告“××次预告”并复诵,通知 LOW 操作员“排列××次接车进路”			
二、准备进路、开放信号	4. 确认接车进路防护信号开放正确后,复诵“进路防护信号好了”,并通知发车站	3. 听取值班站长“排列××次接车进路”后,在 LOW 工作站上排列列车进路,确认进路防护信号开放好后口呼“进路防护信号好了”		
	(办理发车作业程序)			(列车通过)
三、接车	5. 听取发车站报点,复诵并填写“行车日志”		7. 站台站务人员复诵“××次开过来,准备接车”,并立岗接车	
	6. 通知站台站务人员“××次开过来,准备接车”并听取汇报		8. 监视列车到达(通过)即注意站台乘客安全	
	9. 监视列车到达	10. 监视列车到达(通过)		
四、报点	11. 向发车站报点:“××次(×点)×分×秒到(通过)”,并填写“行车日志”			

2）联锁站的发车作业程序见表2-4。

表2-4 发车作业程序及用语

作业程序	作业程序及用语			说明事项
	值班站长	行车值班员	站台站务员	
一、发车预告	1. 根据“行车日志”和LOW显示，确认发车线路空闲，向前一LOW工作站预告“××次预告” 2. 填写“行车日志”			
二、准备进路、开放信号	3. 听取前一发车站报点“××次×分×秒开”并复诵，接到接车站准备好接车进路的通知，客车进站后排列列车发车进路 4. 通知LOW操作员“排列×次发车进路” 6. 确认发车进路好后，复诵“进路防护信号好了”	5. 听取值班站长“排列×次发车进路”的命令后，排列发车进路。进路排列好后，口呼“进路防护信号好了”		
三、发车	7. 通知站台站务人员“××次发车进路好了”		8. 确认后三节车门关闭好后，向驾驶员显示“车门关闭好了”的手信号	
	11. 监视列车运行	10. 监视列车运行，直至列车出清联锁区	9. 监视列车运行及注意站台乘客安全	
四、报点	12. 向接车站报点：“××次（×点）×分×秒开”			
	13. 填写《行车日志》			
	14. 向行调报点：“××次（×点）×分×秒开”			

4. 列车折返作业

线路终点站的折返线、中间站的存车线，以及其他列车面临运行交路需要的折返线路，会有列车折返作业。

（1）列车折返方式　列车折返方式根据折返线的布置分为站前折返和站后折返两种。

1）站前折返。图2-8a是列车在终点站站前折返时的双渡线折返设备，图2-8b是列车在中间站站前折返时的单渡线折返设备。

采用站前折返方式，列车无空车走行，折返时间较短；乘客上下车同时进行，能缩短停站时间；此外，站线和折返线相结合，能节省投资费用。站前折返的缺点是出发列车与到达列车存在敌对进路交叉，影响行车安全；列车进出站通过道岔，致使列车速度受限制和乘客有不舒适感；乘客上下车同时进行，在客流量大的情况下，站台秩序会受到影响。

列车到发作业产生交叉干扰的条件是进路有交叉，并且占用进路的时间相同，两个条件必须同时具备才构成真正的进路交叉。在行车密度很大的情况下，采用站前折返方式，要完全消除到发列车的交叉干扰难度较大。

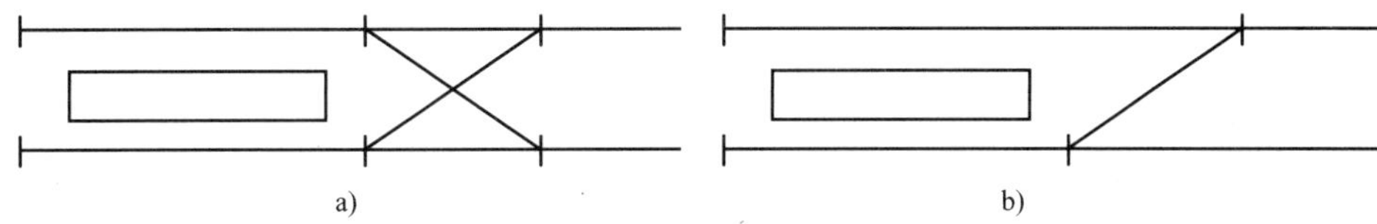

图 2-8　站前折返时的折返设备

a）站前双渡线折返设备　b）站前单渡线折返设备

2）站后折返。图 2-9a 是列车在终点站站后折返时的尽端线折返设备，图 2-9b 是列车在中间站站后折返时的单渡线折返设备，图 2-9c 是列车在终点站站后折返时的环形线折返设备。

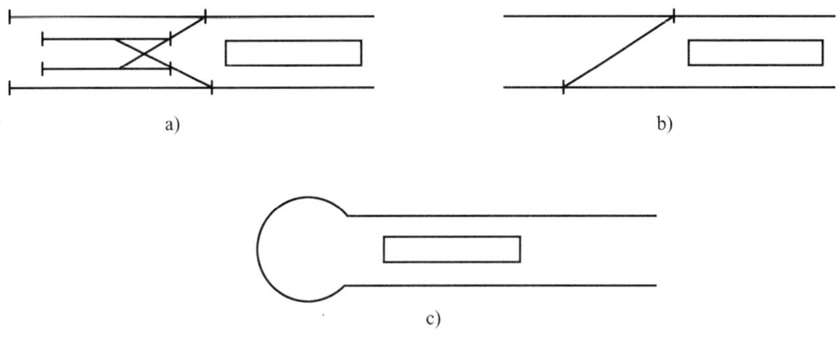

图 2-9　站后折返时的折返设备

a）站后尽端线折返设备　b）站后反单渡线折返设备　c）站后环形线折返设备

采用站后折返方式，能避免采用站前折返时存在的缺点，出发列车与到达列车不存在敌对进路交叉，行车安全；而且列车进出站速度高，有利于提高旅行速度，因此，站后折返方式被广泛采用。站后折返方式的主要缺点是列车折返时间较长。

环形线折返设备能保证最大的通过能力，节约设备费用与运营成本。但它也存在一些缺点，如列车在小半径曲线上运行造成单侧钢轨磨耗，折返线不能停放检修列车，以及若用明挖法施工修建增大了开挖范围等。所以在线路的终点站常采用尽端线折返设备。采用尽端线折返设备，折返线既可供列车折返，也可供列车临时停留检修。

（2）折返模式　折返模式有 3 种，分别为列车自动折返、ATP 监控的人工驾驶和人工折返。

1）列车自动折返（AR）模式折返。列车自动折返（AR）模式仅在某些特定区段使用。对于站前折返，列车进入到达线站台即完成了折返作业，最后由此发车；对于站后折返，列车以允许的速度从到达停车线自动驾驶进入和驶出折返线，最后进入发车股道。当列车进入折返线停车时，列车自动转换前后驾驶室的控制权，原列车的后驾驶室控制列车前进。

2）ATP 监控的人工驾驶（ATO 或 SM）模式折返。ATP 监控的人工驾驶（ATOSM）模式折返时，对于站前折返，列车进入到达线即完成折返作业，最后由此发车；对于站后折返，列车在驾驶员驾驶下从到达股道进入和折出折返线，最后进入发车股道。当列车进入折返线停车时，列车自动转换前后驾驶室的控制权，原列车的后驾驶室控制列车前进。

3）人工折返。在某些站的存车线及其他临时列车运行交路需要的折返线路，可按非自动转换模式折返。根据行车组织要求，可在车上配备 1 ~2 名驾驶员。

【项目实施】

任务一　调度集中控制下的列车运行组织

调度集中控制是指调度集中和行车指挥自动化两种情况。在调度集中情况下，由行车调度员通过进路控制终端控制管辖线路上的信号机、道岔，直接排列列车进路，办理列车接发作业。在行车指挥自动化情况下，中央 ATS 能根据当前使用列车运行图及列车运行实际情况，自动办理与实时控制车站上的列车接发作业，即自动完成与接发列车有关的列车进路排列和发车表示器显示控制。因此，在上述两种情况下，车站的接发列车作业，实际上是由行车调度员集中办理或中央 ATS 自动完成，车站行车值班员通过行车控制台监视列车进路排列、信号显示和列车到发、通过情况以及列车运行状态是否正常等。

下面是一条正线行车自动化情形下的列车运行组织。

正常情况下，轨道交通的运行周期为：根据当天列车运行图规定的时间从车辆段存车线出来进入正线，按照 ATS 系统自动排列的进路投入运营，根据运行图规定的时刻到达沿线各站，完成运输任务，直到运营结束列车退出服务回到车辆段进行整备，整备完毕再次从车辆段出来进入正线投入运营服务为止。整个运行周期的行车组织主要由行车调度具体指挥，车辆段值班员、车站行车值班员、站台站务员及驾驶员共同完成。

1. 人员安排

按照已经分好的组，行车调度员位于调度中心，监控整条线路的行车情况，各站行车值班员位于各站站控室，通过显示屏监控本站列车运行情况，各站站务员位于站台，迎送列车，对于屏蔽门与车门不联动的车站设屏蔽门操作员 1 名，负责屏蔽门的开闭。

2. 任务实施

主要按运营前、运营中及运营结束后三个阶段，描述在一个列车运行周期中行车调度员、行车值班员及列车驾驶员的作业。

（1）运营前准备

1）行车调度员。每天运营前规定时间行调根据“正线施工登记”检查当晚的所有维修施工及调试作业是否完毕及销点，线路巡视工作是否完成，确认线路出清并符合行车条件后进行下列运营前的准备工作。

①试验道岔。每天运营开始前规定时间（注：各城轨公司根据设备情况对时间标准规定有所不同），行调通知各联锁站（一般指有道岔的车站）的行车值班员试验道岔，值班主任、行调观看ATS的人机接口（MMI）及行调模拟屏的显示。联锁站试验完毕，行调收回控制权。值班主任、行调使用MMI试验进路、道岔的操作，使有关道岔处于正确位置。如果发现道岔不能正常使用，及时通知维修调度，派人检查抢修。

②检查和准备。主要检查行车值班人员到岗情况，站台是否有异物侵入限界，行车设备是否正常，备品是否齐全、完好，当日运营车、备用车安排及驾驶员配备等情况。

行调检查完毕后，于运营开始前规定时间通知电调接通牵引供电，牵引供电接通后，开始运营时间。同时行调需按车辆段调度提供的当日上线列车及备用车编辑无线调度台动态组以便调度。

③装入运营时刻表。由于城市轨道交通一般根据客流规律采用分号运行图，故在每天运营前规定时间控制中心值班主任在MMI上“装入”当天使用的运营时刻表，或按实际要求进行修改（增加或删除个别列车）。一般，周一至周五工作日一套运行图，周六、周日及节假日一套运行图。

④核对钟表时间。行调、电调在开始行车前与各站（含车辆段）、各变电所（站）核对日期和钟表时间（对表）；行调与车辆段派班员核对钟表时间、服务号和注意事项。

⑤调度首班车要求。开行首班车，应特别注意开行时间，严格按照运营时刻表组织行车，按时开出，防止晚点，首班车驾驶员应加强瞭望，注意线路情况。

2）行车值班员和站务员。行车值班员和站务员位于车站，其工作内容是车站行车组织作业。

①行车值班员。行车值班员从OCC中心接受控制权，在LOW工作台上试验道岔，检查站台和线路出清情况，向行调汇报，并于首班客车发车前规定时间开始向乘客广播第一列车的到达时间及注意事项。值班站长或行车值班员与行车调度员核对时间。

②站务员。开行首班车前，车站各岗位工作人员要准时开门、开启电扶梯及照明、巡视车站等。

3）驾驶员。运营前驾驶员主要进行客车整备作业，具体整备作业内容按城市轨道交通企业的《客车驾驶员手册》规定进行。一般，车辆段内线路不具备自动驾驶条件，客车出车辆段时，驾驶员凭信号采用RM模式驾驶客车运行到转换轨停车，待机车显示屏收到速度码“ATO”灯亮后，驾驶员确认进路防护信号开放，以ATO模式（部分线路以SM模式）运行进入正线车站投入运营。

（2）运营中作业

1）行车调度员。运营期间行车调度员应充分使用各项调度指挥设备，组织指挥列车按照计划运行图安全、准点运行，尽量均衡在线列车的运行间隔。运营期间行调主要进行以下几项作业：

①运用调度电话与车站值班员、车辆段调度员、派班员保持联系，发布调度命令，实现对列车运行的调度指挥。

②进行电力供应、环境控制、防灾救护及设备维修施工等的调度指挥工作。

③通过监视器监视各站的站厅、站台情况，发现异常可进行录像分析。

④通过行调模拟显示屏，掌握调度区域范围内信号系统设备（轨道电路、信号机等）

状况，列车占用线路情况，各次列车运行位置的动态显示。必要时，可使用中央广播向全线车站发布列车信息。

2）行车值班员、站务员。

①行车值班员。联锁站值班站长（或行车值班员）通过微机联锁区域操作员工作站（简称 LOW 工作站）监视列车运行情况。行车值班员通过监控设备观察站台情况，向站务员发布相关命令，如：自动售票机前排队过长，可通知站务员引导顾客到站台上其他售票机前购票；站台卫生、站台客流拥堵等都可通过对讲机通知站务员处理及疏导。

行车值班员通过环控监控设备监控站台环境情况，随时调整环境湿度和温度，当调整内容不在站控范围内时应与 OCC 中的环调联系，由环调控制。当出现紧急情况需紧急停车时（如车门夹人或物），行车值班员可通过车控室的紧急停车按钮实施紧急停车。爆发大客流时，行车值班员可操作相关设备开放站台所有闸机，疏导出闸客流。

②站务员。在客车进站时，站务员原则上应站在站台扶梯口靠近紧急停车按钮处，应随时注意列车运行情况及站台乘客动态，防止乘客在列车关门时冲上车被夹伤，同时负责维护站台秩序，监督驾驶员按规范动作关门。

当发生紧急情况需要停车时，站务员可按下紧急停车按钮实施紧急停车。一旦实施紧急停车，驾驶员不得动车，只能由车控室授权才能动车。发车时，站务员（或驾驶员）发现站台或屏蔽门异常，应通知驾驶员并及时处理。当乘客上下车完毕，确认车门关闭状态良好，列车具备了发车条件后，方可向驾驶员显示发车信号。

3）驾驶员。

①列车出库。列车整备完毕列车状态符合正线服务后，报告车厂信号值班员列车整备完毕；确认出厂信号开放，按该列车出车厂时刻以 RM 模式驾驶列车出库，整列离开库门前限速 5km/h；库大门前、平交道口应一度停车，确认线路状况良好后动车；列车运行到转换轨一度停车，待显示屏收到速度码，“ATO”灯亮后，驾驶员确认进入进路防护信号开放，以 ATO/SM 模式运行至车站。

②正线运行。列车运行期间在“ATO”驾驶模式下，驾驶员要注意观察列车显示屏信息、各指示灯和仪表显示、自动开关状态。列车运行中坚持不间断瞭望前方进路状态，发现线路、弓网故障及其他轨旁设备损坏或超限时，及时采取紧急措施，并报告行调。区间发生故障，尽可能维持到进站处理。遇故障列车需维持运行至终点站时，驾驶员必须时刻确认列车运行状态，防止列车故障的进一步扩大。列车接近进站时，密切观察站台乘客状况，遇乘客较多或有越出站台黄色安全线，应及早鸣笛示警，遇危及列车运行或人身安全时，立即采取紧急措施。

列车故障或其他原因需临时停车，驾驶员可通过列车紧急广播或人工广播安抚乘客。在车站如已知前方受阻延误等候开车时间较长，驾驶员开启客室门，并配合站务人员作好宣传解释，减少不必要的乘客投诉。

③站台作业。在 ATO 模式下，列车进站自动对标停车后，列车显示屏出现相应侧车门释放信息，车门自动打开，无特殊情况（列车无故障或无接听行调电话）乘务员须在确认驾驶员台气制动“施加”红色指示灯亮后立即到站台（驾驶室旁）立岗，监视站台乘客上下车情况和车辆的状态。

客车进站停车头部越过停车标时，根据越出站台的长度多少进行不同的处理。以国内部分城市轨道交通系统的规定为例，当驾驶室后第一个客室门对着站台，按规定开门；当客车停车位置越出站台2个车门及以下时，驾驶员切除该车门开关防止该车门打开，再打开其他车门供乘客上下车。驾驶员发现未到位停车时，应手动对位停车。

客车在站台区内的停车位置超出站台3个车门及以上时，必须报告行调，经行调同意，驾驶员不开车门继续运行到前方站停车。此时行调应通知前方站，车站及时对站台广播，维持秩序。

《运营时刻表》中没有规定通过车站或无行调命令，驾驶员不得驾驶客车通过车站。但当客车通过车站时，驾驶员应及时广播通知乘客，以防恐慌。运营时间内，驾驶员没有得到行调批准时，禁止使用URM模式驾驶。当ATP车载设备故障时只能用URM模式驾驶，则按规定程序及速度运行。

为节省能源及保障旅客候车的安全，我国广州、深圳、香港等地铁公司的部分正线线路站台两侧安装了屏蔽门，其列车运行方法略有不同。

在屏蔽门与车门联动功能不能使用的情况下，客车需配两名乘务员，一名任驾驶员，负责驾驶客车和操作客车相关设备；另一名任屏蔽门操作员，负责操作屏蔽门的开关，协助驾驶员瞭望进路，监督客车驾驶员按规定速度运行。客车在投入客运服务前，须把开门状态开关打到手动位，客车在车站停稳后，屏蔽门操作员先打开屏蔽门，驾驶员后打开客室门；在距开车时间规定时间时，先关屏蔽门，后关客室门，确认无夹人夹物时，驾驶员才能动车。

客车进站停车，当未到停车标停车时，驾驶员确认运行前方无异常后，可以RM模式动车对位；当越过停车标3个车门以下时，驾驶员应先切除ATP然后后退对位，此时，屏蔽门操作员应立即对车厢广播安抚乘客，并使用无线电话通知车站维持好站台秩序。列车在该站开出前应恢复ATP，随后应报告行调。

如果客车进站停车超越屏蔽门3个车门及以上时，报告行调或由车站转报行调，按行调的指示执行。车站应及时对站台广播，做好乘客服务。如客车不开门继续运行到前方站时，行调应通知前方站。

（3）运营结束时和结束后的作业

1）行车调度员。每天运营结束后，行车调度要对当天的行车工作进行分析、总结。运营结束后，行调的作业主要包括以下几个方面：

①打印当日计划、实迹运行图。

②编写运营情况报告，如运营日报。主要内容有：当天完成运送客运量、客车开行情况、兑现率及正点率和月度累计指标等；运用客车数及投入使用客车数；客车加开、停运及中途退出服务的情况；耗电量和温度、湿度情况；客车服务情况，包括事故、故障和列车运行延误及处理；有关工程列车、试验列车运行方面的信息。

③进行客车统计分析，包括计划开行列数、实际开行列数、救援列次、清客列次、下线列次、晚点列数和正点率、运营里程（列公里）等。

2）行车值班员、站务员。车站在尾班列车开出前应在规定时间开始广播，通知停止售票和进站检票工作，检查确认付费区内乘客均已上车，确认无异常情况后才能向驾驶员显示发车信号。

3）驾驶员。运营结束后，客车进行回厂作业。运营列车结束服务到达回厂站后，广播通知乘客下车，确认全部乘客下车后，按站务人员给的“好了信号”关门。完成折返，确认进路防护信号开放正确后，以 ATO 模式或 SM 模式（该模式可自行转换）驾驶列车至转换轨一度停车。用电台联系信号值班员，确认列车停放的股道和进路情况。确认入厂信号黄灯亮后，驾驶员驾驶列车入厂。

任务二　调度监督下半自动控制的列车运行组织

城市轨道交通系统由于装备了列车自动控制 ATC 系统，ATC 系统的 ATS 子系统能根据列车运行图自动排列进路、开放信号。当中央 ATS 系统故障，可通过微机联锁区域操作员工作站（简称 LOW 工作站）办理接发列车作业。车站控制是指调度监督和改用电话闭塞法时两种情况。

1. 调度监督时的接发列车作业

在调度监督情况下，由于行车调度员只能监督现场设备和列车运行状态，不能直接控制现场列车运行，因此调控权下放，由车站行车值班员运用车站信联闭设备办理接发列车作业。

车站行车值班员办理接发列车作业必须按规定的程序和要求进行。车站接发列车作业的内容与程序如下：

（1）准备进路　有道岔车站的列车接发车进路可根据行车调度员下达的列车运行计划预先办理。

（2）办理闭塞　发车站行车值班员用车站集中电话向接车站请求闭塞；接车站行车值班员接到请求闭塞电话后，确认前次列车已经到达前方站，确认接车区间空闲、接车进路畅通、有关道岔位置正确和确认影响接车进路的调车作业已经停止后，按压同意接车按钮。此时，接车站接车表示灯由黄灯显示变为灭灯。

（3）开放信号　发车站行车值班员再次确认发车进路正确无误后，按压发车信号按钮。此时，发车站出站信号机为绿灯显示，发车表示灯变为红灯显示；接车站接车表示灯变为红灯显示以及闭塞电铃鸣响。

（4）列车出发　列车出发后，发车站行车值班员拔起发车信号按钮，向接车站行车值班员和行车调度员报点，填写“行车日志”；接车站行车值班员接到报点后填写“行车日志”。此时，发车站出站信号机变为红灯显示。

（5）列车到达　列车到达后，接车站行车值班员向发车站行车值班员和行车调度员报点，填写“行车日志”，发车站行车值班员接到报点后填写“行车日志”。此时，接车站列车到达表示灯为红灯显示以及闭塞电铃鸣响，接车表示灯为红黄灯显示；发车站发车表示灯为黄灯显示。

（6）取消闭塞　在发车站请求闭塞、接车站同意接车和发车站尚未开放出站信号时，如因故需要取消闭塞，由发车站行车值班员用车站集中电话向接车站行车值班员请求取消闭塞，接车站行车值班员接请求取消闭塞电话后，破封登记，按压故障按钮。此时，发车站发车表示灯为黄灯显示；接车站接车表示灯为红黄灯显示。

（7）接送列车　列车在车站到发或通过时，站台站务员应按规章要求站在规定地点接送列车，密切注意列车运行状态以及乘客乘降情况，发现有危及行车安全和乘客安全的情况应立即采取有效措施妥善处理。

车站接车、发车、到达表示灯的显示颜色与意义见表 2-5。

表 2-5　表示灯的显示颜色与意义

表示灯类型		发车表示灯	接车表示灯	到达表示灯
表示灯显示	红灯	出站信号开放	邻站出站信号开放	列车到达本站
	绿灯	可以开放出站信号		
	黄灯	列车到达接车站	列车到达前方站	
	红黄灯		列车到达本站	
	灭灯		同意接车	

调度监督时的接发列车作业程序详见本项目中表 2-3、表 2-4“接发列车作业程序及用语”。

2. 电话闭塞法时的接发列车作业

改用电话闭塞法或恢复基本闭塞法行车，必须要有行车调度员命令。在停止使用基本闭塞法，改用电话闭塞法行车时，调控权下放，实行车站控制，即由车站行车值班员办理接发列车作业，由于电话闭塞法行车时无设备控制，为了防止因疏忽向占用区间发车，造成同向列车追尾，要求车站行车值班员在接发列车作业过程中，严格按照规定的作业程序和要求进行，以确保接发列车作业安全和能按调整后的列车运行计划不间断地接发列车。

根据是在集中站间办理电话闭塞还是在相邻站间办理电话闭塞，电话闭塞法接发列车作业的办法有所不同。

（1）集中站间电话闭塞法行车时的接发列车作业程序

1）办理闭塞。电话闭塞在集中站间办理。由发车站向接车站请求闭塞，接车站在确认接车区间空闲、接车线路空闲、接车进路准备妥当后，向发车站发出承认某次列车闭塞的电话记录号码。

2）发出列车。发车站接到接车站承认闭塞的电话记录号码后，填写行车凭证路票并交与驾驶员，向列车显示发车手信号。列车出发后，发车站向接车站通报列车车次、出发时分，并向行车调度员报点、填写“行车日志”。

3）闭塞解除。列车整列到达并发出或进入折返线，以及接车进路准备妥当后，接车站可向发车站发出列车到达，闭塞解除电话记录号码，并向行车调度员报点，填写“行车日志”。

4）取消闭塞。闭塞办妥后，因故不能接车或发车时，立即发出停车手信号进行防护，由提出一方发出电话记录号码作为闭塞取消的依据。列车由区间退回发车站时，由发车站发出电话记录号码作为闭塞取消的依据。取消闭塞应及时向行车调度员报告。

（2）相邻站间电话闭塞法行车时的接发列车作业程序与办法

1）办理闭塞。电话闭塞在相邻站间办理。由发车站向接车站请求闭塞，接车站在确认接车区间、接车线路空闲、接车进路准备妥当后，向发车站承认某次列车闭塞。接车站向发车站承认闭塞，对最初列车、反方向运行列车，以及在车辆段与相邻站间运行列车发出承认闭塞的电话记录号码；对其余列车则可用电话闭塞解除法来承认闭塞。

所谓电话闭塞解除法是指接车站在前次列车已经由本站发出或进入折返线，接车进路已经准备妥当后，用车站集中电话通知发车站前次列车闭塞解除，作为对后次列车闭塞的承认。

2）发出列车。发车站接到接车站承认闭塞的电话记录号码或电话通知后，列车凭出站信号机的绿灯显示发车。如出站信号机故障，以绿色许可证作为列车占用区间的行车凭证，向列车显示手信号发车。开放出站信号，应在确认接车站承认闭塞和发车进路正确无误后。

列车出发后，发车站关闭出站信号机，向接车站行车值班员和行车调度员报点，填写“行车日志”。

3）闭塞解除。列车到达或进入折返线，以及接车进路准备妥当后，接车站通知发车站前次列车闭塞解除，并向行车调度员报点，填写“行车日志”。

4）取消闭塞。闭塞办妥后，因故不能接车或发车时，立即发出停车手信号进行防护，由提出一方发出电话记录号码作为闭塞取消的依据；如列车已经发出，但接车站因故无法接车，应派专人到进站方向站界附近，向驶近列车显示停车信号。列车由区间退回发车站时，由发车站发出电话记录号码作为闭塞取消的依据。取消闭塞应及时向行车调度员报告。

5）行车凭证。电话闭塞法行车时，如是反方向运行，列车占用区间的行车凭证是路票；在出站信号机故障时，列车占用区间的行车凭证是绿色许可证，凭助理行车值班员的手信号发车。

行车凭证由车站行车值班员负责填发，助理行车值班员负责与驾驶员办理交接。

行车凭证在取得接车站承认闭塞，并确认闭塞区间空闲后方可填发。行车凭证填写，要求内容完整，字迹清楚，出现填写错误时，应重新填写。行车凭证在车站行车值班员确认无误并签名后，方可递交驾驶员。

3. 时间间隔法时的接发列车作业

当车站的一切电话中断时，为维持列车运行，双线区间可改用时间间隔法行车。此时，车站行车值班员具体组织和直接办理接发列车作业。由于与行车调度员和邻站行车值班员均无法联系，为了安全、不间断接发列车，须按照特定的行车组织办法进行列车接发作业。

1）出站信号机或发车表示器置于停车信号显示，中间站道岔一律置于正线列车运行位置。

2）停止办理一切妨碍正线列车运行的调车作业。

3）列车进入区间的行车凭证是红色许可证，助理行车值班员手信号发车。

4）列车发车间隔和列车运行速度应符合有关规定。

5）通信设备恢复正常后，立刻向行车调度员报告列车运行情况，并根据调度命令恢复原行车闭塞法。

4. 站间电话联系法组织行车

目前，国内部分城市轨道交通系统为了提高正线通过能力，规定当正线信号联锁故障时，采用站间电话联系法组织行车，只有车辆段和与其相邻接的车站间的信号联锁故障时，方采用电话闭塞法组织行车。

采用站间电话联系法组织行车时，行调应及时向有关车站及驾驶员发布命令：“从×时×分起，在××站至××站间采用站间电话联系法组织行车”；行调亲自或通过车站通知驾驶员口头调度命令的内容。车站和行调共同确认第一趟发出的列车运行前方的车站和区间空闲，列车的行车凭证为行调的口头命令，不需交驾驶员书面凭证，在确认发车进路准备妥当，并得到前方接车站同意接车的电话记录后，向驾驶员显示发车信号，列车即可起动。列车采用 RM 驾驶模式运行，每一站间区间及前方站内线路只允许一趟列车占用。

任务三　列车折返作业

1. 调度集中控制时的列车折返作业

（1）行车调度员　列车折返的调车进路由行车调度员人工排列或中央 ATS 自动排列。在车站有数条折返线或渡线，即有不同的折返调车进路情况下，应在列车折返作业办法中规定优先采用的列车折返模式，明确列车折返优先经由的折返线或渡线。在办理列车折返作业时，如折返列车尚未起动，需临时变更列车折返模式，可在通知折返列车驾驶员后，变更列车折返调车进路。

在人工排列列车折返进路时，折返列车凭调车信号显示进入折返线或折返停车位置。在自动排列列车折返进路时，折返列车凭发车表示器的稳定白灯显示进入折返线或折返停车位置。列车停妥后，驾驶员应立即办理列车换向作业，然后凭道岔防护信号机的准许越过显示进入车站出发正线。

在列车人工驾驶时，列车进出折返线的速度根据有关规定由驾驶员人工控制，在列车自动驾驶时，列车进出折返线的速度按接收到的速度码自动控制。

（2）驾驶员（以站后无人折返为例）　折返时的作业主要是到达驾驶员与折返驾驶员进行交接，并组织列车进行折返。列车在折返站进行折返有人工折返和自动折返两种方式。

运营列车结束服务到达终点站停车标处，显示屏出现折返图标，AR 黄灯亮，列车停稳，左侧车门打开，按压“AR”按钮，确认显示屏上的折返图标背景由蓝色变为黄色，“AR”黄灯灯灭。与折返驾驶员交接完毕，根据站务人员的清客完毕手信号及进路防护信号机的开放信号，关闭列车车门；进入驾驶室本务驾驶员关闭主控钥匙，锁好驾驶室侧门；本务驾驶员锁闭驾驶室侧门行至头端墙处，操作自动折返按钮（DTRO），列车自动起动进入折返线，并自动折返到对面站台，完成无人折返作业。

2. 车站控制时的列车折返作业

列车折返的调车进路由车站行车值班员人工排列。原则上，行车值班员应按优先采用的列车折返模式排列进路，如需变更列车折返模式，必须得到行车调度员的同意。

折返列车进出折返线或折返停车位置的作业过程和速度控制，与调度集中控制时列车折近作业的办理相同。

【拓展与提高】

6502 控制台操作规程

6502 控制台是电气集中联锁的联锁控制操作台，设在车站值班室内，其正面装有照明盘，盘上有车站股道平面图及各种进路按钮、道岔按钮和其他按钮等。操作员可按压控制台的模拟站场图上进路的始端按钮和终端按钮，将进路中有关道岔转换到规定的位置，且防护该进路的信号机也自动开放。当控制中心出故障需要车站人工排列进路时，可用此设备完成操作。下面介绍站控的相关操作。

1. 接权、交权及注意事项

（1）接权（站控）

1）行值按站控按钮，遥（白）稳定、站（黄）闪，中央同意，站（黄）稳、遥灭灯。

2）中央放权，遥（白）稳定、站（黄）闪，行值接权按站控按钮，站（黄）稳、遥灭灯。

（2）交权（遥控）

1）中央收权：遥（白）闪、站（黄）稳定，行值交权按站控按钮，遥（白）稳定、站灭灯。

2）行值按站控按钮，遥（白）闪、站（黄）稳定，中央同意，遥（白）稳定、站灭灯。

注意事项：当站控状态转为中央控制时，行车值班员应确认所有进路及自动信号已被取消，道岔处于解锁状态。

2. 非常站控

1）当出现中央故障报警或行值发现有危及行车安全的情况时，可使用非常站控钥匙强行站控。

2）办理方法：

①中央故障灯亮（红）、电铃鸣响，行值转动非常站控钥匙（非自复式），中央故障灯亮（红）、电铃停鸣、非常站控灯（红）、站（黄）稳定，中央故障灯灭灯、电铃鸣响，行值将非常站控钥匙复位，电铃停鸣、非常站控灭灯、站（黄）稳、遥（白）闪。根据需要，确认车站控制状态。

②行值强行站控，转动非常站控钥匙，电铃鸣响、非常站控灯（红）、站（黄）稳定（已转为站控），将非常站控钥匙复位，电铃停鸣、非常站控灯灭、站（黄）稳、遥（白）闪，行值按站控按钮，站（黄）稳、遥灭灯。

3. 道岔的单操与单锁的操作及注意事项

（1）单操　同时按下道岔操纵按钮及道岔总定位或总反位按钮，使道岔转换。

（2）单锁　道岔需单锁时，按下道岔单锁按钮，将该道岔单独锁闭，其按钮表示灯点红灯。

（3）注意事项

1）单操道岔比按进路选动道岔具有优先权。

2）维修涉及到的道岔设备，在维修结束后，应先进行道岔的单操试验，以确认控制台表示与现场道岔位置一致。

3）单操及单锁仅由车站控制，中央不能控制，在遥控时，严禁擅自进行单操及单锁，以免干扰正常运行。

4）如果道岔被阻，不能转动到底，如正在排列进路，行值应将所排进路取消，单操道岔到原位。

4. 正常进路的排列与取消及注意事项

（1）排列　顺序按压所排进路的始、终端按钮，进路即可排出。行值按始端按钮，始端按钮表示灯（绿）闪、排列进路表示灯亮（红），按终端按钮，终端按钮表示灯（绿）闪，后灭灯，始端按钮表示灯（绿）稳、道岔转换，排列进路灯灭灯、进路白光带点亮、始端按钮表示灯灭，信号开放进路排列完成。

（2）取消　行值确认进路的接近区段及内方无车，然后同时按下总取消按钮及进路始端按钮，取消表示灯亮红灯、信号关闭、进路白光带熄灭，松手。

（3）注意事项

1）每个车站同时只能排列一条进路，待排列进路表示灯灭后，方可排列另一条进路。

2）如在排列过程中误碰第三个按钮，则可能干扰正常进路或使进路排不出来，此时可取消重新办理。

3）进路办理后，在白光带未点亮前，若按压总取消按钮或转动总人工解锁钥匙，则会中断正在选排的进路，进路建立后，在未解锁前，不允许预排与此进路相交叉或重叠的进路。

非常站控钥匙复位，电铃停鸣、非常站控灭灯、站（黄）稳、遥（白）闪。根据需要，确认车站控制状态。

5. 重复开放信号

当已开放的信号因故关闭，值班员确认进路处于锁闭状态，在不改变原进路的情况下，按压该进路的始端按钮，则信号再度开放。

6. 自动信号的设置与取消及注意事项（与无车号表示灯有关）

（1）设置　中央及车站均可设置，按下相应的自动信号按钮，自动信号表示灯亮绿灯，自动信号建立。

（2）取消　同时按下总取消按钮及相应的自动信号按钮，自动信号表示灯灭。

（3）注意事项　自动信号一旦建立，在列车未接近该信号机时，行值只能手动办理以该信号机为终端的进路。

7. 自动进路的设置与取消及注意事项

对于正向经常有连续通过列车的有岔车站，6502控制台设置有自动进路。

（1）设置　当进路建立，防护进路的信号机开放后，按下该进路的自动进路按钮，相应的自动进路表示灯亮绿灯。

（2）取消　若要取消自动进路，应同时按下总取消按钮及自动进路按钮，相应的自动进路表示灯灭，有关信号机在列车通过后恢复为关闭状态。

（3）注意事项　自动进路建立后，列车通过进路，进路自动恢复为开放信号状态，进路内道岔不应解锁。

8. 紧急关闭按钮的使用及复原方法（站控、遥控均可）

（1）使用　在车站站台上按列车运行方向设有紧急关闭按钮，当站台上发生危及行车及人身安全的情况时，应迅速按压相应的紧急关闭按钮，此时6502控制台上的相应紧急关闭按钮表示灯亮红灯，防护该站台的信号机关闭，同时切断接近区段、站台区段、离去区段的速度码。

（2）复原　集中站行值应迅速了解情况，在得到事件已处理完毕的报告后，应按规定破封，将相应的紧急关闭钥匙插入相应站台紧急关闭复原钥匙开关内，转动后，紧急关闭表示灯灭，恢复正常。

9. 扣车和催发车

（1）扣车　列车到站停稳，站停表示灯亮红灯，行值按下扣车按钮，站停表示灯（亮红灯）、扣车表示灯（亮白灯），按下中断站停按钮，扣车表示灯灭灯、站停表示灯灭灯。

（2）催发车　列车到站停稳，站停表示灯亮红灯，按下中断站停按钮，站停表示灯灭灯。

10. 终端模式的设置及注意事项

(1) 设置　在终端站或有折返进路的车站设置有三种模式，当一种模式被选定，相应的表示灯亮白灯。

(2) 注意事项　某一终端模式设置后，该站的折返或通过进路则由接近列车的目的地号自动建立，三种终端模式同时只有一种模式存在，如需改变只需按下另一终端模式按钮(按行调命令执行)。

【复习思考题】

1. 什么是闭塞？我国轨道交通采用哪几种闭塞法？
2. 线路区间是如何划分的？
3. 在各种闭塞制式中列车占有区间的凭证是什么？
4. 什么是移动闭塞？其基本要素是什么？各有何作用？
5. 移动闭塞系统的运行模式有哪些？
6. 哪些情况下停用基本闭塞法改用电话闭塞法？
7. 轨道交通列车驾驶模式有哪些？其特征是什么？如何运用？
8. 轨道交通的运营指挥层次是什么？
9. 调度集中和调度监督的功能是什么？
10. 调度集中时，列车如何运行组织？如何进行运行调整？
11. 什么情况下车站需要进行接发列车作业？城市轨道交通车站接发列车作业环节是什么？
12. 简述采用电话闭塞时的接发列车程序。
13. 列车折返有哪几种方式？有哪些折返模式？

【实践训练】

1. 练习行车自动化时运营前下列情况下的列车运行组织：

1）联锁站行车值班员操作。

2）控制中心行车调度员工作。

3）站务员工作。

2. 练习行车自动化时运营中下列情况下车站行车值班员的作业：

1）个别自动售票机前排队过长，而站厅其他售票机空闲。

2）站厅某处卫生状况不良。

3）屏蔽门或车门夹物或人。

4）爆发大客流时的作业。

3. 练习中央信号联锁故障，联锁站联锁设备良好时接发列车作业。

4. 练习改用电话闭塞情形下的接发列车作业。

5. 练习改用电话联系法下的接发列车作业。

项目三　ATC 设备故障时的列车运行组织

【知识要点】

1. ATC 列车运行自动控制系统的设备组成、工作原理及主要功能。
2. ATS 设备故障、ATO 设备故障、ATP 设备故障时的处理规定。

【项目任务】

1. 理解 ATC 列车运行自动控制系统的工作原理及主要功能。
2. 掌握 ATS 设备故障、ATO 设备故障、ATP 设备故障时的行车办法。

【项目准备】

1. **场地、工具准备：** 列车运行控制系统、模拟沙盘、线路、信号机等行车设备模型、车站模型、列车模型、各种登记表簿、联系电话、信号旗、路票、调度命令、手摇把、钩锁器等。

2. **人员安排：** 学生按车站数分组，安排行调 1 人，每站设有行车值班员 1 人、站务员 3 人。

【相关理论知识】

一、列车运行自动控制系统

1. 概述

（1）行车自动化概述　地下铁道行车自动化系统（Traffic Automation System in the Subway）是在地下铁道行车调度控制中，应用电子计算机通过信息传输通道实时地收集有关行车的各种信息，经计算机应用程序进行处理，最后向区间和车站的各列车及地面信号发出控制指令（包括安排列车进路，控制列车速度，定点停车监视和调整列车运行），并在调度控制室内同时显示行车实际情况，自动记录行车实迹的系统。

1）历史沿革。地铁行车自动化系统是随电子技术的发展于 20 世纪 60 年代开始出现的。前苏联于 1958 年首次研制成功了较低级的行车自动化系统，1962 年在莫斯科地铁试用。美国于 1960 年在纽约地铁试运行列车自动运行系统（ATO）。20 世纪 70 年代以来，各国地铁都向着综合自动化方向发展。美国于 1972 年 9 月在旧金山海湾采用城郊快速运输系统（BART）。这个系统的控制中心安装了两台计算机（其中 1 台备用），能同时指挥和控制 105 列列车执行计划运行图。1971 年 7 月 23 日英国在维多利亚线上实现行车自动化，开通线路全长 22.4km。1972 年法国在巴黎地铁东西快车线上实行自动调度，利用列车自动操纵设备实现了自动驾驶，较全面地实现了列车行车指挥和列车运行自动化。我国北京于 1975 年开始试用自己研制的行车自动化系统。1976 年开始采用国产电子计算机，初步实现了铁路行车指挥自动化。

2）基本功能。地下铁道行车自动化系统的功能包括低级阶段功能和高级阶段功能。低级阶段的基本功能是由自动闭塞、自动停车、车站联锁和调度集中控制来完成的；高级阶段的基本功能则叠加了行车指挥自动化和列车运行自动化中的ATO系统以及若干自动检测设备。为了保证地下铁道行车安全，在行车自动化系统中还配置列车无线调度电话，使地下铁道行车调度员与驾驶员之间可随时进行通话。

3）系统构成。地下铁道条件较地面铁道优越，但运送的全是旅客，所以对行车自动化系统的安全性、可靠性要求较高。系统构成中最基本的是人工控制信号设备，叠加自动控制信号设备，再叠加行车的全自动控制系统。这样在高级系统失灵时，低级系统能运转。此外，在全自动化控制系统中都增加安全可靠措施，例如在应用计算机时尽可能增加多机冗余系统。

在地铁行车自动化系统中，控制中心和列车间的信道方式较多，一般采用的有轨道电路传输、轨道程序电缆、漏泄电缆等。

4）发展趋势。20世纪70年代之后兴建的地铁，都按综合自动化系统设计，即除行车指挥自动化和列车运行自动化之外还包含电力管理、后勤业务、卫生管理、售票检票、车辆检修、水位控制、通风控制以及车辆段调车作业等自动化系统。

随着微型计算机的飞快发展，微型计算机网络系统将广泛应用于地铁行车自动化系统。微型计算机联网可设计成一个完整的后备冗余系统，其功能分散，危险分散，系统的可靠性提高。

（2）城市轨道交通列车自动控制系统（ATC）

1）ATC概述。列车自动控制系统ATC（Automatic Train Control）简称为列控系统，就是对列车运行全过程及一部分作业实现自动控制的系统。其特征为：列车通过获取的地面信息和命令，控制列车运行速度，并调整与前行列车之间必须保持的距离，是保证列车按照空间间隔运行的技术方法，包括三个子系统：

列车超速防护子系统ATP（Automatic Train Protedtion）；

列车自动驾驶子系统ATO（Automatic Train Operation）；

列车自动监控子系统ATS（Automatic Train Supervision）。

ATP/ATO子系统是ATC系统的核心之一。列车超速防护子系统ATP通过列车ATP系统和地面ATP系统间的信息传输，来实现列车间安全间距的监控、速度控制、列车的超速防护、安全开关门的监督和进路的安全监控等功能，从而防止列车碰撞与出轨，确保列车和乘客的安全。列车自动驾驶子系统ATO，主要通过车载ATO系统完成站间自动运行、列车速度调节和进站定点停车，并接受控制中心（OCC）的运行调度命令，实现列车的运行自动调整。列车自动监控子系统ATS，主要功能是监督列车状态、产生列车时刻表、自动调整列车运行时刻和保证列车按时刻表正点运行、生成运行报告和统计报告、向旅客导向系统提供信息等。轨道交通系统采用软件方法实现联网、通信及列车运行管理自动化，ATP、ATO、ATS三个子系统既相互独立又相互联系，组成完整的ATC系统，确保列车安全、快速、短间隔时间和有序地运行。ATC系统设备分布于控制中心（OCC）、车站、轨旁及车上。ATC列车自动系统框图如图3-1所示。

在控制中心内，装有分布式中心计算机系统、中心数据传输系统、信息管理系统等。

控制中心是以计算机为主体的控制设备。每一个控制中心有一套三取二的计算机系统进行全部数据处理及行车指挥。这种结构保证了故障-安全及可靠性。控制中心还包括相应的数据

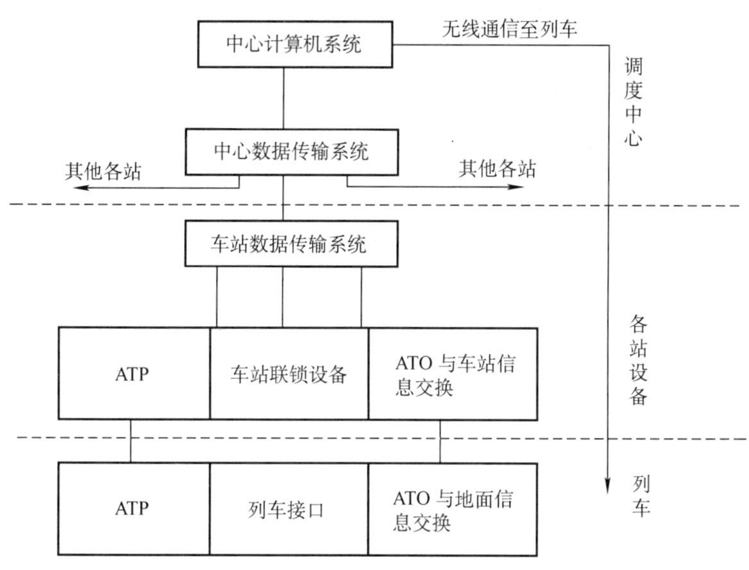

图 3-1　列车控制系统 ATC 框图

传输设备，即应有一台高速数据传输设备对下属车站及运行中的列车实现双向数据传递。

在中心计算机系统中存有固定的被控区域的各种数据，如线路坡度与曲线数据以及目前线路允许速度，还应包括轨道电路状态、信号机位置及显示状态、应答器位置及工作状态等。运行中的列车的各种数据，如列车位置、列车制动效果等将通过各站分机传送到中心计算机。中心计算机根据各种数据计算出行车指挥命令，并通过数据传输设备传送到车载计算机中。这些命令如行车目标速度、到达下一个目标的行车距离以及车载计算机应使用的速度曲线及制动曲线，并根据最大允许速度自动驾驶列车。

线路设备的变化如轨道电路反映的各种状态，都是通过数据传输系统输入到控制中心的。因此，数据传输系统是轨道与列车、列车与轨道之间以及各站间、各站与中心间的闭环式车地信息交换系统。

2）ATC 的功能。

①基本功能：

A. ATC 的车载信号是列车运行的凭证。

B. 按列车安全制动距离，自动调整列车运行追踪间隔。

C. 防止列车运行速度超过线路允许速度、道岔侧向规定速度以及列车构造速度、保证列车行车安全，超速时由列控设备自动实行减速或制动停车。

D. 监督列车以低于 30km/h 的速度进行出入库作业。

E. 与机车自身速度控制系统相结合，实现减速、缓解、加速的自动控制。

F. 防止列车冒进关闭的禁止信号机（或点）。

G. 与列车调度系统相结合，实现对列车减速、缓解、加速的自动控制。

H. 由车载测速单元获取列车走行速度和列车的位置。每通过一个轨道区段分界点或应答器时，列车的测距系统将校正一次，以提高目标距离的精度。

I. 根据地面中心信息以及车载设备实时处理情况，车载设备应连续地向驾驶员显示下列行车内容：目标速度、目标距离、允许速度、实际速度。

还有其他辅助报警显示：超速、制动、缓解、故障等。

②安全功能：为保证高速列车的安全运行，ATC 还设有下列检测设备和安全防护措施，形成完整的列车安全运行体系。

A. 环境状况监督。强风、雨、雪检测器及立交处防落物监测器将产生的报警信号，传输给车站和区段调度所。列控系统根据这些信息发出限速或停车指令。

B. 列车状态检测。轴温检测器将产生的报警信号传到车站和调度所。列控系统对这些信息进行处理，通过点式传输，将轴温报警信息传输给列车。

C. 人员和设备防护。在施工或发生事故时，通过局部操作（或车站或区段调度所控制），使列控系统发出各种防护或限速命令，对设备或人员进行安全防护。

③其他功能：

A. 列控系统不仅具有列车速度控制功能，根据需要，其控制中心还可对所辖区间渡线道岔及中间小站道岔进行控制，实现信号基础安全设备一体化。

B. 设备维护监督功能。对列控地面设备状态进行监督管理，存储设备故障的信息。列控系统将设备状态的故障及报警信息传到操作员处。

3）ATC 的分类。构成列控系统的制式、技术要素有两个：一是车地信息传输方式；二是速度控制模式。两个要素不同，体现在闭塞方式上主要有三种类型：固定闭塞方式的 ATC 系统、准移动闭塞方式的 ATC 系统、移动闭塞方式的 ATC 系统。

4）ATC 系统国内外应用状况，见表 3-1。

表 3-1　城轨交通 ATC 系统国内外应用状况表

控制模式	供货商	国内应用	国外主要应用
固定闭塞	中国通号集团	大连市快轨 3 号线 北京地铁八通线	
	西屋	北京地铁 1 号线、八通线、13 号线	新加坡 1 号线
	GRS	上海地铁 1 号线	纽约地铁
	西门子	上海新闵线	欧洲城轨交通
准移动闭塞	西门子	广州地铁 1、2 号线 深圳地铁 1 号线 南京地铁 1 号线	
	阿尔斯通	上海地铁 3 号线 香港机场快速线	法国巴黎南北线
	US&S	上海地铁 2 号线 天津滨海线	美国洛杉矶绿线 韩国汉城地铁
	西屋	北京地铁 5 号线 天津地铁 1 号线	英国伦敦 Jubilee 西班牙马德里
移动闭塞	阿尔卡特	武汉轻轨 1 号线（环线） 广州地铁 3 号线（环线） 港九铁路西线（环线）	温哥华 1、2 号线（环线） 肯尼迪机场轻轨（环线）
	西门子	广州地铁 4 号线	巴黎地铁 14 号线（环线）
	阿尔斯通		新加坡东北线

2. ATP 子系统

ATP 系统为城市轨道交通的安全快捷起到重要作用。ATP 系统即列车超速防护子系统，是故障-安全的系统，该系统负责全部的运行保护，对与安全有关的子系统进行控制。ATP 系统保证运行的安全，同时也提高运营的效率。目前，存在有不同的 ATP 系统，如“固定闭塞”、“准移动闭塞”和“移动闭塞”ATP 系统。虽然不同的 ATP 系统工作原理有不同，具体设备有不同，功能也有程度上的差别，但基本的功能和组成是接近的，其运行模式、维修组织与流程、故障处理和设备的检修等方面都有共同的地方。

（1）ATP 设备组成　ATP 系统总的来说一般由轨旁设备和车载设备两部分组成。下面结合德国西门子 LZB700M 系统对 ATP 设备组成和模块功能进行介绍。

1）ATP 轨旁设备组成。ATP 轨旁设备主要由 ATP 轨旁单元和其相关的发送（接收）设备组成。ATP 轨旁设备利用轨道电路发送数据信息到车上，对轨道电路双重利用，无需在轨道上增加设备。ATP 系统一般是分区域进行控制的，这主要是根据系统所能控制的范围决定的，每一个区域都有轨旁单元和发送（接收）设备，各区域的 ATP 轨旁单元通过总线连接。

2）ATP 车载设备组成。ATP 车载设备一般由 ATP 车载单元、测速装置和接收（发送）装置组成。有的系统是列车两头各一套车载 ATP 设备，互为备用；有的系统是列车两头各一套，但不互为备用，只控制各自方向的行驶；还有的系统只有一套。另外在车辆驾驶室的显示器上安装有信号的显示软件。

ATP 车载单元一般由计算机通道组成，有的采用二取二计算机系统，有的采用三取二计算机系统，广州地铁 1 号线的 ATP 车载单元主要是由两个通道计算机组成的二取二的计算机系统，采用故障-安全检测器以保证列车运行安全。当两个中的一个通道故障时，整个车载单元安全切断。测速装置是速度脉冲发生器，用以检测列车的速度。接收（发送）装置，不同 ATP 系统根据其具体情况，有的只有接收装置，有的接收、发送装置都有。

ATP 车载设备根据地面设备提供的信号动态信息、线路静态参数、临时限速信息及有关动车组数据，生成控制速度和目标距离模式曲线，控制列车运行。

ATP 设备框图如图 3-2 所示。

（2）ATP 工作原理　ATP 系统在城市轨道交通中承担确保列车行车安全的重要职责，它是 ATC 系统中最重要的一环。

在 ATP 计算机内，储存了必要的线路固定工程数据，如区间的线路布置、坡度、轨道电路长度、限速等。ATP 计算机根据已有的数据和当时的线路运行状况，按照一定的算法计算列车的最大允许速度，如图 3-3 所示。

线路上的前行列车 A 经 ATP 车载设备将本车的实际位置，通过通信系统传送给轨旁的移动闭塞处理器，并将此信息处理生成后续列车的运行权限，传送给后续列车 B 的 ATP 车载设备。列车 B 可计算出到危险点的最大允许速度。列车 A 向前运动，则列车 B 的安全停车点（车站停车点不属于安全停车点）也随之变化，列车 B 与列车 A 总是保持一个“安全距离”。该安全距离是介于列车 B 的目标停车点和确认的前车尾部之间的一个固定距离。列车 B 实时计算到停车点的速度-距离曲线，如果列车实际速度高于最大允许速度，那么系统就先报警，若在规定时间内未将速度降到允许速度以下，则实施紧急制动。

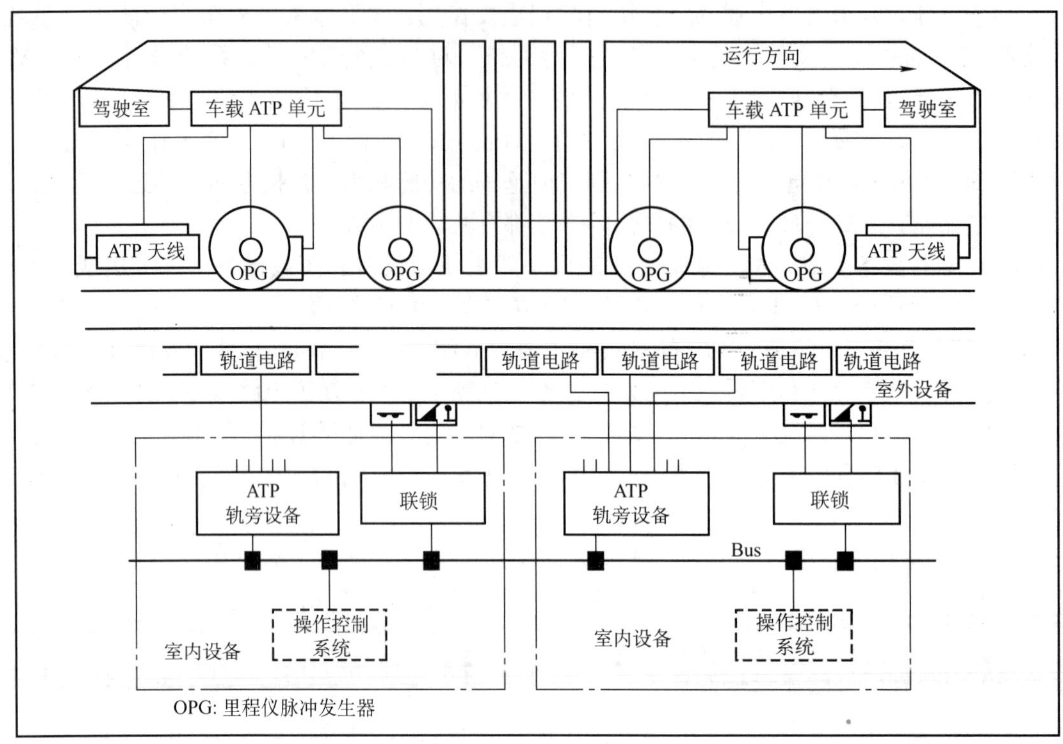

图 3-2 ATP 设备框图

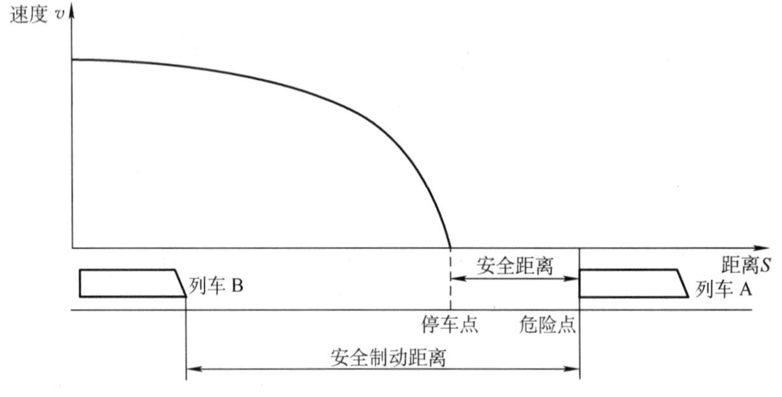

图 3-3 ATP 工作原理

(3) ATP 系统功能

1) 防护区段和停车点的保护。危险点是丝毫不能超越的点，如果超越，就可能发生危险，如列车追尾。如图 3-3 所示，停车点和危险点间有一个安全距离，该安全距离即是两列车间的防护区段，该防护区段的长度由区段的运行条件和前后列车性能决定，必须保证后续列车最迟能够在防护区段的末段（危险点之前）停下来。图中的停车点是防护区段的起始点，由 ATP 负责监督并计算出到安全停车点的速度-距离曲线，以使列车在该点能够停下，在防护区内的停车可以保证前后列车的安全。

2）测距与测速。距离测量为 ATP 单元的重要功能提供依据（例如，速度检查、开门位置的确定）。为了保证列车能够准确地停在目标停车点处，ATP 系统必须能够计算出从当前位置到目标距离点的最大安全允许速度。

轨旁 ATP 计算机将计算列车运行允许速度的有关参数，形成报文，通过数字轨道电路发送给在轨道上运行的列车。列车通过车载 ATP 天线接收这些数据，并形成相应的速度保护曲线，保证列车在安全状态下行驶。

车载 ATP 计算机根据测速传感器给出的列车实际运行速度、接收到的 ATP 报文信息实施对列车距离和速度的监督、紧急停车的监督、停车点的监督等安全性功能，并把相应的距离、速度等参数送给驾驶室里的辅助显示单元，作为驾驶员操作控制列车的依据。

3）列车追踪间隔。此功能保证了列车运行的控制，避免列车相碰撞。

4）安全限被侵犯情况下的紧急制动。通过按压设在车站站台上的紧急停车按钮，紧急停车的报文信息由 ATP 轨旁单元通过轨道电路发送到列车。发送信息的轨道电路区段为站台区和离去区段，紧急停车报文的发送等效于轨道电路的占有，因此影响速度曲线和保护区段。ATP 车载单元收到紧急停车报文后，启动紧急制动，直到列车停稳。

5）运行方向的监督。在正线和试车线上，车载 ATP 接收装置接收到轨旁设备发送的报文后，车载 ATP 单元对列车的运行方向监督，不允许列车倒行，当列车倒行时，ATP 产生紧急制动。

6）车门监控。列车的车门控制是 ATP 重要的安全措施之一。车载 ATP 设备能防止列车在站外开门和站内开错门，另外，它还防止列车在开门状态下起动，列车在车门未全部关闭时运行。若出现上述情况，ATP 会产生紧急制动。只有在下列条件同时满足时，车载 ATP 才给出开门命令：①列车是静止的；②列车停在车站的可停车范围内；③轨旁 ATP 设备允许开门。只有在 ATP 系统检查了所有安全条件且确认均已满足时，才允许车门开启并发出指示命令。

7）列车自动折返监控。自动折返运行模式使列车在终点站能够自动折返（包括无人折返）。在这种模式下，列车在 ATP 系统的控制下运行。就是说，ATP 车载单元通过速度曲线连续对列车的运行进行监督。

8）列车故障信息和紧急制动的记录。ATP 车载单元有存储模块和诊断接口。当车载设备发生故障或列车发生紧急制动时，故障信息或紧急制动信息会被储存，另外车载单元的一些状态也会被记录。

3. ATO 子系统

（1）ATO 系统结构　列车自动驾驶 ATO 系统负责控制列车的运行，例如列车的自动离站，列车的速度调节，列车的目标制动以及车门、屏蔽门和安全门的开/关的启动控制。

ATO 是提高城市轨道交通列车运行水平（准点、舒适、节能）的重要技术，但它的功能是要依靠 ATC 各子系统协调工作共同完成的。ATO 设备没有安全相关的功能，因为 ATO 总是运行于 ATP 的安全监督之下，其运行速度始终低于 ATP 的防护速度，且它的运行任务是由 ATS 根据需求实时给出的，缺少 ATP 和 ATS 子系统，ATO 将无法正常工作。

ATO 的主要部件在列车上，以实现自动驾驶模式。ATO 的功能是非安全型的，ATO 车载单元是单通道的计算机。轨旁 ATO 的功能通过 ATS、轨旁 ATP 和 SICAS 实现。所以，ATO 轨旁功能不需额外的物理设备。ATO 系统结构如图 3-4 所示。

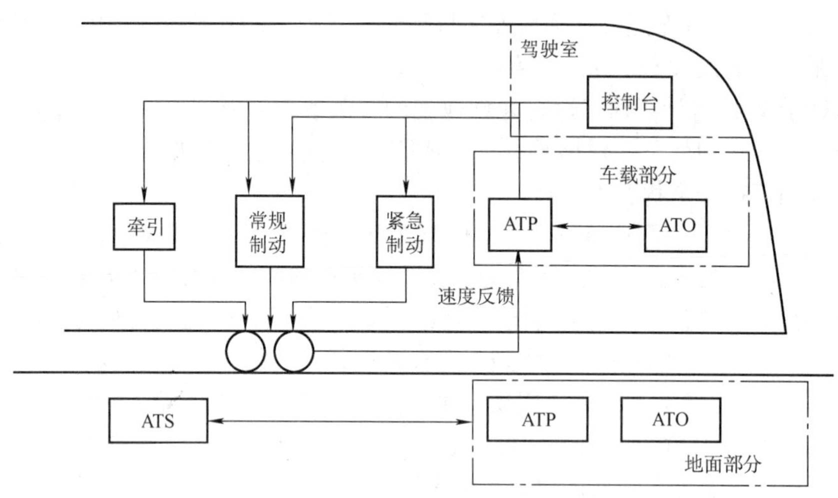

图 3-4 ATO 系统结构图

ATO 由以下几部分组成：

1）轨旁设备。包括车站交叉环线和轨旁 PTI 列车位置识别系统设备。通过连续式通信，其功能由 ATS、ATP 和 SICAS 共同完成（如控制站台屏蔽门）。主要提供以下功能：通过连续式通信通道接收列车数据（比如驾驶模式、车次号、目的地号或者驾驶员号），并在车载设备和 ATS 之间传送文本消息；打开和关闭站台屏蔽门/安全门。

2）车载设备。ATO 车载设备主要由车站 ATO 机柜、车载 MMI 人机接口界面和车载 PTI 设备组成。其中 ATO 机柜和 MMI 每个驾驶室 1 个，每列车共有 2 个。ATO 车载设备提供一个用于控车的接口。虽然 ATP 和 ATO 设备可以安装在一个共用的机架里，但在物理上是分离的，这样配置允许分别更换模块。

PTI 列车位置识别系统分为车载设备和轨旁设备。轨旁设备由 PTI 环线 PTI 轨旁盒、PTI 轨旁馈电电缆盒和 PTI 多路接收器组成。PTI 车载设备包括电源模块、处理模块和 PTI 天线。

为了具有更好的可用性，ATO 车载计算机是设备冗余的。正常情况下，前面的 ATO 控制列车驾驶，后面的 ATO 作为备用。在驾驶室切换期间，后面 ATO 接管控制而前面的 ATO 成为备用。在这种冗余模式下，两头的 ATO 都收到来自两个驾驶室的诸如按钮、开关和接点的输入。在没有故障时，后面的 ATO 跟随前面 ATO 的状态。如果前面 ATO 故障时，后面 ATO 将控制列车的移动。为了实现 ATO 的设备冗余，两个 ATO 的输出都连接到 RST，但是任何时候只有一个输出是激活的，ATP/ATO 的冗余转换是同时进行的。

3）列车和轨旁之间的信息交换。ATO 和 ATP 采用相同的轨旁和车载设备之间的连续式通信系统。采用连续式通信方式，从轨旁设备传输到车载设备的信息有：来自 ATP 轨旁设备的信息通过 ATP 车载设备到 ATO 车载设备，计算自动驾驶曲线；从 ATS 到车载 ATO 的旅行时间和停站时间。从 ATO 车载设备传输到轨旁设备的信息有：到 ATS 的列车数据（如驾驶模式、车次号目的地码）和到 ATP 轨旁的站台屏蔽门/安全门的开/关信息。

（2）工作原理　ATO子系统能保证运行时间与定点停车，还能提高运行效率，提高舒适度，减少能耗。但作为ATC的一个子系统，它的功能是要依靠ATC各子系统协调工作共同完成的，缺少ATP与ATS子系统，ATO将无法正常工作。

从运行中所起作用来说，ATO主要实现驾驶列车的功能，能进行车速的正常调整，给旅客传送信息，进行车门的开关作业。但这只是执行操作命令，不能确保安全，因此需要ATP来进行防护。ATP起监督功能，如图3-5所示，三种制动曲线能对不符合安全的情况给予防护，保证列车不超速，车门不误动。由此可见ATP系统是列车运行时必不可少的安全保障，ATO系统则是提高城市轨道交通列车运行水平（准点、平稳、节能）的技术措施。在任何时候，只要ATP系统正常的话，就应让其执行防护工作，以确保行车安全。从ATP与ATO两子系统的三条制动曲线，也可明显地看出：ATP主要负责“超速防护”，起保障安全的作用；ATO主要负责正常情况下的列车高质量地运行。

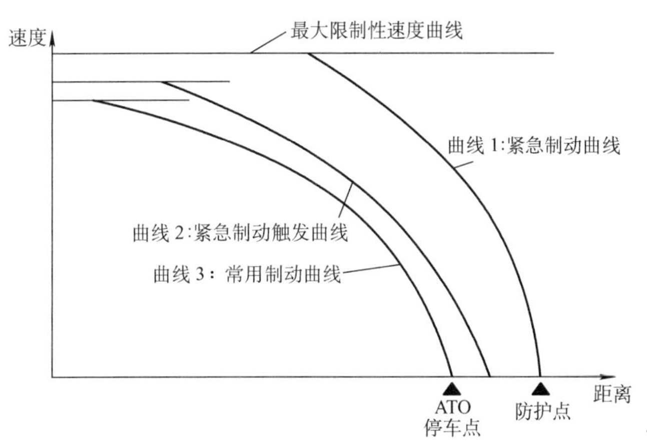

图3-5　ATO常用制动模型

图3-5中，防护点的位置取决于所考虑的运行环境，对于移动闭塞运行，防护点是前面列车的背后。ATO停车点来源于运行停车点（如车站）或基于给出的紧急制动触发曲线来计算。曲线1表示列车的紧急制动曲线，由ATP系统计算及监督。曲线2表示由ATP系统计算，在驾驶室显示出来的最大允许速度，它略低于紧急制动曲线。当列车速度达到曲线2，应给出告警。曲线3是由ATO系统动态计算的制动曲线，也即正常运行情况下的停车制动曲线。由于列车的运行密度越来越大，安全性要求越来越高，所以要求有ATS系统，以使列车按照设计好的时刻表准确有序地运行，并监视列车运行状态，实现智能调度。ATS设在线路中较大的车站，控制中心与各站联锁设备间的联系由遥控系统来完成。ATO从ATS处得到列车运行任务命令，与地面线路信息一起组成报文，通过轨道电路传送，由车载ATP统一接收。ATP将处理过后的对ATO有用的信息传给ATO，并显示相关信息，且不断地监视ATO的工作。ATO获得有用信息后，根据实际运行速度和ATP的最大允许速度，计算运行速度，得出控制量并执行控制命令。巡航/惰行模块由独立的控制器来辅助完成。定点停车采用站内交叉环线实现。到站后ATO通过列车位置识别系统（PTI）的天线向地面发送列车信息，并传到ATS，以便识别列车的位置。ATS根据此列车信息确定列车的新任务后再次通过轨道电路传送给ATO。在区间运行时，每进入新的轨道区段，ATO便接收新的地面信息，以便进行速度调整。

1）ATO启动过程。通过ATP系统请求线接通ATO电源，这条线在20s内是激活的，在这个时间内ATO车载单元启动并激活其自保电路。

2）速度控制。速度控制是ATO的主要功能，有三个值对速度控制很重要，它们是列车当前位置、所需速度和当前速度。ATO和ATP车载单元使用相同的当前列车位置，这个列车位置由 ATP 测量并与时间标记一起传给 ATO 车载单元。

3）跳停车站（越站）。通过车站而不停车，车门不打开，就叫做跳停。

4）巡航/惰行。巡航/惰行是为列车节能运行所设计的一种经济运行模式，是在已设定的到下一站的经路基础上，对列车运行轨迹的定义。节能模式方法的应用基于下面标准：保持预定的运行时间内车辆有最小能耗。在这个过程中，运行时间和能耗都很重要。

5）机车信号。通过显示器产生机车信号表示，并给 ATO 车载单元灯。

6）与 ATS 连接。ATP 轨旁设备与 ATO 间有一个透明的数据传输通道，ATP 轨旁设备通过该通道传输特殊数据给 ATP 车载单元。

7）传输列车数据给 ATS。通过感应信息传输系统，信息数据从车辆传给 ATS。PTI 报文可由 ATP/ATO 测试设备显示或是在轨旁 PTI 设备的串行连接中显示。

8）车门控制。原则上开门命令由 ATP 检查相关条件以后释放，车门的控制由 ATO 启动，ATO 车载单元根据运行方向和 ATP 的报文信息开门。

（3）ATO 系统主要功能

1）自动驾驶模式。在 ATO 系统控车后（AM 模式），在连续通信级，ATO 系统完全自动控制列车运行直到终点站；在点式通信级，ATO 系统完全自动控制列车从一个车站运行至下一个车站（AM 模式）。AM 模式（即 ATO 自动驾驶模式）在下列条件下激活：

①ATP 在 SM 模式；

②停站时间已过（运行停车点已被释放）；

③从轨旁接收到移动授权；

④门已关闭；

⑤驾驶手柄在 0 位置，方向手柄在前进位置。

在 ATO 自检成功通过并 ATP 设备释放自动驾驶后，就可以采用 ATO 驾驶。自动启动 AM 模式或由驾驶员通过启动按钮启动 ATO 模式。如果任何一个前提条件不满足，启动将被取消。ATP 将 ATO 控制信号传输到牵引系统。在 ATO 由启动按钮激活后，列车加速直到按照计算出的速度曲线运行。当列车达到期望的速度后，系统控制列车按速度曲线运行。当达到制动触发点时，ATO 设备将自动控制常用制动使列车跟随制动曲线。当列车停在车站预定的停车区域后，ATO 自动打开车门。类似的过程也应用于驾驶通过限速区，在列车通过限速区后，列车自动加速到计算出的速度曲线。

2）列车速度控制。这是 ATO 系统的最主要功能。ATO 设备通过 ATP 连接到雷达和测速电动机，在 ATP 最大允许速度的监督和保护下运行。

ATO 系统具有牵引速度调节功能和制动控制信号，其模块调速器以渐进和恒定的速率加速列车达到限定的运行速度。列车达到限定速度后，ATO 根据站间距离和站间运行时间自动计算出速度距离曲线，通过连续比较实际速度和限速，应用闭环控制技术，控制列车的牵引和制动系统，达到速度调节的目的。ATO 控制列车速度到 ATP 速度命令、ATS 运行等级或车站停车曲线所决定的最低参考速度，列车行驶速度一般被保持在上述参考速度 0 ~ 5km/h 的范围内。在高峰期间，按照最大允许速度驾驶列车，在低峰期间，按照最节能的方式驾驶列车。

3）列车目标制动。列车目标制动功能使列车精确地停在计划规定的位置。

对运行的列车而言，最重要的作业之一便是在车站的定位停车。通常驾驶员在制动时全凭直觉估计到停车点的距离，然后根据当时的速度来推算减速度，也即完全按“记忆模式”来操作制动阀。要做到定位停车是相当困难的，所以必须研究列车自动定位停车，这对设置站台屏蔽门的城市轨道交通尤为重要。

车站停车点由ATO根据线路数据库进行控制。ATO设备通过ATP与雷达和测速电动机连接，并直接获得位置信息。ATO列车定位功能也在列车经过任一固定安装的同步应答器时，使其接收列车信息以提高测量精度。ATO制动列车使停车精度指标达到±0.3m。

定位停车控制一般多采用距离控制方式。所谓距离控制方式就是根据制动开始点到定位停车点之间的距离以及列车速度、列车重量、天气情况、空走时间、线路条件算出制动模式。在定位停车点的附近进行阶段缓解，以不断修正停车位置的误差来保证定点停车。

为了保证列车能在车站定位停车，一般应在车站内设地面标志器（见图3-6），当列车接近车站时，它首先检出离停车点350m的最外方标志器，从而启动车站制动曲线并点亮驾驶员操作台上的程序停车表示灯；列车通过离停车点150m的中间标志器和离停车点25m的内方标志器时分别更新制动曲线；而当列车对位天线检出8m标志时，再次更新制动曲线。一旦车辆对位天线直接位于地面对位线圈，这时地面向列车发送对位信息，车辆检出此信号时，ATO将设定常用全制动并启动开门程序，当车门打开时，程序停车表示灯将熄灭。如果跳停生效，说明列车在该站不停，所以跳停表示灯点亮，程序停车表示灯不亮而且标志器的输入不起作用，列车根据ATP/ATS速度命令运行。

当程序停车正在作用时，车站停车功能还可以通过驾驶员按下跳停按钮来取消，即在列车对位信号生成前，在任何时间都可人工取消一次程序停车。跳停的输入，不论由ATS还是由人工输入，只能取消一个车站停车。

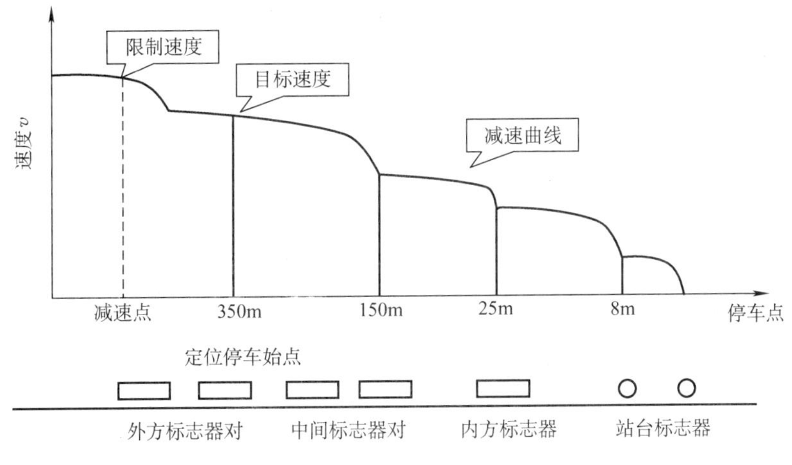

图3-6 定位停车示意图

4）车门和站台屏蔽门/安全门的打开和关闭。ATP和ATO均涉及该项功能。车门释放由ATP授权。当列车停于定位停车的允许精度范围内时，ATO子系统确认列车到达指定的定位区域后，将列车停车信号传给ATP子系统，以保证列车制动。当ATP子系统检查完开门条件，允许车辆开门并给出命令后，ATO选择合适一侧的车门并提供开门命令。打开哪侧车门的信息包含在线路数据库里。车门关闭由驾驶员或者停站时间的到时来触发。线路数据库（TDB）存储了铁路网络图，TDB 中包含应答器的位置数据。结合来自测速电动机和雷达的位移测量，列车就能知道它在线路的绝对位置，并且发送位置报告给轨旁 ATP。

对于一些特殊列车（例如空车、通过列车或者特快列车），禁止打开车门。也就是说，如果某列车被标识为特殊列车，则其车门不能在某些车站或所有的车站打开。ATS 使用一个特殊的车次号（目的地码）指定该类型的列车。

有了车门打开信号后，车辆定位发送器发送屏蔽门信号，当站台定位接收器收到此信号，通过调节屏蔽门继电器将与列车车门位置与数量都相对的屏蔽门打开，屏蔽门和车门的开门时间应在小于 1s 时间内同步启动，关闭时间应大致相同。

5）自动折返。列车自动折返是指由 ATO 控制并受 ATP 的监督。无人驾驶的列车自动地从站台线驶入折返线并停下，在换端之后列车转回车站进入另一站台线。

6）在中央 ATS 设备故障时与 RTU（远程终端设备）及 ATP 系统地面设备配合实现自动排列进路。

4. ATS 子系统

ATS 即列车自动监控系统，是一种基于计算机网络的、智能化的自动控制系统。在 ATP、ATO 系统的支持下完成对列车运行的自动监控，它负责监视和控制线路中所有列车的运行状态。

（1）ATS 系统结构　ATS 子系统负责监视和控制整个线路中列车的运行状态。它由位于操作控制中心、监督控制全线情况的中央 ATS 和位于车站的进行区域控制的本地 ATS 组成。中央 ATS 与本地 ATS 之间通过通信设备不停地交换信息。信息的传输一般以光纤作媒介。中央 ATS 的设备之间及本地 ATS 设备之间分别组成局域网。工作站采用相同的硬件和系统软件，操作员根据各自的操作权限可在任一工作站上对系统进行监督与控制。其系统结构如图 3-7 所示。

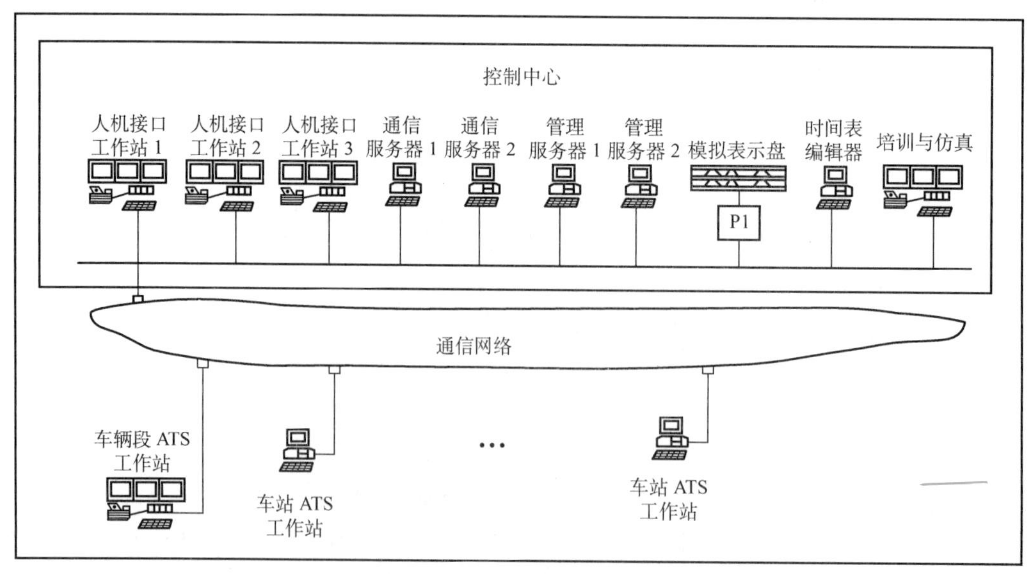

图 3-7　ATS 系统结构图

（2）ATS 系统主要功能　ATS 系统在 ATP、ATO 系统的支持下完成对列车运行的自动监控。ATS 系统的主要功能如下：

1）运行调整。当列车偏离运行图时，行调可利用系统进行运行调整。行调调整列车运行方法主要有以下两种：

①使用 ATR 自动调整列车运行。一般情况，需把 ATR 功能激活，实现列车自动调整。

当客车发生早点时，行调可通过扣车，使列车在下一站正点开出；当客车发生晚点时，行调可组织驾驶员充分利用线路允许速度赶点，压缩区间运行时分和停站时分，指示车站组织好乘客上、下车以压缩客车停站时分。联锁站及时取消运营停车点，折返站做好客车折返作业，压缩折返时间。

遇列车内乘客拥挤时，应通知前方站控制入闸人数，广播通知乘客搭乘下一趟列车，通过客运组织措施赶点。

因客车、供电及线路故障影响客车晚点时，除按上述办法组织外，还需按相关故障处理办法组织处理。

②使用 MTR（人工）调整列车运行。如个别列车（如早点列车、专列）需要，行调可以对该列车关闭 ATR 功能，改用 MTR 人工介入调整。

行调可以在 MTR 功能菜单上减少或增加停站时间，缩短或延长区间运行时间，减少或增加折返停留时间，以实现必要的调整。注意修改的区间运行时间、停站时间、折返停留时间不得超过系统极限值，否则系统将不接受指令。当列车已达到调整的目的时，则关闭 MTR，恢复 ATR 控制。

2）信息监控。通过 ATS 车站设备，能够采集轨旁及车载 ATP 提供的轨道占用状态、进路状态、列车运行状态以及信号设备故障等控制和监督列车运行的基础信息。

3）排列进路。根据联锁表、计划运行图及列车位置，自动生成输出进路控制命令，传送至车站联锁设备，设置列车进路、控制列车停站时分。

4）列车识别跟踪、传递和显示功能。系统能自动完成正线区段内列车识别号（服务号、目的地号、车体号）跟踪。列车识别号可由中央 ATS 自动生成或调度员人工设定、修改，也可由列车经车—地通信向 ATS 发送识别号等信息。

5）列车计划与实迹运行图的比较和计算机辅助调度功能。能根据列车运行实际的偏离情况，自动生成调整计划供调度员参考或自动调整列车停站时分，控制发车时间。

6）ATS 中央故障情况下的降级处理。由调度员人工介入设置进路，对列车运行进行调整。由 ATS 车站完成自动进路或根据列车识别号进行自动信号控制，由车站人工进行进路控制。

7）在计算机辅助下完成对列车基本运行图的编制及管理，并具有较强的人工介入能力。通过设在车辆段的终端，向车辆段管理及行车人员提供必要的信息，以便编制车辆运用计划和行车计划。

8）列车运行显示屏及调度台显示器，能对轨道区段、道岔、信号机和在线运行列车等进行监视，能在行调工作站上给出设备故障报警及故障源提示。

9）能在中央专用设备上提供模拟和演示功能，用于培训及参观。能自动进行运行报表统计，并根据要求进行显示、打印。

10）能在车站控制模式下与计算机联锁设备结合，将部分或所有信号机置于自动模式状态。

11）向无线通信、广播、旅客向导系统提供必要的信息。

（3）系统运行模式　ATS系统发生故障可转化为人工控制；中心发生故障，转化为车站控制；车站发生故障不会影响中心系统的工作。有道岔车站设ATS分系统，负责本站和邻站的接发车作业，并接发和储存指挥中心的列车运行计划。

1）ATS自动监控模式。正常情况下ATS系统自动监控在线列车的运行，自动向联锁设备下达列车进路命令，列车在ATP的安全保护下由驾驶员按规定的运行图时刻表驾驶列车运行。控制中心行车调度员仅需监督列车和设备的运行状况。每天开班前，控制中心调度员选择当日的行车运行图/时刻表，经确认或作必要的修改，作为当日行车指挥的依据。

2）调度员人工介入模式。调度员可通过工作站发出有关行车命令，对全线列车运行进行人工干预。调整列车运行计划包括对列车实施扣车、跳停、改变列车进路、增减列车等。

3）列车出入车厂调度模式。车辆调度员根据当日列车运行图/时刻表编制车辆运用计划和厂内行车计划，并传至控制中心。车厂信号值班员按车辆运用计划设置相应的进路，以满足列车出入段作业要求。

4）车站现地控制模式。车站联锁和车站ATS系统结合实现车站和中央两级控制权的转换。在中央ATS设备故障或经车站行车值班员申请，中央调度员同意放权后，可改由车站现地控制。

在现地控制模式下，车站行车值班员可直接操纵车站联锁设备，可将部分信号机置于自动模式状态，也可将全部信号机设为自动模式状态，控制中心行车调度员应通过通信调度系统与列车驾驶员、车站行车值班员保持联系。

5）车厂控制模式。列车出入厂和厂内的作业均由车厂值班员根据用车计划，直接排列进路。车厂与正线之间设置转换轨，出入厂线与正线间采用联锁照查设备保证行车安全。

二、ATC设备故障时的行车组织方法

从闭塞制式的角度来看，装备列控系统（ATC）的自动闭塞可分为三类：固定闭塞、准移动闭塞（含虚拟闭塞）和移动闭塞，其中准移动闭塞有时仍把它归入固定闭塞。

固定闭塞方式的ATC系统是指基于传统轨道电路的自动闭塞方式，闭塞分区按线路条件经牵引计算来确定，一旦划定将固定不变。列车以闭塞分区为最小行车间隔，ATC系统根据这一特点实现行车指挥和列车运行的自动控制。

移动闭塞方式的ATC系统通常采用无线通信、地面交叉感应环线、波导等媒体，向列控车载设备传递信息。列车安全间隔距离是根据最大允许车速、当前停车点位置、线路等信息计算得出，信息被循环更新，以保证列车不间断收到即时信息。

移动闭塞方式的ATC系统是利用列车和地面间的双向数据通信设备，使地面信号设备可以得到每一列车连续的位置信息，并据此计算出每一列车的运行权限，动态更新发送给列车，列车根据接收到的运行权限和自身的运行状态，计算出列车运行的速度曲线，实现精确的定点停车，实现完全防护的列车双向运行模式，更有利于线路通过能力的充分发挥。

1. 控制中心ATS设备故障

ATS系统的主要功能是控制和监督列车运行。ATS系统按列车计划运行图指挥列车运行，办理列车进路，控制发车时刻，及时收集和记录列车运行信息，跟踪列车位置、车次，

绘制列车运行图，并在控制中心的模拟盘上显示列车信息及线路情况。

当ATS系统发生故障时，ATS系统功能不能实现，需要行车调度中心人工控制所管辖线路上的信号机和道岔，办理列车进路，组织和指挥列车运行。如果出现中央ATS系统无显示等故障，则行调应授权给联锁站控制，实现站控（LOW操作）。

（1）进路排列　联锁站值班员首先应确认联锁工作站上的RTU（ATS的远程终端控制单元）降级模式是否激活，当“RTU降级模式”被激话时，联锁站不用操作，列车可自排进路及自动取消运营停车点。若“RTU降级模式”未被激活，行调没有特殊指示时，车站必须在工作站上按正常情况人工排列进路及人工取消运营停车点。

如果车站在工作站上取消不了运营停车点时，应立即报告行调，由行调转告驾驶员，用RM模式驾驶客车出站，直至转换为ATO模式；当车站取消运营停车点而客车目标速度仍为零，且超过规定时间时，车站值班员应报告行调，由行调指示驾驶员开车，当ATO驾驶恢复正常时，应向行调报告。

（2）列车运行信息处理　ATS系统故障将会影响列车位置、车次等列车运行信息的记录，进一步影响列车运行图的自动绘制。故ATS设备故障时，驾驶员应人工输入车次号，换向运行时，输入新的车次；各规定报点站向行调报告各次列车的到开点，行调以报点站为单位人工铺画客车运行图。

2. 车站ATS设备故障

车站ATS由列车与地面数据传输设备和电气集中联锁或微机联锁设备等构成。车载ATS由列车与地面间数据传输设备等构成。当信号联锁设备故障时，按站间电话联系法组织行车。

3. ATP设备发生故障

ATP子系统是确保列车运行安全的关键设备，由轨旁地面设备和车载设备组成。列车通过地面ATP设备接收运行于该区段的目标速度，保证列车在不超过此目标速度情况下运行，从而也保证了后续列车与先行列车之间的安全间隔距离。对联锁车站，ATP系统确保只有一条进路有效。ATP系统同时还监督列车车门和车站站台屏蔽门的开启和关闭，保证操作安全。

（1）ATP地面设备发生故障　当ATP地面设备发生故障时，则ATO车载设备接收不到限速命令，无法按自动闭塞法行车。此时如果是小范围的设备故障，可由行调确认故障区间空闲后，命令驾驶员在故障区间以RM模式限速运行，经过规定数量（如两个轨道电路）的轨道电路还未恢复ATO模式时，行调指挥驾驶员以RM模式驾驶至前方车站或终点站。如是大范围的设备故障，须停止使用自动闭塞法，改为车站控制，按电话闭塞法组织行车。

（2）ATP车载设备故障　ATP车载设备发生故障时，因故障列车无法接收ATP限速命令，此时主要解决列车的驾驶模式问题。一般ATP车载设备发生故障时，驾驶员根据行调命令人工驾驶限速运行，即以URM模式（40km/h）驾驶列车至前方站；列车到达前方站（或在车站发生故障）仍不能修复时，由行调命令驾驶员和车站，并由车站值班员（或值班站长）上驾驶室添乘（员工车除外）沿途协助驾驶员瞭望，行调命令驾驶员以URM模式继续驾驶列车至前方终点站退出服务。URM监控员须协助驾驶员瞭望，监控速度表，列车按规定速度运行，不准超速；在有屏蔽门的车站，须协助驾驶员开关屏蔽门。如遇到超速时，提醒驾驶员控制速度，必要时，立即按压紧急停车按钮。此时行调应随时注意 ATP 车载设备发生故障的列车运行情况，严格控制速度以确保列车与列车之间的最小间隔在一个区间及以上，遇到两列车进入同一个区间时，应采取紧急措施扣停后面的列车。

列车在运行中因道岔显示故障造成紧急停车（停在岔区）时，车站应报行调通知信号检修人员，并及时安排站台站务带钩锁器到现场将道岔锁定后，驾驶员根据行调命令限速离开岔区。

如果客车在站台发车前收不到 ATP 速度码时，驾驶员应报行调，在得到行调同意后方可使用 RM 模式动车。

4. ATO 子系统发生故障

ATO 子系统的主要功能是站间运行控制、保证列车按时刻表的时间并最大可能地以节能原则自动调整实际运行时分和在站内的停留时间、在车站的定位停车控制、车门控制及站台屏蔽门的开启等。

当 ATO 子系统发生故障时，列车自动运行功能不能实现，此时列车改为 SM 人工驾驶，在 ATP 车载设备的监护下，按车内速度信号显示运行。

车载 ATO 发生故障，车门与屏蔽门不能联动时，必要时，行调通知下一车站派站务人员上驾驶室，协助驾驶员开关屏蔽门。

【项目实施】

任务一　ATS 故障时的行车组织

1. 当 ATS 设备无显示时的行车组织

当控制中心 ATS 设备无显示时，无法实现对列车运行的监督与控制，将控制权交予联锁站控制，其操作步骤如下：

1）行调应授权给联锁站控制。

2）联锁站值班员确认 LOW 工作站上的 RTU 降级模式是否激活，当“RTU 降级模式”激活时，保持原状态。若“RTU 降级模式”未激活时，联锁站应在确认客车进站停稳后人工在 LOW 上取消运营停车点。

3）行调通知驾驶员在显示屏上输入当时车次号，到换向运行时，输入新的目的地码和车次号，直至行调通知停止输入为止。

4）报点站向行调报告各次列车的到开点，至行调收回控制权时止。

5）行调以报点站为单位铺画客车运行图，至 ATS 设备恢复正常，收回控制权时止。

6）当车站在 LOW 工作站上取消不了运营停车点时，应立即报告行调，由行调转告驾驶员，用 RM 模式驾驶客车出站，直至转换为 ATO 模式；当车站取消运营停车点而客车目标速度仍为零，且超过 30s 时，车站值班员应报告行调，由行调指示驾驶员开车。ATO 驾驶恢复正常时，应向行调报告。

2. 当 ATS 的自动排进路或联锁系统（SICAS）的追踪进路不能自动排列时的行车作业

当 ATS 的自动排进路或联锁系统（SICAS）的追踪进路不能自动排列时，应由人工介入，在 MMI 上或在 LOW 工作站上人工排列进路。若使用 6502 电气集中设备，其操作过程如下：

1）车站在中央控制时，行车值班员申请站控，按下站控按钮，站控表示灯闪白灯，当中央同意后亮稳定白灯，或中央因故需下放控制权时，该灯也闪白灯。车站值班员同意后按下站控按钮，转为站控，站控表示灯亮稳定白灯。

2）车站在站控状态时，中央申请遥控，闪绿灯，值班员同意并检查站内所有道岔均在解锁状态后，恢复站控按钮，车站为中央控制状态，中央控制表示灯亮稳定绿灯。

3）行车值班员按下进路排列按钮，进行进路排列。

任务二　ATP故障时的行车组织

1. 车载ATP设备故障

当车载ATP故障时，列车运行完全不受ATP保护，驾驶员应以URM模式驾驶。列车运行组织如下：

1）驾驶员向行调报告无法接收ATP限速命令。

2）行调命令驾驶员以URM模式驾驶至前方车站。

3）驾驶员到达前方车站仍无法接收ATP限速命令，报告行调。

4）行调通知车站派人到驾驶室添乘。

2. 地面ATP设备故障

若ATP地面设备发生故障，则ATO车载设备接收不到限速命令，无法按自动闭塞法行车。此时的行车组织方法如下：

1）驾驶员向行调报告无法接收ATP限速命令。

2）行调确定故障区间，命令驾驶员在此区间以RM模式驾驶。

3）驾驶员在运行时一直未能切换到ATO模式时，则以RM模式驶至终点站。

3. 地面ATP大规模设备故障，按站间电话联系法组织行车

站间电话联系法组织行车的规定如下：相关车站值班站长要及时回到站控室负责组织车站行车作业，并根据行调发布的命令就地组织控制行车，安排车站值班员到站台接发列车，通知相邻车站采用站间电话联系法组织行车，并把调度命令内容通知驾驶员。站间电话联系法接、发车作业程序及作业标准见表3-2、表3-3。

表3-2　站间电话联系法发车作业程序

程序	作业标准	
	值班站长	值班员
一、请求发车	1. 根据“行车日志”、调度命令确认区间线路空闲（第一趟列车与行调共同确认线路空闲）	
	2. 向前方站请求发车：“××站××次×分×秒请求发车”	
二、准备发车进路	3. 布置值班员：“准备××次×道（上/下行线）发车进路” 6. 听取汇报，复诵“××站××次×道（上/下行线）发车进路好了（线路出清）”	4. 复诵“准备××次×道（上/下行线）发车进路” 5. 将进路上的道岔开通正确位置并加锁，确认正确后，向值班站长报告“××次×道（上/下行线）发车进路好了（线路出清）”

（续）

程序	作业标准	
	值班站长	值班员
三、发出列车	7. 复诵：“××站（接车站）同意××次发车”	10. 复诵“××次×道（上/下行线）可以发车”
	8. 填写“行车日志”	11. 确认乘客上下完毕，列车车门、屏蔽门关闭后向驾驶员显示发车指示信号
	9. 通知值班员“××次×道（上/下行线）可以发车”	
四、列车出发	13. 复诵“××次出发”，填写“行车日志”	12. 列车出清站台区后，向站控室报“××次出发”
	14. 列车出发后，向前方站（接车站）（行调）报点，“××次××分××秒开”。当列车尾部越过站台头端墙后，向后方站报点，“××次××分××秒开”	

表 3-3 站间电话联系法接车作业程序

程序	作业标准	
	值班站长	值班员
一、听取发车请求	1. 听取后方站发车请求、复诵“××站××次请求发车”	
	2. 根据“行车日志”（或通过 LOW、CCTV）确认站内线路空闲	
二、检查及准备进路	3. 布置值班员（站务员）：“检查×道，准备××次×道（上行或下行线）接车进路”	4. 复诵“检查×道，准备××次×道（上行或下行线）接车进路”
	6. 听取汇报后，复诵“××次（×道，上行或下行线）接车进路好了（线路出清）”	5. 将进路上的道岔开通正确位置并加锁，向值班站长报告“××次×道（上/下行线）接车进路好了（线路出清）”
三、同意发车	7. 通知发车站“××站×点×分×秒同意××次发车”，填写“行车日志”，准备接车	
四、接车	8. 听取发车站的发车通知复诵：“××次××分××秒开”，填写“行车日志”，并向前方站请求发车	
	9. 布置值班员“××次开过来了，准备接车”	10. 复诵“××次开过来了，准备接车” 11. 监视列车进站停车
五、区间开通	13. 复诵“××次到达”，填写“行车日志”，向行调报点	12. 列车对位停车后，向值班站长报“××次到达”

车厂与正线连接站间信号故障时，车厂与车站间采用站间电话闭塞法组织行车，以路票为行车凭证。

1）行调向车站/厂发布执行站间电话闭塞法的口头命令后，车站或车厂通知驾驶员调度命令的内容，由车站值班站长/值班员与信号值班员共同确认第一趟发出的列车运行前方的区段空闲。

2）每一闭塞区段内只允许一趟列车占用，列车占用闭塞区段的行车凭证为路票。

3）接车站（厂）确认闭塞区段内线路空闲后，才可以给发车厂（站）承认发车闭塞号。发车站（厂）接到接车站（厂）同意发车的承认闭塞号，填写路票并自检后交值班员，值班员逐字逐项复诵，核对无误后，复诵传达并交给驾驶员。

4）值班员交接路票时必须核对的内容有：日期、车次、区间、闭塞号、行车专用章、签名等。

5）值班员接车从驾驶员处回收路票后须及时打“×”并上交。

任务三　ATO 故障时的行车组织

当 ATO 故障时，驾驶员应报告行调，行调命令驾驶员以 SM 模式驾驶，当屏蔽门与车门不能联动时，车站派员添乘，协助驾驶员开关屏蔽门。

【拓展与提高】

一、无绝缘多信息轨道电路

普通铁路是用轨道绝缘节来划分轨道电路的分区的。由于绝缘节给道床的稳定性带来不利影响，并且当绝缘破损后还会造成行车的不安全因素。因此近 20 多年来，许多国家都在研制无绝缘多信息的轨道电路，以满足高速铁路多信息、高可靠性的要求。法国的 UM71 与英国的 FS2500 都属于这类轨道电路。

现以英国西屋公司研制的微机化移频键控式 FS—2500 型无绝缘轨道电路为例说明其工作原理及其技术特点。

1. 系统的构成

系统的总体方框图如图 3-8 所示。整个系统由发送部分、接收部分和钢轨等三部分组成。发送部分包括发送器和实现电器绝缘作用的发送协调单元；接收部分由接收器和实现电器绝缘作用的接收调谐单元所组成。

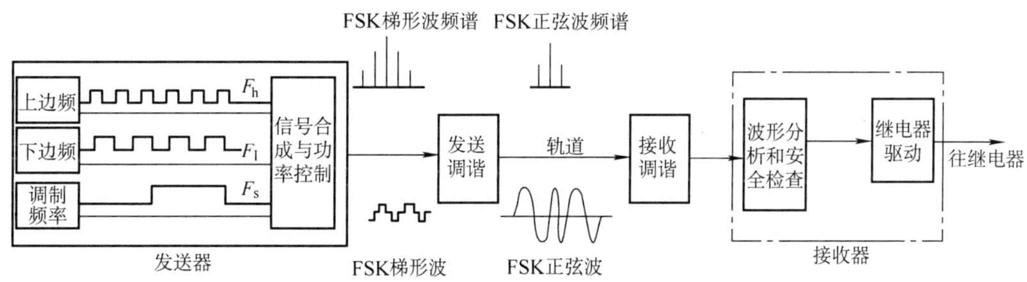

图 3-8　无绝缘轨道电路原理图

2. 系统工作原理

（1）发送端　发送端有三个晶体震荡器，分别产生 FSK 信号的上边频率 F_h、下边频 F_l 和调制频率 F_s。用调制频率 F_s 的上下方波控制两个门电路，把上边频和下边频合成为 FSK 信号，合成后的 FSK 信号是方波。

发送器中的功率控制单元将 FSK 方波变换为功率稳定的阶梯波形。发送端的电器绝缘调谐单元是由电感 L 和电容 C 串联的谐振电路所构成。FSK 的梯形波通过发送调谐单元，就形成了正弦 FSK 信号，这是送至轨道的信号。

（2）轨道电路　发送调谐单元联结到轨道电路发送端，形成了轨道电路间的电气分割接头，其长度约为 20m 左右。这就是无绝缘轨道电路的电气绝缘分割头。发送调谐单元和钢轨分割接头起带通滤波器的作用。因此在钢轨内只允许通过基频和部分上、下边频。钢轨内的信号频谱如图 3-9 所示，其波形近似正弦信号。

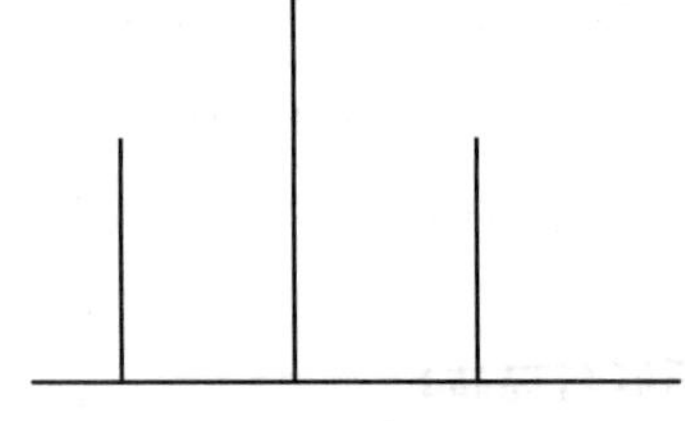

图 3-9　钢轨内的信号频谱

（3）接收端　FSK 信号经过传送到接收端的调谐单元。接收端的调谐单元与发送端相同，也是由 LC 串联谐振电路构成，并与分割接头的钢轨构成带通滤波器。因此 FSK 信号经再次滤波而送入接收器。

在接收器中，利用先进微电子技术构成的微处理单元，对接收的 FSK 信号进行快速变换，然后利用数字信号处理技术，分析信号的频谱，进行一系列的接收信号完整性检查和安全性检查，最后确定轨道电路目前所处的工作状态。如果线路处于占用或空闲，则接收器向继电器驱动单元送出如图 3-10 所示信号波形。

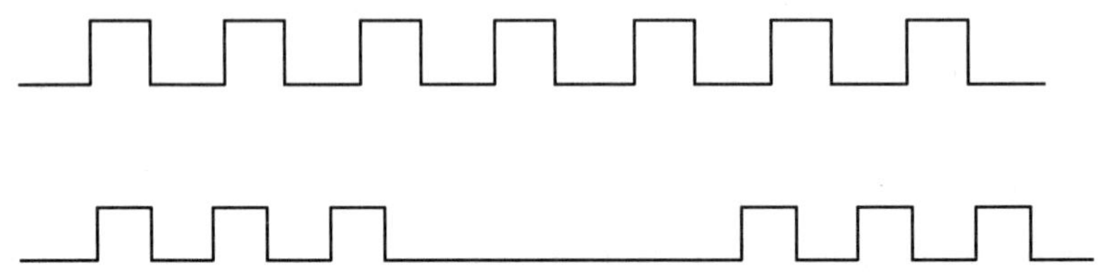

图 3-10　轨道接收器进行处理后的信号波形

轨道继电器根据驱动单元送来的信号波形而吸起或落下。轨道损坏时则无信号而落下。

二、移动闭塞的列车定位技术

列车定位技术在列控系统中具有重要地位。列车定位信息的主要作用是：列控系统对在线的每一列车，能计算出距前行列车尾部距离，或距进站信号点的距离，从而对它实施有效速度控制；为保证安全列车间隔提供依据，作为列车在车站停车后打开车门以及屏蔽门的依据；作为无线基站接续的依据。

目前，在列车自动控制系统中得到应用的列车定位技术主要有：测速定位法、查询-应答器法、交叉感应线圈法、卫星定位法、多普勒雷达法、无线扩频列车定位、惯性列车定位、航位推算系统定位等。

测速定位法的原理是在车轮外侧安装光栅，按车轮旋转次数与转角计算出列车的位移。

查询-应答器法是在线路上按一定间隔设置应答器，应答器内存储了其所在位置的公里标，列车上的查询无线经过时读取位置信息。

交叉感应线圈法是在线路上敷设轨道电缆，将轨道电缆每隔一定距离交叉一次，利用交叉回线列车可测算出自己的位置。

卫星定位法，GPS（Global Positioning System）和 GNSS（Global Navigation Satellite System）都是利用导航卫星进行测时和测距，从而实现全球定位功能。

多普勒雷达法是在车头位置安装多普勒雷达，列车运行时会产生多普勒效应，列车速度越快反射信号频率越高于发射信号频率，通过测量反射与发射的信号频率差，就可获得即时的列车运行速度，然后换算出列车的运行距离。

无线扩频列车定位是在沿线设置无线基站，无线基站不断发射带有其位置信息的扩频信号，列车收到信号后通过接收和发射扩频信号的时钟差求解出与无线基站的距离，同时接收三个以上无线基站的信号就可算出即时的列车位置。

航位推算系统定位（DR）原理：列车运行为二维平面运动，已知列车起始点坐标和初始航行角，通过实时测量和递增积累列车行驶距离和航行角的变化，可以推算出列车的位置。

在固定闭塞和准移动闭塞中有轨道电路或计轴等设备作为闭塞分区列车占用的检查，就能粗略地进行列车定位，再配以测速测距就能较细地进行列车定位，最多再加应答器校准坐标。

在移动闭塞中没有轨道电路等设备作为闭塞分区列车占用的检查，被控对象基本处于动态过程中，只有了解所有列车的具体位置，以何种速度运行等信息，才能实施对列车的有效控制，所以列车定位技术在移动闭塞 ATC 系统中就显得更为重要，安全、可行、高效、经济的列车定位系统是列控系统关键技术之一。

列控系统检测列车完整性的最好方法是在列车尾部也安装无线通信设备，它能不间断地发出无线信号给列车头部的车载设备，一旦头尾通信中断，则认为列车完整性出现了问题。

【复习思考题】

1. 列车自动控制系统（ATC 系统）由哪几部分组成？各部分的主要功能是什么？
2. ATP 系统有哪几部分组成？其工作原理是什么？
3. ATP 系统的主要功能有哪些？
4. ATO 系统的结构是什么？ATO 系统的主要功能是什么？
5. ATS 系统的结构是什么？ATS 系统的主要功能是什么？
6. ATS 系统的运行模式有哪些？

【实践训练】

1. 在下列情况下如何进行列车运行调整？

1）列车早点或晚点；

2）客车乘客拥挤；

3）开行专列。

试按控制中心行车调度员、驾驶员、联锁站行车值班员、折返站、各站站务员岗位联系列车运行组织方式。

2. 练习控制中心 ATS 无显示时的列车运行组织。

3. 练习车载 ATP 故障时的列车运行组织。

4. 练习个别区段 ATP 地面设备故障时的列车运行组织。

5. 练习 ATP 地面大规模设备故障时的列车运行组织。

6. 练习 ATO 故障时的列车运行组织。

项目四　车站联锁设备故障时的列车运行组织

【知识要点】

1. 车站信号、联锁设备知识。
2. 非正常情况下接发列车有关规定。

【项目任务】

1. 掌握信号联锁设备故障时的接车办法。
2. 掌握信号联锁设备故障时的发车办法。
3. 熟练掌握各种凭证、命令的填写方法及要求。
4. 熟知信号的显示方式及显示意义。

【项目准备】

1. **场地、工具准备**：列车运行控制系统、模拟沙盘、线路、信号机等行车设备模型、车站模型、列车模型、各种登记表簿、联系电话、信号旗、路票、调度命令、手摇把、钩锁器等。

2. **人员安排**：学生按车站数分组，安排行调1人，每站设行车值班员1人、站务员3人。

【相关理论知识】

一、SICAS 系统的基本设备

SICAS 为西门子计算机联锁系统，许多城市轨道交通企业都采用了该信号联锁系统。

1. 室内设备

（1）SICAS 联锁计算机　实现联锁功能，主要为建立进路和解锁进路。

（2）接口设备　协助 SICAS 联锁计算机用于接口处理，如驱动现场设备并采集信息等。

（3）LOW 局域操作员工作站　用于控制和监督信号机、道岔、进路及列车的运行。例如，某轻轨公司某站 SICAS 系统的室内设备如图 4-1，4-2 所示。

LOW 的全称是 Local Operator Workstation，中文译为：局域操作员工作站。LOW 是信号系统网络的区域终端设备，每个联锁站都有一套 LOW 设备，由一台电脑和一台记录打印机组成。轨道区段占用、道岔位置、信号显示等信息均可在彩色显示器上以站场图形式显示，使用鼠标和键盘，在命令对话窗口上可以实现常规命令及安全相关命令的操作。所有安全相关命令的操作、操作员登录或退出操作、设备故障报警等信息将被记录存档。

显示器屏幕由三个窗口组成，分别为基础窗口、主窗口和对话窗口，每个窗口的排列是固定的。LOW 电脑显示器及命令对话窗口如图 4-3 所示。

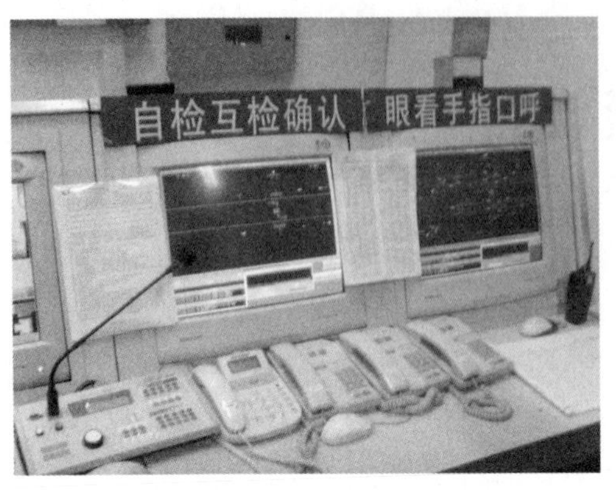

图 4-1 车控室 SICAS 系统的室内设备

图 4-2 信号系统控制室 SICAS 系统的室内设备

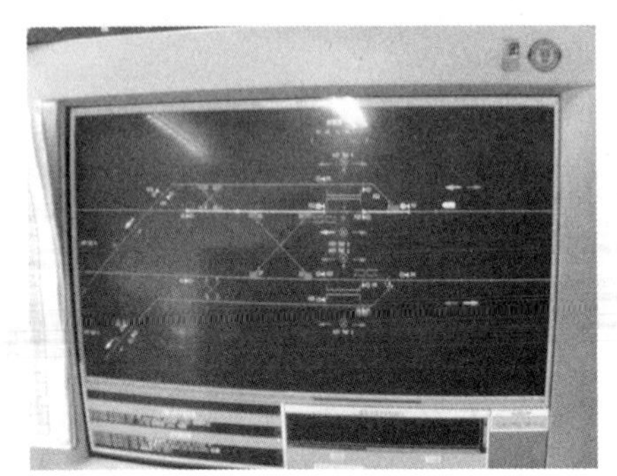

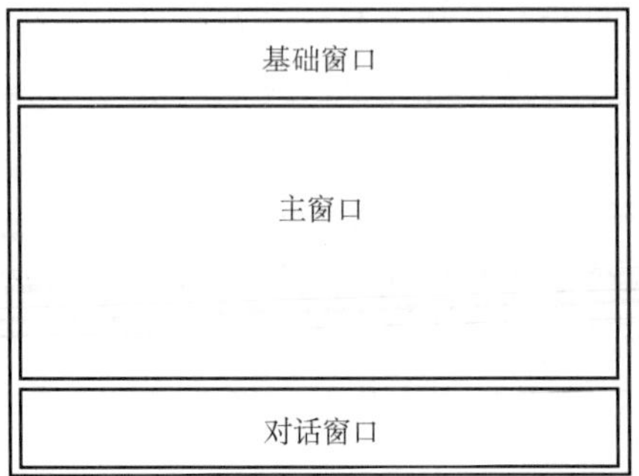

图 4-3 LOW 电脑显示器及命令对话窗口

2. 室外设备

（1）转辙机 用于转换道岔的位置，如图 4-4 所示。

图 4-4 转辙机和道岔的组合

（2）信号机 用于指示列车的运行。当信号开放时允许列车越过该信号机运行，当信号关闭时禁止列车越过该信号机。

（3）轨道电路 可监测轨道区段空闲及占用，通过轨道区段可判断出列车的位置及运行情况，如图 4-5 所示。

图 4-5　信号机和轨道电路的组合

二、在 LOW 工作站操作有关规定

1. LOW 工作站上的操作命令使用要求

有关 LOW 工作站上的操作命令见附录 A。

1）LOW 工作站以下操作命令须经行车调度员同意后方准操作：①关站信号；②关区信号；③封锁及解封道岔；④封锁区段、解封区段；⑤强行转岔；⑥重启令解；⑦开放引导；⑧轨区设限、轨区消限；⑨岔区设限、岔区消限。

2）使用安全相关操作命令（强行站控命令除外）时，必须检查列车进路，确认进路空闲，道岔位置正确后，方可实施；使用强行转岔命令前，车站须派人到现场确认该岔区没有列车或其他杂物侵限。

2. LOW 工作站操作员操作要求

1）在操作过程中，操作员必须确认进路要素（包括信号机、道岔和轨道电路）显示方式正确，否则必须立即停止和取消该项操作，并报告行调。行调根据具体情况，不能正常操作时，发布停止使用命令，按 LOW 工作站设备故障处理组织行车。

2）操作员在操作或监控设备时，严禁中断 LOW 系统，严禁进行与行车无关的操作。在更换 LOW 工作站操作员或 LOW 工作站操作员临时离开车站控制室时，应将 LOW 工作站退回到登记进入状态。

3. 联锁工作站的设备管理人员或维修人员操作要求

联锁工作站的设备管理人员或维修人员需操作 LOW 工作站时，应征得车站行车值班员（车站值班站长）的同意，并报告行调，经行调授权，以其自己的名字和口令登记进入系统后，在不影响行车的情况下方可操作。

三、非正常情况下接发列车有关规定

1. 关于车站报点的规定

1）ATS 能正常监控到列车运行位置时，各站不向行调报点，各站间也无需相互报点，车站不需填写“行车日志”。加开列车时车站不向行调报点但需向邻站报点。

2）SICAS 故障采用站间电话闭塞法行车时，故障联锁区各站要向行调报点；ATS 故障时，各联锁站要向行调报点，客车在非折返站停站时分超过《行车组织规则》规定时分时，车站要向行调报告原因。

3）当ATS不能监控到工程列车的运行位置时，各车站都要向行调报点。

4）列车停站增晚超过30s时，值班站长或行车值班员需向行调报点并说明原因，并填写“行车日志”；当发生意外事件时需向行调请示，经同意后暂不报点，但仍要填写“行车日志”并记录清楚。

2. 开放引导信号的规定

1）在排列进路时，当不能正常开放信号时需开放引导信号，如该进路的监控区段出现红光带或粉红光带时，车站派人到现场检查（如有杂物侵限立即清除）确认无杂物侵限后，开放引导信号。

2）列车在关闭状态的进路防护信号机前停车后，方可开放引导信号。

①驾驶员应立即用无线电话向行调（行车值班员）呼叫“××次在××信号机前停车”。

②行调（行车值班员）听到驾驶员“××次在××信号机前停车”的呼叫后，立即通知车站开放引导信号，并确认引导信号开放好后，用无线电台应答驾驶员“××信号机引导信号开放好”。

③驾驶员听取“××信号机引导信号开放好”的应答并复诵，确认引导信号开放好后，按规定速度要求立即动车。

3. 采用站间电话闭塞法行车时，接发列车的规定

1）一个或多个联锁区SICAS故障时，由OCC主任调度员决定采用站间电话闭塞法组织行车，行车凭证为路票，以URM或RM模式驾驶列车运行，具体列车驾驶模式由各城市轨道交通公司《行车组织规则》规定。

2）采用站间电话闭塞法行车时，车站不能办理列车通过。

3）采用站间电话闭塞法行车，各车站接车时须显示停车信号。

4）接车站值班员确认站内接车线路及区间空闲，办理好接车进路后向发车站发出同意接车的电话记录号码。

5）发车站值班员接到前方接车站同意接车的电话记录号码，确认发车进路准备妥当后，指示站台接发车人员可向驾驶员交付占用前方区间的行车凭证路票。

注：采用站间电话闭塞法行车时的行车凭证名称，不同城市轨道交通公司名称不同，大多数称为路票，有的称为行车许可证，凭证上的填写内容及形式基本是一样的。

6）驾驶员确认路票正确后，依次关闭好屏蔽门、车门后，凭接发车人员显示的发车信号发车。

7）列车进入前方接车站停稳后，接发车人员应及时向驾驶员收回行车凭证并画“×”注销，路票须保存1个月备查。

8）在执行站间电话闭塞法行车中，当信号系统恢复正常时或客车进入正常联锁区时，客车凭车载信号转换为SM或ATO模式行车，驾驶员在前方站交回行车凭证。

4. URM模式驾驶的规定

1）采用电话闭塞法组织行车时，驾驶员采用URM模式驾驶可不派监控员上车监督驾驶。

2）单个列车ATP车载设备故障采用URM运行时，行调应通知车站派监控员监督驾驶，当列车在区间无法派监控员时可按规定限制速度运行至前方站，监控员上车后按 URM 模式规定速度运行。

3）监控员应协助驾驶员瞭望、监控速度表，提醒驾驶员控制速度，必要时立即按压紧急停车按钮。

4）URM 模式驾驶监控员添乘程序：

①行调向有关车站、驾驶员发布命令。“××次列车在××站至××站采用 URM 模式驾驶，由××站派监控员上车监控列车，添乘密码×××，行调×××。”

②车站派胜任人员携带无线电台到站台等候列车。

5. 列车进路的取消

行调（或值班站长、行车值班员）应正确掌握开放（显示）信号时机。当取消发车进路时，应先通知驾驶员，采用站间电话闭塞法行车时，还应将行车凭证收回后，再取消发车进路。具体为：

1）当调度集中模式行车时，信号开放后若取消发车进路，行调应先通知驾驶员并得到回示后，方可取消发车进路。

2）当列车运行进路转为站控时，信号开放后若取消发车进路，行车值班员或值班站长应先通知驾驶员并得到回示后，方可取消发车进路。

3）采用站间电话闭塞法行车时，当行车凭证已交付驾驶员而需取消发车进路时，行车值班员或值班站长应先通知驾驶员并得到回示，还应将行车凭证收回后，再取消发车进路。

6. 手信号的显示方式及显示意义

（1）引导手信号　准许列车进入车站或车厂。昼间为展开的黄色信号旗高举头上左右摇动；夜间为黄色灯光高举头上左右摇动。

（2）通过手信号　准许列车由车站通过。昼间为展开的绿色信号旗；夜间为绿色灯光。

（3）停车信号　要求列车停车。昼间为展开的红色信号旗，无红色信号旗时，两臂高举头上，向两侧急剧摇动；夜间为红色灯光，无红色灯光时，用白色灯光上、下急剧摇动。

（4）减速信号　要求列车降低速度运行。昼间为展开的黄色信号旗，无黄色信号旗时，用绿色信号旗下压数次；夜间为黄色信号灯光，无黄色灯光时，用白色或绿色灯光下压数次。

（5）发车信号　要求驾驶员发车。昼间为展开的绿色信号旗上弧线向列车方面作圆形转动；夜间为绿色灯光上弧线向列车方面作圆形转动。

（6）紧急停车信号　要求驾驶员紧急停车。昼间为展开的红色信号旗下压数次，无信号旗时，两臂高举头上，向两侧急剧摇动；夜间为红色灯光下压数次，无红色灯光时，用白色灯上下急剧摇动。

（7）道岔开通信号　表示进路道岔准备妥当。昼间为拢起的黄色信号旗高举头上左右摇动；夜间为白色灯光高举头上。

（8）好了信号　表示某项作业完成。昼间为拢起的信号旗作圆形转动；夜间为白色灯光作圆形转动。

7. 特殊情况下接发列车时显示手信号的时机和地点

特殊情况下接发列车时显示手信号的时机和地点见表 4-1。

表 4-1　特殊情况下接发列车时显示手信号的时机和地点

手信号类别	何种情况下显示	显示时机	收回时机	显示地点
停车信号	站间电话行车法行车时	看见列车头部灯开始	列车停车后	站台头端墙屏蔽门端门外方
紧急停车信号	工程列车进站或通过车站，出现危及行车安全情况；客车进站，发现危及行车安全情况，但来不及按压站台紧急停车按钮或紧急停车按钮不起作用时	立即显示	列车停车后	就近显示
减速信号	发现工程列车或客车超速时	立即显示	列车头部越过信号显示地点后	头端墙侧扶梯口，靠近紧急停车按钮附近
引导手信号	列车出发整列离开站台区，因故需退回车站时	看见列车头部灯开始	列车头部越过信号显示地点后	站台头端墙，屏蔽门与线路间站台上
好了信号	车站相关作业完成时		驾驶员鸣笛回示后	规定的地点
道岔开通信号	须现场人工手摇道岔准备进路时	进路准备好时	列车头部越过信号显示地点后	在操纵的道岔附近，车辆限界外

四、电话闭塞法的接发列车作业

在联锁站联锁设备故障需采用电话闭塞法行车时，目前我国城市轨道交通系统尚无统一的电话闭塞法行车时的接发列车作业标准。下面以国内部分轨道交通系统为例，说明电话闭塞法的接发列车作业标准的基本内容。

注：有的城市轨道交通企业为了提高效率，按电话闭塞法组织行车时，路票虽按规定填写，但不交给驾驶员，车站存档。关于路票的填写，有的企业由行车值班员填写，有的由站台发车人员填写。

1. 电话闭塞法的接车作业程序

电话闭塞法的接车作业程序见表 4-2。

表 4-2　电话闭塞法的接车作业程序

作业程序	作业程序及用语			
	车控室	站台接发车人员	准备进路人员	备注
一、准备进路并办理闭塞	1. 根据“行车日志”确认区间及站内线路空闲（首列车听取发车站发车请求，并根据调度命令与行调共同确认区间空闲）	携带笔、红色信号灯（旗）到站台头端墙指定地点待命	携带相关备品在指定位置待命	
	2. 向准备进路人员布置：“准备上行（下行）线×次接车进路”，并听取复诵		3. 复诵：“准备上行（下行）线×次接车进路”	接车进路上道岔固定开通位置的车站，除首列外可省略此步骤
	5. 复诵：“上行（下行）线×次接车进路准备好了（线路出清）”		4. 准备进路，确认正确后出清线路，报告车控室：“上行（下行）线×次接车进路准备好了（线路出清）”	
	6. 向后方站发出电话记录号码：“电话记录××号，上行（下行）线×次接车进路准备好了”，并听取复诵			

（续）

作业程序	作业程序及用语			
	车控室	站台接发车人员	准备进路人员	备注
二、准备接车	7. 通知站台接发车人员接车："准备×线×次接车"	8. 复诵："准备×线×次接车"		
三、接车	10. 通过 CCTV 监视列车到达，并听取站台接发车人员行车凭证收回的报告	9. 在站台头端墙指定处显示停车信号，向驾驶员收回行车凭证，并打"×"，同时报告车控室"行车凭证收回"		
	11. 列车停稳后向行调报点："×次×站×点×分到"，填写"行车日志"			

2. 电话闭塞法的发车作业程序

电话闭塞法的发车作业程序见表 4-3。

表 4-3 电话闭塞法的发车作业程序

作业程序	作业程序及用语			
	车控室	接发车人员	准备进路人员	备注
一、接收报点及电话记录号码，请求发车	1. 接收接车站前行列车发车报点："×次×站×点×分开，电话记录××号"并复诵，填写"行车日志"（首列车须根据调度命令与行调共同确认区间空闲并向前方站请求发车）	携带行车凭证、笔、红色信号灯（旗）到站台头端墙指定地点待命	携带相关备品在指定位置待命	
	2. 根据"行车日志"记载的前行列车开点确认区间空闲，根据电话记录号码确认接车站接车进路准备妥当			
二、准备进路	3. 准备进路人员布置："准备上行（下行）线×次发车进路"		4. 复诵："准备上行（下行）线×次发车进路"	发车进路上道岔固定开通位置的车站，除首列外可省略此步骤
	6. 复诵："上行（下行）线×次发车进路准备好了（线路出清）"		5. 将进路上的道岔及防护道岔开通正确位置并加锁。确认正确后出清线路，向车控室报告："上行（下行）线×次发车进路准备好了（线路出清）"	

（续）

作业程序	作业程序及用语			
	车控室	接发车人员	准备进路人员	备注
三、办理凭证及发车	7. 指示接发车人员：“×线×次准备发车”	8. 复诵：“×线×次准备发车”，填写行车凭证，确认无误后交与驾驶员，并汇报车控室		
	10. 通过CCTV监视列车出发	9. 确认车门、屏蔽门关好后，向驾驶员显示“好了”信号，列车起动		
四、报点	11. 列车尾部离开站台头端墙时向后方站报点：“×次×站×点×分开，电话记录××号”，填写“行车日志”			

因城市轨道交通系统站间区间短，列车从一个车站运行到另一个车站只需较短时间，所以发车站必须取得接车站承认闭塞的电话记录号码后方可发车。发车站确保无论何时在同一区间内，只有一趟列车占用；接车站必须确认接车线路空闲，接车进路准备妥当，方可发出承认闭塞的电话记录号码；在联锁设备正常情况下，在操纵台上办理进路；如果联锁设备失效，则采用人工手摇道岔准备进路，并加装钩锁器（在配合折返作业时，可不加装钩锁器，但操作人员需确认道岔已操作至机械锁闭位置）。

3. 人工准备进路的作业程序

在联锁设备故障需作业人员现场操纵道岔准备接发车进路时，须严格执行作业程序，严格按规章办理，以确保联锁设备故障时接发列车的安全。

1）人员进入现场作业区必须请示行调并得到行调许可。

2）车控室值班人员应按规定要求向准备进路人员布置任务。

3）准备进路人员须携带信号灯（旗）、手摇把、钥匙、钩锁器、扳手、对讲设备（便携电台）、手电筒，穿荧光衣、绝缘鞋，戴手套。

4）二人现场确认道岔，需要转换位置时应认真操作，确保手摇到位，确认尖轨与基本轨密贴。确认道岔位置正确后，用钩锁器锁定（折返站需经常转换的道岔使用钩锁器可只挂不锁）。确认进路上的所有道岔开通位置正确后及时汇报。

5）行调接到进路准备好、线路出清（此处指根据作业要求进入安全位置或回到站台）报告后指示车站接（发）列车；SICAS故障采用电话闭塞法行车时，确认道岔位置开通正确后，准备进路人员向车控室汇报，车控室接到进路准备好、线路出清（此处指根据作业要求进入安全位置或回到站台）的报告后，指示接发列车人员接（发）列车。

4. 行车凭证和原始记录的填写要求

车站行车凭证和原始记录主要有路票（行车许可证）、调度命令（含固定格式类、传真类）、“调度命令登记簿”、“行车日志”及“施工检修作业登记簿”。

路票（行车许可证）、调度命令登记簿、调度命令、行车日志、施工检修作业登记簿样式如图4-6～图4-10所示。

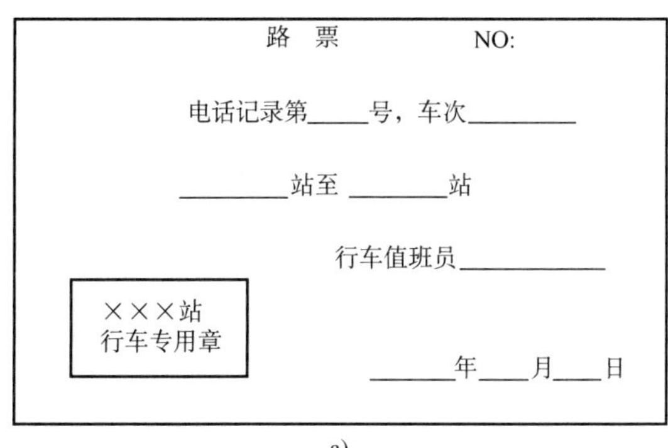

路　票　　NO:

电话记录第____号，车次________

________站至________站

行车值班员__________

×××站
行车专用章

_____年___月___日

a)

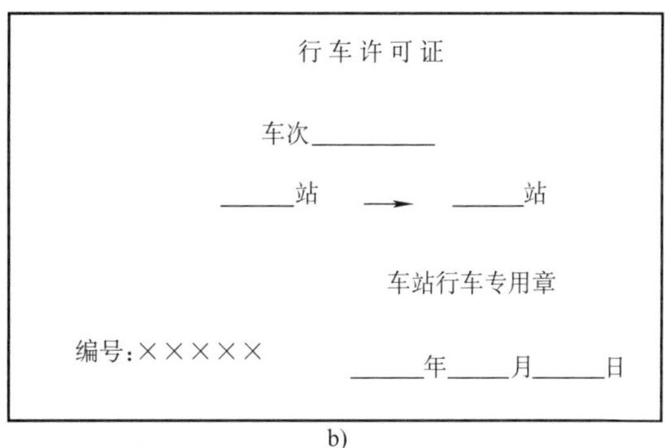

行车许可证

车次_________

_____站 ──→ _____站

车站行车专用章

编号:×××××　　_____年_____月_____日

b)

图4-6　行车凭证

a）路票　b）行车许可证

注：有的城市轨道交通企业如深圳地铁公司，使用的行车凭证叫行车许可证，名称不同而作用相同，样式如图4-6b所示。

调度命令登记簿　　　　年　　月

日期	命令				复诵人姓名	接受命令人姓名	行调姓名	阅读时刻（签名）
	发令时间	号码	受令处所	内容				

图4-7　调度命令登记簿

调 度 命 令

____年____月____日______时______分

受令处所		命令号码	行调姓名
命令内容			

注：规格 110mm×150mm　　　　行车专用章________行车值班员________

图 4-8　调度命令

行 车 日 志

年　　月　　日　　天气　　　　　　　　行车值班员

列车车次	接车								发车									记事
	接车股道	时分					电话记录号码		时分							电话记录号码		
		承认闭塞	发车站发车	本站到达		取消闭塞	承认闭塞	取消闭塞	请求闭塞	邻站承认闭塞	本站出发		到达接车站	开通区间	取消闭塞	邻站承认闭塞	取消闭塞	
				规定	实际						规定	实际						

a)

图 4-9　行车日志

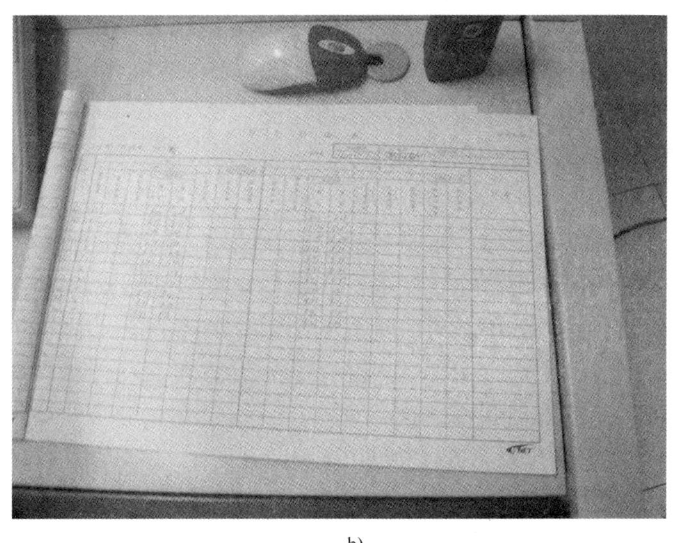

b)

图 4-9　行车日志（续）

施工检修作业登记簿

施 工 登 记					承认施工手续			施工维修终止				备注
年 月 日	时分	施工或检查维修项目及其影响适用范围	施工负责人姓名	值班站长（信号楼值班员）姓名	起止时间	值班站长（信号楼值班员）姓名	施工负责人姓名	时分	实验人姓名	施工负责人姓名	值班站长（信号楼值班员）姓名	

图 4-10　施工检修作业登记簿

为保证行车设备良好，确保行车作业安全，轨道、供电、信号、通信等各项设备都必须按照检修周期与工作内容进行检修，检修时须按要求在“施工检修作业登记簿”内登记。当发生行车设备故障需检修时，也须按要求在“施工检修作业登记簿”内登记。

（1）行车凭证和原始记录的填写要求

1）行车凭证和原始记录的填写要确保其数据的准确性。

2）行车凭证和原始记录由当班岗位人员填写，一岗多人要指定专人负责填写，要及时记录，不得事后补记。

3）行车凭证和原始记录的填报要准确、按时、连续、项目齐全，填写字迹要清晰、不缺不漏、传递及时，账、物、卡记录一致，不得涂改。

（2）路票的填写及电话记录号码的编制

1）路票的填写。路票是列车占用区间的行车凭证，填写路票是采用电话闭塞法行车中的一个重要环节。在确认区间空闲，取得接车站承认闭塞，且发车进路准备妥当后，方可填写路票，路票上的项目必须填写齐全、正确，否则会导致驾驶员凭路票动车时由于进路不对发生挤岔事故，或错办凭证发车事故等。填写的路票要字迹清楚，不得涂改。出现填写错误时，应划“×”注销，重新填写。路票经核对无误后，方可交与驾驶员。路票已交驾驶员，因特殊原因停止发车时，应及时收回路票。

列车反向运行时车站需在路票左上角加盖“反方向运行”专用章，非固定股道接车、折返或列车进出基地时应写明接车股道。

2）电话记录号码的编制。电话记录号码自每日0时起至24时止，按日循环编号，具体编号办法在各轨道交通公司《行车组织规则》中都有规定。如深圳地铁公司规定电话记录号码上行自2开始连续偶数、下行自1开始连续奇数，一个运营日内不得重复。南京地铁公司电话记录号码编号办法为车站（基地）编号加顺序号。小行基地编号为0；车站编号为1～16固定使用；顺序号为01～99循环使用，各车站电话记录号码见表4-4。

表4-4 南京地铁各车站电话记录号码

车　站	车站编号	电话记录号	车　站	车站编号	电话记录号
小行基地	0	001～099	新街口	9	901～999
奥体中心	1	101～199	珠江路	10	1001～1099
元通	2	201～299	鼓楼	11	1101～1199
中胜	3	301～399	玄武门	12	1201～1299
小行	4	401～499	新模范	13	1301～1399
安德门	5	501～599	南京站	14	1401～1499
中华门	6	601～699	红山动物园	15	1501～1599
三山街	7	701～799	迈皋桥	16	1601～1699
张府园	8	801～899			

【项目实施】

任务一　联锁设备出现异常时的处理

1. 道岔区段出现红光带造成进路排不出时的处理

1）行车值班员应立即报告行车调度员、信号工区、值班站长及段调，并在“施工检修作业登记簿”内登记。

2）行调放权站控后，行车值班员应利用其他进路，确保正常接发列车。

3）若必须使用该进路时，行车值班员可使用单操道岔的方法，将道岔转换至所需位置并单锁，在确认线路空闲及安全前提下，开放引导信号接发列车。若单操不能转换道岔位置时，需派有关人员现场手摇道岔准备进路，按非正常办法接发列车。

4）值班站长接到故障报告后应到车控室把关，协助行车值班员做好行车组织工作。

5）信号工区人员检修完毕并在“施工检修作业登记簿”上登记签认正常后，行车值班员经试排进路确认正常并签认后，方可通知行调、段调设备恢复正常使用。

2. 控制台挤岔铃响时的处理

（1）道岔区段无列车占用时

1）行车值班员立即报告行调，接受控制权，通知站长派扳道员到现场查看，通知信号工区，并在“施工检修作业登记簿”内登记。

2）扳道员到现场检查，道岔无不良病害，清除尖轨与基本轨间异物后，行车值班员单操道岔检测，若恢复正常即可报行调恢复正常使用。

3）若不能恢复可手摇道岔，待信号工区人员检修完毕并在“施工检修作业登记簿”内登记签认正常，行车值班员经试排进路确认正常并签认后，通知行调、段调设备恢复正常。

（2）道岔区段有列车占用时

1）行车值班员立即报告行调并提醒行调通知驾驶员禁止动车，通知站长派扳道员到现场监护，禁止动车，通知信号工区、工务工区人员，并在“施工检修作业登记簿”上登记。

2）值班站长应立即报段调并在车控室及现场把关。

3）信号、工务抢修人员到场确定处理意见后，按工务抢修工长意见办理行车业务。

4）道岔修复须由信号工务人员在“施工检修作业登记簿”上签认正常，行车值班员应经试排进路确认正常并签认后，方可通知行调、段调设备恢复正常使用。

3. 道岔发生故障时的处理

（1）道岔发生病害危及行车安全时

1）行车值班员应立即报告行调，禁止列车通过该道岔，若线路上有列车，行车值班员应指派扳道员到现场保护，防止列车驶经该道岔，通知工务人员抢修并在“施工检修作业登记簿”上登记。

2）行车值班员应通知站长在车控室把关，并报段调。

3）工务人员抢修完毕在“施工检修作业登记簿”上签认正常后，行车值班员应试排进路或单操道岔试验正常后，方可通知行调、段调设备恢复正常使用。

4）在恢复正常使用前，行车值班员应利用其他进路确保正常接发列车。

（2）道岔失去表示或道岔电气故障必须手摇时

1）道岔故障时的处理原则：

①进入现场检查道岔时应确认道岔各部件良好：道岔尖轨与基本轨间有无卡异物；道岔滑床板有无异物卡住。

②确认道岔非机械故障，应人工排列列车进路接发列车；手摇道岔必须严格遵守“六步曲”。

③一条进路上有多副道岔，摇岔人员仅对故障道岔按照规定进行处理。其他正常道岔不需作任何处理，但可与行调确认开通位置。

④按照“先通后复”原则，值班站长负责现场指挥。没有得到行调允许，现场不得进行影响行车的抢修作业。

注：人工手摇道岔“六步曲”程序
一看：看道岔开通位置是否正确，是否需要改变位置；
二开：切断电源，打开盖孔板及钩锁器的锁，拆下钩锁器；
三摇：摇道岔转向所需的位置，在听到“咔嚓”的落槽声后停止；
四确认：手指尖轨：“尖轨密贴开通×位”并和另一人共同确认；
五加锁：另一人在确认道岔位置开通正确后，用钩锁器锁定道岔尖轨；
六汇报：向站控室汇报道岔开通位置。

2）道岔故障时的处理要点：

①值班站长及有关摇岔人员听到故障报警后应立即赶到车控室查明故障情况，了解有关进路安排。

②行车值班员应立即报告行调，通知信号工区、段调、站长，并在“施工检修作业登记簿”内登记。

③站长应派有关人员携带手摇道岔工具，穿戴好防护用品到指定地点待命，途中应与行调取得联系得到行调允许到现场手摇道岔的许可，站长在车控室把关。

④手摇道岔人员应严格按照行车值班员指令准备列车进路，认真执行手摇道岔作业制度办理行车作业。

需要时，摇岔人员既要分工明确，又要协助配合默契。如“一看”与设红闪灯可同步进行；“二开”与检查准备钩锁器可同步进行；“三摇”与准备钩锁器（含锁具）可同步进行，但两人应相互确认摇岔方向是否正确并共同确认尖轨密贴；“四确认”必须两人共同确认故障道岔及列车进路开通正确；“五加锁”与撤除红闪灯可同步进行；“六汇报”两人必须确认线路出清安全。

⑤信号工区人员抢修完毕并在“施工检修作业登记簿”上签认正常后，行车值班员应试排进路或单操道岔试验正常后，方可通知行调、段调设备恢复正常使用。

4. 分路不良的处理

1）行车调度员指示相关车站，禁止扳动相关道岔。

2）车站人员确认当前列车位置及道岔位置，并向行车调度员报告。

3）需要使用此道岔时，需获行车调度员授权，道岔扳到需要位置后要进行道岔单锁，方可进行作业。

4）分路不良的轨道电路存车时，列车停稳后在分路不良区段内两端加短路线。

5. 道岔防护信号机不能正常显示时的处理

1）若发生主灯丝断丝报警，通过中央调度终端确认进路已正确排列，与驾驶员确认列车车载信号显示正常，则说明现场信号灯丝故障。

2）若列车驾驶员或车站人员报告信号机显示不正确，且无主灯丝断丝报警，应立即通过中央调度终端确认进路是否已正确排列；与车站进行确认是否有相关报警出现；与驾驶员确认列车车载信号显示是否正常。如进路排列及列车车载信号均正常，则为现场信号机故障。

3）通知维修调度和驻站维修信号人员，进行进一步的检查。若维修人员须下路轨进行检查时，需根据当时在线列车情况决定是否授权。

4）与即将通过该联锁区的列车驾驶员取得联系，通知其该信号机显示故障，当列车到达联锁区时与驾驶员确认车载信号是否正常，并且通知驾驶员注意道岔位置；若机车信号正常且道岔位置正确，指示驾驶员凭机车车载信号驾驶列车驶过该联锁区。

任务二　车辆段（车厂）联锁设备故障时接车

1. 进路道岔区段轨道电路故障（红光带），开放引导信号接车

1）值班员报告行调、段调（厂调），通知信号工区，在“施工检修作业登记簿”内登记。

2）值班员派有关人员到现场检查确认进路空闲，无危及行车安全情况。

3）准备接车进路，开放引导信号：

①单操道岔，同时按下道岔操纵按钮及道岔总定位或总反位按钮，将进路上的道岔单操至所需位置，并再次确认进路道岔位置正确。

②按压引导按钮，则非故障区段进路上点亮白光带，引导信号开放，防护信号复示器点亮白灯，此时非故障区的道岔处于引导进路锁闭状态。

③将故障区段上的道岔实施单锁，按下设在单操道岔按钮下方的道岔单锁按钮，该道岔即被单独锁闭，其按钮表示灯亮红灯。

4）值班员确认引导信号开放好后，用无线电台呼叫驾驶员“××信号机引导信号开放好”。

5）驾驶员听取“××信号机引导信号开放好”并复诵，确认引导信号开放好后，按规定速度要求运行，越过该信号机，并随时做好停车准备。

6）值班员确认列车整列到达接车线股道停妥后，解锁接车进路。

注意事项：

①如果该信号机内方第一区段轨道电路良好，那么按压引导按钮后即可松手，当车辆第一轮对进入信号机内方时，引导信号即自动关闭；如果第一轨道区段轨道电路故障，此时引导按钮必须一直处于按压状态，直到列车进入信号机内方才可松手。

②列车沿进路通过后，进路仍处于锁闭状态，白光带继续点亮，当值班员确认列车已全部到达接车线股道停妥后（即列车尾部停在接车股道警冲标内方），同时按压该信号机的列车按钮和总人工解锁按钮，则进路立即解锁，白光带熄灭。

③当办理了进站台线路的进路，列车到达接近区段时，发现显示进路信号的信号突然关闭，信号机显示红灯，原排进路白光带仍在点亮，此时可按压引导信号按钮，办理引导接车，当列车整列通过后，值班员按压总人工解锁按钮和相应的区段解锁按钮将进路解锁。

2. 进路道岔区段道岔失去表示，开放引导信号接车

（1）不需现场手摇道岔时工作步骤

1）值班员报告行调、段调（厂调），通知信号工区，在“施工检修作业登记簿”内登记。

2）值班员派有关人员到现场检查确认进路空闲，无危及行车安全情况，检查确认故障区道岔位置正确。

3）准备接车进路，开放引导信号：

①单操道岔，同时按下道岔操纵按钮及道岔总定位或总反位按钮，将进路上的道岔单操至所需位置，并再次确认进路道岔位置正确。

②按压引导总锁闭按钮，即将该咽喉区的联锁道岔均锁于所处位置，然后再按压引导按钮，引导信号即开放，该信号复示器点亮白灯。

4）值班员确认引导信号开放好后，用无线电台呼叫驾驶员“××信号机引导信号开放好”。

5）驾驶员听取“××信号机引导信号开放好”并复诵，确认引导信号开放好后，按规定速度要求运行，越过该信号机，并随时做好停车准备。

6）值班员确认列车整列到达接车线股道停妥后，解锁接车进路。（将引导总锁闭按钮拉出，道岔即解锁）。

（2）需现场手摇道岔时工作步骤

1）值班员报告行调、段调（厂调），通知信号工区，在“施工检修作业登记簿”内登记。

2）值班员派有关人员到现场检查确认进路空闲，无危及行车安全情况，检查确认故障区道岔位置不在所需进路上。

3）准备接车进路：

①控制台上非故障区道岔使用单操的方法转换道岔位置，即同时按下道岔操纵按钮及道岔总定位或总反位按钮，将进路上的道岔单操至所需位置，并再次确认进路道岔位置正确。

②手摇道岔人员应严格按照值班员指令准备列车进路，认真执行手摇道岔作业制度，将故障区的道岔手摇到所需位置并用钩锁器加锁后，再次确认进路道岔位置正确，向值班员汇报进路准备好了。

4）开放引导信号：按压引导总锁闭按钮，即将该咽喉区的联锁道岔均锁于所处位置，然后再按压引导按钮，引导信号即开放，该信号复示器点亮白灯。

5）值班员确认引导信号开放好后，用无线电台呼叫驾驶员“××信号机引导信号开放好”。

6）驾驶员听取“××信号机引导信号开放好”并复诵，确认引导信号开放好后，按规定速度要求运行，越过该信号机，并随时做好停车准备。

7）值班员确认列车整列到达接车线股道停妥后，解锁接车进路。（将引导总锁闭按钮拉出，使用钩锁器的道岔将钩锁器撤除，道岔即解锁）。

注意事项：

采用引导总锁闭这种方式开放引导信号时，道岔位置与信号没有任何联锁关系，检查进路空闲、进路道岔位置正确、敌对进路未建立，这些安全事项全由人来保证，所以开放引导信号接车前，值班员必须认真检查确认这些条件是否具备。

任务三　联锁站联锁设备故障，开放引导信号接车

工作步骤：

1）行车值班员发现联锁设备出现异常（如进路道岔区段红光带）后，立即报告行调，通知值班站长、信号工区，并在“施工检修作业登记簿”内登记。

2）行车值班员派有关人员到现场检查确认进路空闲，无危及行车安全情况。

3）准备接车进路，征得行调的同意后开放引导信号：

①在LOW工作站使用单操道岔的方法准备进路，即用鼠标的左键点击LOW主窗口上的道岔元件或道岔元件编号，此时所选元件被打上灰色底色，然后在对话窗口中的命令显示栏用鼠标的左键点击所需的命令，最后用鼠标的左键点击对话窗口中的“执行”按钮，该道岔即可转至所需位置。

②确认进路上的道岔全部开通正确并锁闭后，开放引导信号，即用鼠标的左键点击LOW主窗口上的信号机元件或信号机元件编号，此时所选元件被打上灰色底色，然后在对话窗口中的命令显示栏用鼠标的左键点击“开放引导”的命令，最后用鼠标的左键点击对话窗口中的“执行”按钮，引导信号即可开放。

4）行车值班员确认引导信号开放好后，用无线电台呼叫驾驶员“××信号机引导信号开放好”。

5）驾驶员听取“××信号机引导信号开放好”并复诵，确认引导信号开放正确后，按规定速度要求进站并随时做好停车准备。

任务四　站间电话闭塞法组织行车时接发列车

ATS或LOW工作站正常使用时，车站原则上不进行接发列车作业。行车值班员根据列车到发情况，播放到站、关门以及安全相关广播，做好乘客服务，并通过CCTV监视列车、屏蔽门开关门状态，以及乘客上、下车情况，确保乘客安全。在列车进站时，车站行车值班员及站台工作人员监视列车的运行状态，注意站台乘客动态，发现危及行车安全时立即按压紧急停车按钮或显示停车手信号。

而当车站信号联锁设备故障，在中央MMI或车站LOW工作站上不能人工排列进路办理列车的接发，需人工现场手摇道岔准备进路时，须根据行调发布的站间电话闭塞法组织行车的调度命令，严格按照电话闭塞法接发列车作业程序和要求执行。

1. 联锁站联锁设备故障，按电话闭塞法组织行车时的发车

工作步骤：

1）行车值班员发现联锁设备出现异常后，立即报告行调，通知值班站长、信号工区，并在“施工检修作业登记簿”内登记。

2）行车值班员派有关人员到现场检查确认进路空闲，无危及行车安全情况。

3）行调及时向有关车站及驾驶员发布调度命令：从×点×分起，在×站至×站间采用站间电话闭塞法组织行车。调度命令可由行调向驾驶员直接发布或通过车站向驾驶员口头转达调度命令的内容。

行车值班员在接收行调发布的采用站间电话闭塞法组织行车的调度命令时，应将发令时间、命令号码、受令处所、命令内容、收发命令人员姓名等填记在“调度命令登记簿”内。

如图 4-11 所示。

调度命令登记薄　　2008 年 7 月

日期	命令				复诵人姓名	接受命令人姓名	行调姓名	阅读时刻（签名）
	发令时间	号码	受令处所	内容				
7.20	10:15	201	安得门站、	从 10:15 起，在安得门	××	××	××	
			中华门站	站至中华门站间采用		××		
			安得门站	站间电话闭塞法组织				
			并交下行	行车				
			各次列车					
			驾驶员					

图 4-11　调度命令登记薄

4）车站和行调共同确认第一趟发出列车运行前方的区间空闲后，向接车站请求发车。

5）接车站根据收到的同方向前次列车在前方站出发的电话报点记录，并接车进路准备妥当后，方可同意闭塞，发出同意接车的电话记录号码，发车站复诵并填写“行车日志”。

6）发车站在查明区间空闲，确认发车进路准备妥当后，方可根据取得的接车站同意接车的电话记录号码，指示站台接发车人员填发行车凭证——路票，如图 4-12所示，准备发车。

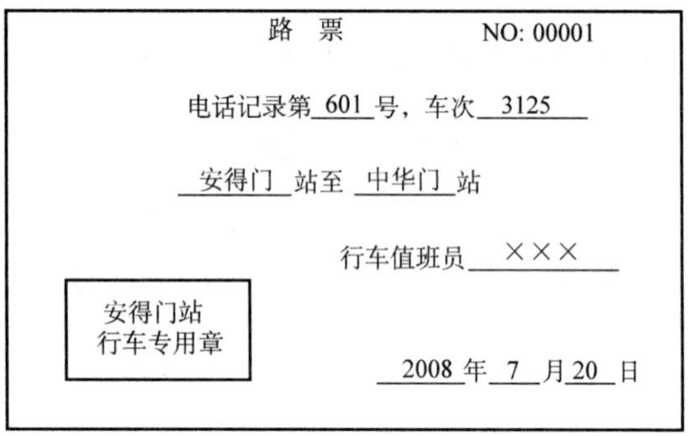
路　票　　NO: 00001

电话记录第 601 号，车次 3125

安得门 站至 中华门 站

行车值班员 ×××

安得门站
行车专用章

2008 年 7 月 20 日

图 4-12　路票

7）接发车人员按要求填写好路票，核对无误后，方可交与驾驶员，并向车控室汇报。

8）驾驶员接到路票后方可关门，凭车站的发车信号动车。

9）列车尾部离开站台头端墙时行车值班员向行调及后方站报点：×次×站×点×分开，并填写“行车日志”。

说明：

路票由值班站长亲自或指定的胜任人员，根据行车值班员的通知在站台填写。对于填写的路票，应根据“行车日志”的记录，与行车值班员进行认真核对，确认无误后，方可与驾驶员核对交接。路票交接地点为驾驶员所在驾驶室的站台上，路票交接必须由值班站长亲自或指定人员与驾驶员核对、交接。

2. 联锁站联锁设备故障，按电话闭塞法组织行车时的接车

工作步骤：

1）接受行调发布的按站间电话闭塞法组织行车的调度命令。

2）听取发车站发车请求，并根据调度命令与行调共同确认区间空闲，根据“行车日志”确认前方区间及站内线路空闲。

3）行车值班员向准备进路人员下达准备接车进路的命令，并听取复诵。

4）行车值班员得到接车进路准备妥当的报告后，向发车站发出同意接车的电话记录号码，并听取复诵。

5）通知站台接发车人员准备接车。

6）接发车人员在站台头端墙指定处显示停车信号，向驾驶员收回路票，并打“×”，同时报告车控室“路票收回”。

7）车控室通过 CCTV 监视列车到达。列车停稳后行车值班员向行调报点：×次×站×点×分到，并填写“行车日志”。

任务五　联锁站轨道电路故障行车组织

1. 区间轨道电路故障

列车在区间轨道电路故障区段停车后，在确认线路正常不危及行车安全情况下，驾驶员可根据行调指示转换为限制人工驾驶 RM 模式，列车重新起动并运行出清故障区段若干轨道电路区段后，由驾驶员手动恢复为 ATO 驾驶模式，继续运行。

2. 车站道岔区段轨道电路故障

此类故障直接影响中央 ATS 自动和人工设置列车进路，行调可授权区域联锁工作站以单操道岔的方式，将进路中的道岔转换到所需位置并锁闭，然后开放有关防护信号机的引导信号。列车根据引导信号的指示，以人工驾驶模式运行，出清故障区段若干轨道电路区段后，列车自动转换为 ATP 保护的人工驾驶 SM 模式，此时驾驶员可手动恢复为 ATO 驾驶模式。

【拓展与提高】

一、行车设备发生异常情况时的处理

1. 熔丝报警时的处理

当信号机械室内设备熔丝断丝时，熔丝报警表示灯亮红灯，报警铃响，按下熔丝报警按钮，电铃停止鸣响，行车值班员应立即报告信号工区，待修复后，电铃再次鸣响，按下熔丝报警按钮，电铃停止鸣响，熔丝报警表示灯灭灯。

2. 主灯丝断丝报警时的处理

当站内任一信号机主灯丝断丝时，主灯丝断丝报警表示灯亮红灯，控制台电铃鸣响，值班员应立即通知信号人员进行修复。为避免噪声，值班员按下主灯丝断丝报警按钮，电铃停止鸣响，故障排除后，主灯丝断丝报警表示灯灭灯，电铃再度鸣响，值班员可将主灯丝断丝报警按钮复位，电铃停止鸣响。

3. 轨道停电恢复时的处理及注意事项

（1）轨道停电恢复后的处理

1）首先检查控制台上接地检测表示灯是否点红灯，如点红灯，应通知信号人员处理。

2）值班员办理好登记手续，用区段解锁钥匙开关实行故障解锁。

3）控制台上所有进路解锁后，进行道岔单操试验，确认道岔状态良好（注：值班员应确认此时为站控状态）。

（2）注意事项

1）没有锁闭的进路不会错误锁闭。

2）若列车未进入信号机内方区段，停电恢复后，信号机将关闭，但进路不会错误解锁，可重复开放信号。

3）值班员在进行道岔单操试验时应确认道岔区段与接近区段空闲。

4）若列车正在进路上行驶，瞬间轨道停电恢复后，进路不会错误解锁，但列车前方进路处于准备解锁区段，即前方进路区段能使用单独人工解锁手段进行解锁，此时值班员应充分警惕，尽量不办理区段故障解锁，以免错误按压按钮导致进路上的区段解锁。

5）列车在进路上行驶，若轨道停电时间较长（车列已走过一个区段），则列车驶过进路后可能会造成漏解锁，此时可进行区段故障解锁。

4. LOW 故障时的处理

（1）LOW 死机（显示正常，但不能操作）

1）报告行调和信号维修人员。

2）行车值班员对 LOW 主机电源复位，同时行调接收该联锁区的控制权，在 MMI 上监控。

3）如复位故障不能恢复，且 MMI 不能监控，则按 SICAS 故障处理的方式处理。

（2）LOW 全灰

1）报告行调和信号维修人员。

2）行调接收该联锁区的控制权，在 MMI 上监控。

3）如果 MMI 均不能监控，则按 SICAS 故障处理的方式处理。

二、SICAS 联锁设备常见故障及处理方法

1. 轨道电路故障

1）LOW 显示全区粉红光带故障。在确认线路空闲及安全前提下，执行“全区逻空”命令。若操作权限无“全区逻空”功能，只能对每个轨道区段执行“轨区逻空”或“岔区逻空”命令。

2）LOW 显示全区红光带故障。在确认线路空闲及安全前提下，可对某个道岔执行“强行转岔”和某个信号机执行“开放引导”命令。

3）进路的监控区段出现红光带故障。在确认线路空闲及安全前提下，可执行“开放引导”命令。

4）在 LOW 上显示轨道区段红光带故障。列车在有 ATP 保护下以 SM、ATO 或 AR 模式驾驶时能在故障区段前自动停稳。当列车停下来后，列车只能用 RM 或 URM 模式起动，当选用了 RM 模式起动后，列车必须通过三个轨道区段（含故障区段）占用了第四个区段后

才可以转换成 SM 或 ATO 模式驾驶。

5）在 LOW 上显示轨道区段粉红光带故障。在确认线路空闲前提下，对本区段执行“轨区逻空”或“岔区逻空”命令。

6）进路的监控区段（含道岔区段）出现不能正常解锁故障。对故障区段执行“强解区段”或“强解道岔”命令。与即将排列进路方向相同的非监控区段出现不能正常解锁故障时，进路依然可以排列。

2. 道岔故障

（1）道岔区段左右位长闪（即道岔挤岔故障）

1）在无进路状态下，发生道岔区段左右位长闪（即道岔挤岔故障）。处理方法是：

①判断有无列车变更（替换）进路，如有则办理变更（替换）进路。

②在确认道岔区段空闲及安全前提下，执行“挤岔恢复”命令。

③若故障仍存在，则执行“转换道岔”命令对道岔进行左/右位转动操作 2 次后故障仍不能恢复时（若允许，可对道岔多操几个来回），只能人工办理进路。

2）在进路建立后，发生道岔区段左右位长闪（即道岔挤岔故障）。同样按照 1）的步骤处理。但要注意：此时信号立刻降为非监控层，故障道岔仍被电子锁定，要执行取消进路或强解道岔区段操作（一般执行取消进路命令）之后，才能执行“挤岔恢复”命令和转换道岔的操作。

（2）道岔左位或右位短闪（即道岔无表示故障）

1）在无进路状态下，发生道岔左位或右位短闪（即道岔无表示故障）。处理方法是：

①判断有无列车变更（替换）进路，如有则办理变更（替换）进路。

②在确认道岔区段空闲及安全前提下，执行“转换道岔”命令对道岔进行左/右位转动操作 2 次后故障仍不能恢复时（若允许，可对道岔多操几个来回），只能人工办理进路。

2）在排列进路过程中，发生道岔左位或右位短闪（即道岔无表示故障）。信号处在非监控层，故障道岔没有被锁闭，可以执行“转换道岔”命令。若此故障是因为室外道岔机械问题造成的，则有可能人工操作道岔几个来回后能使道岔恢复正常。当遇到这种情况时，处理方法是：直接对故障道岔操作几个来回确认。

3）进路建立后，发生道岔左位或右位短闪（即道岔无表示故障）。同样按照 1）的步骤处理。但要注意：此时信号立刻降为非监控层，故障道岔仍被电子锁定，要执行取消进路或强解道岔区段操作（一般执行取消进路命令）之后才能转换道岔。

（3）道岔连接中断故障　在 LOW 显示相应的道岔区段灰色，通常是两付道岔同时故障。处理方法是：

1）判断有无列车变更进路，如有则办理变更（替换）进路。

2）若在允许时间内，故障不能恢复，只能人工办理进路。

（4）道岔标号闪烁　此时通过此道岔排列进路，信号处在引导层，对道岔执行“岔区逻空”命令后，故障恢复后，信号可正常开放信号。

三、信号标志牌

在轨道旁，有以下各种线路/信号标志牌提示列车驾驶员。

1. 接触网终点标

此标识设置在车辆段（停车厂）内，提示在车辆段（停车厂）进行调车的驾驶员不能超越此限界，因限界后的路段没有供电接触网设备，如图 4-13 所示。

2. 车挡表示器

设置在线路终端的车挡上，如图 4-14 所示。

接触网终点

图 4-13　接触网终点标

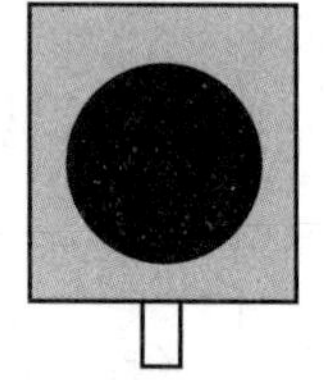

图 4-14　车挡表示器

注：昼间显示一个红色方牌、夜间显示一个红色灯光

3. 限速信号牌

当实施临时速度限制时，需安装限速信号牌，提示驾驶员控制车速不能超过标识上的限速，如图 4-15 所示。

4. 停车标

此标识设置在站台上，提示驾驶员不能超越此限界。否则，将会使列车停在不正确的站台范围，如图 4-16 所示。

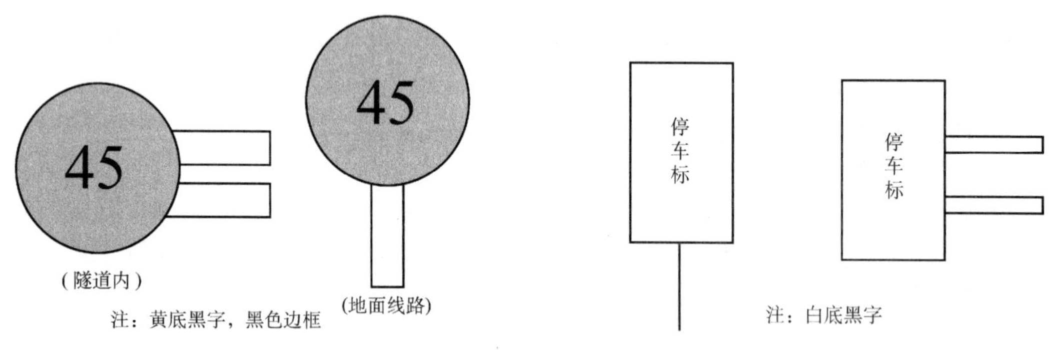

图 4-15　限速信号牌

图 4-16　停车标

5. 接近车站预告标

在接近车站 300m、200m、100m 分别设置接近车站预告标，如图 4-17 所示。

6. 一度停车标及鸣笛标

一度停车标设置于车辆段、停车厂出入段厂转换轨末端、车厂平交道口处，进入车库线路前等位置。鸣笛标设置于提示驾驶员鸣笛的地方，如图 4-18 所示。

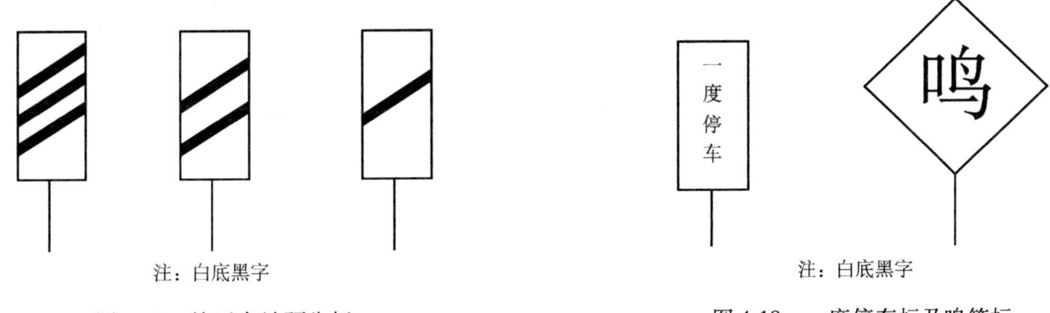

图 4-17　接近车站预告标

图 4-18　一度停车标及鸣笛标

【复习思考题】

1. 车站报点有何规定?
2. 采用站间电话闭塞法行车时，接发列车有何规定?
3. 列车进路的取消如何操作?
4. 列车手信号的显示方式及显示意义是什么（8 种）?
5. 特殊情况下接发列车时显示和收回手信号的时机是如何规定的?
6. 采用站间电话闭塞法行车时，行车凭证是什么? 以什么模式驾驶列车运行?
7. 何时采用电话闭塞法组织行车?
8. 站间电话闭塞法行车发车作业程序是什么?
9. 站间电话闭塞法行车接车作业程序是什么?
10. 人工准备进路的作业程序有哪些?
11. 行车凭证和原始记录的种类有哪些?
12. 行车凭证和原始记录的填写要求是什么?
13. 道岔区段出现红光带造成进路排不出时如何处理?
14. 控制台挤岔铃响时如何处理?
15. 道岔故障时的处理原则是什么?
16. 人工手摇道岔“六步曲”程序是什么?

【实践训练】

1. 练习无岔区段轨道电路故障时接车办法。
2. 练习道岔无表示时的接、发车。
3. 练习车站联锁设备故障时的接发列车。
4. 练习列车行经轨道分路不良区段时的行车组织。
5. 练习道岔防护信号机不能正常显示时行车组织。
6. 练习行车日志、路票的填写。
7. 在 LOW 上人工排列、取消基本进路、变通进路时，如何操作?
8. 在 LOW 上道岔单操、单独锁闭、道岔强解的方法是什么?
9. 在 LOW 上人工排列进路，正常开放信号及开放引导信号，如何操作?

项目五　特殊情况下的列车运行组织

【知识要点】

1. 救援列车开行的有关规定。

2. 客车推进运行、列车反向运行、列车退行的有关规定。

【项目任务】

1. 掌握客车推进运行、列车反向运行、列车退行时的行车组织方法。

2. 掌握救援列车的开行办法。

3. 熟悉应急扣车时的处理方法。

4. 了解恶劣天气下行车作业要求。

【项目准备】

1. **场地、工具准备**：列车运行组织模拟仿真系统、沙盘、仿真列车、各种登记表簿、联系电话、信号旗、路票、调度命令、手摇把、钩锁器等。

2. **人员安排**：学生按车站数分组，安排行调1人，每站有行车值班员、站务员、扳道员、引导员各1人。

【相关理论知识】

一、救援列车的开行

1. 救援列车的请求与派遣

行车调度员接到驾驶员（车长）、行车值班员的救援请求后，应向有关车站或车辆段发布开行救援列车的命令，及时组织备用车上线救援，如果救援列车用运行中的客车时，必须清客，空车救援。故障列车在区间时还需发布封锁区间线路的命令。

2. 救援列车进入封锁线路的行车组织办法

向封锁线路发出救援列车时，不办理行车闭塞手续，以行车调度员的命令作为进入该封锁线路的许可。

3. 救援有关规定

为保证在救援中不发生因防护不当等原因造成救援列车与被救援列车相撞的事故，必须严格遵守以下规定。

1）已申请救援的列车严禁动车，驾驶员（车长）应打开被救援列车两端的标志灯作为防护信号，并做好与救援列车的连挂准备工作。

2）申请救援的列车驾驶员在连挂之前可继续排除故障，但不能起动列车，如故障排除则报告行车调度员取消救援。

3）救援列车应距被救援列车规定距离外停车，听候救援负责人（被救援列车驾驶员）

的指挥连挂。

4）在未接到开通封锁线路的调度命令前，不得将救援列车以外的其他列车开往该线路。

5）行车调度员发布救援列车进入封锁线路的调度命令前必须确保救援列车已经清客。

二、救援列车作业要求及操作要点

救援列车前往救援时可选用正向牵引，也可采用推进运行方式，无论采用哪一种方式，救援列车及故障列车都必须遵守以下要求：

1. 做好救援故障列车前的准备工作

（1）清客　救援列车必须在就近站台进行清客作业，故障列车停在站台或部分已进入站台，必须进行清客作业。

（2）建立无线通信　救援列车、故障列车与行车调度员间建立无线通信，进行通话测试。

（3）选择驾驶模式

1）如果使用正向牵引方式，完成清客作业后，驾驶员应前往另一端的驾驶室，得到行车调度员授权后，选用 ATP 固定限速下的人工驾驶模式前往故障列车现场，并在故障列车前不少于规定距离外停车，然后以调车方法与故障列车进行连挂。

2）如果使用推进运行方式，完成清客作业后，驾驶员应选用 ATP 监督下的人工驾驶模式前往故障列车现场；接近故障列车时必须得到行车调度员授权，选用 ATP 固定限速下的人工驾驶模式并停在故障列车前不少于规定距离处，然后进行挂接。

2. 救援列车与故障列车进行连挂作业

1）救援列车驾驶员必须确定故障列车已将故障切除，方可进行连挂作业。故障列车驾驶员必须确定故障部分已被切除，并通报有关情况给救援列车驾驶员。

2）完成挂接后，救援列车、故障列车驾驶员必须将“列车联挂”开关扳到“通”位，并经相互确定后，进行制动系统测试。确定制动系统作用正常及故障列车的制动系统已缓解后，便通报行车调度员。

3）得到行车调度员授权后，救援列车驾驶员可使用以下驾驶模式及指定速度将故障列车驶离正线：

①使用正向牵引方式：救援列车驾驶员可使用 ATP 监督下的人工驾驶模式以不高于指定速度驾驶列车。

②使用推进运行方式：救援列车驾驶员可使用 ATP 固定限速下的人工驾驶模式以不高于指定速度驾驶列车，在途中必须依据故障列车驾驶员指示驾驶，如在规定时间（如 5s）内得不到故障列车驾驶员指示，救援列车驾驶员必须停车。

注：在任何情况下救援列车驾驶员及故障列车驾驶员均必须保持联络，如遇突发事情应立即停车了解实况，直至完成救援作业。如故障列车当时处于站间（车上仍有乘客），在完成挂接作业后应立即前往就近站台进行清客作业。

三、客车推进运行

在列车尾部驾驶室操纵列车运行或救援列车推送被救援客车运行为推进运行。

当列车头端驾驶出现故障的情况下，可在列车尾端驾驶推进运行；对故障客车实施救援时，也可推进运行。客车推进运行时须遵守以下规定：

1）客车推进运行，必须得到行车调度员的命令准许。推进运行时，必须有乘务员或列车引导员在客车前端驾驶室引导，无人引导时，禁止推进运行。

2）当难以辨认信号时，禁止列车推进运行。

3）在30‰及以上的下坡道推进运行时，禁止在该坡道上停车作业，并注意列车的运行安全。

4）列车推进运行的限速要求按《行车组织规则》的规定执行。

四、列车反方向运行

各城市轨道交通系统在《行车组织规则》中对双线区段线路均规定了上行、下行列车运行方向，对应规定了上、下行线，正常情况下上行方向列车在上行线运行，下行方向列车在下行线运行。根据需要当上行方向列车在下行线运行或下行方向列车在上行线运行时，则称为列车反方向运行。

由于环线行车、开行救援列车或行车调度员进行运行调整等的需要，可组织列车反方向运行。

1. 在具有反向ATP的轨道区段，反方向运行规定

1）列车反方向运行前必须得到行车调度员的命令准许。

2）列车反方向运行时，在MMI（LOW）上排列进路，列车根据ATP允许速度以SM模式运行，行车凭证为列车收到的速度码。遇ATP轨旁设备故障时，行车调度员通知驾驶员以RM模式运行。

2. 在反向ATP故障或无反向ATP的轨道区段，反方向运行规定

1）除降级运营时组织单线双方向运行或开行救援列车外，载客列车原则上不能反方向运行。工程列车需在明确行车计划和进路排列好的情况下方可反方向运行。

2）反方向运行时，按站间电话闭塞法组织行车。行车调度员在下达反方向行车命令前，确认反方向行驶列车前至少两个站间区间空闲（救援除外）；接车站在尾端墙处向正向来车方向显示红色防护手信号。

五、列车退行

在非正常情况下，客车部分或全部车厢越过站台需退回站台内办理乘降作业，或列车从区间返回发车站为退行，可以推进或牵引运行。

列车因事故或其他原因在站间不能正常行车的情况下，为避免列车进行站间清客，行车调度员可授权列车驾驶员进行列车退行至最近的站台。

1）列车因故在站间停车需要退行时，驾驶员必须报告行车调度员，行车调度员必须充分了解情况，在列车无法前进的情况下，下达准许列车退行的调度命令，在得到行调的命令后，列车方可退行，行调应及时通知有关车站。

2）行调在确认后方相邻区间没有列车占用，并将后续列车扣停在后方站，方可同意列车退行。

3）列车退行进入车站时，车站接车人员应于头端墙处显示引导手信号，列车在头端墙外必须一度停车，确认引导手信号正确后方可进站。

4）退行列车到达车站后，驾驶员应及时向行调报告，同时根据行调的命令处理。

六、隧道内线路积水时的行车

巡道、巡检人员、驾驶员及其他行车有关人员在作业中发现隧道线路积水时，应立即报告行车调度员，行车调度员要及时发布限速命令，驾驶员按行车调度员下达的命令规定的限制速度运行。

七、地面车站恶劣天气下的行车作业要求

地面车站在恶劣天气条件下的行车组织，以确保行车安全为原则，车站严格执行恶劣天气下的组织预案，特别要强化站台组织、确保旅客人身安全。

1）值班站长在得到恶劣天气的信息后，应及时向全体员工发出信息通报，并对关键岗位提出安全工作要求，同时加强车站巡察工作。

2）站务人员应提前出厂接车，对接车线路接触网、路轨状况及候车乘客密切观察，发现有危及行车及人身安全情况时，应及时采取措施（按下紧急停车按钮）将列车拦停。

3）恶劣天气下，站务人员出厂作业时要加强自身防护。

1. 大风天气下作业要求

1）站务人员正确佩带工作帽，防止意外发生。

2）留意接触网是否有异物悬垂以及轨道是否有异物阻塞，并及时报告行调处理。

3）值班站长应指派专人对站台上的可移动物品进行加固。

2. 冬季雪天下作业要求

1）值班站长应及时采取防滑措施，并指派保洁人员随时对站台上的积雪进行清扫。

2）有道岔的车站应及时开启道岔加热装置。

3. 高温天气下作业要求

1）站务人员要留意乘客候车情况，保证乘客远离安全线。

2）注意自身状况，如有不适，必须及时报告上级主管以做安排。

4. 雷雨天气下作业要求

1）值班站长应指派保洁人员随时对站台上的积水进行清扫，并采取防滑措施。

2）站务人员作业时，注意防滑。

3）随时观察接触网情况，发现异常立即报告行调。

车站人员在遇恶劣天气状况下办理各项作业时除按以上要求加强管理外还应严格按恶劣天气下行车办法执行。

八、应急扣车时的规定

发生紧急事件或事故时，应执行以下紧急扣车的规定：

1）当行调需扣车时，可在MMI上直接操作并通知驾驶员和车站，或指令车站操作或通知驾驶员。

2）当车站需要扣车时，由车站值班站长（值班员）按压LCP控制盘上的扣车按钮，并及时报告行调，由行调通知驾驶员，遇紧急情况按紧急停车按钮。

3）扣车原则上是"谁扣谁放"，只有在ATS故障时，对原在MMI扣停的列车，经行调授权后由相关车站放行。

4）执行"放行"命令时，应确认列车已停稳方可操作。

【项目实施】

任务一　加开救援列车

3125次在甲站至乙站间下行线10km+200m处故障被迫停车，请求救援，利用在线运行的3127次担任救援，将故障列车送回车辆段。各站及故障列车、救援列车、车辆段所在位置如图5-1所示。

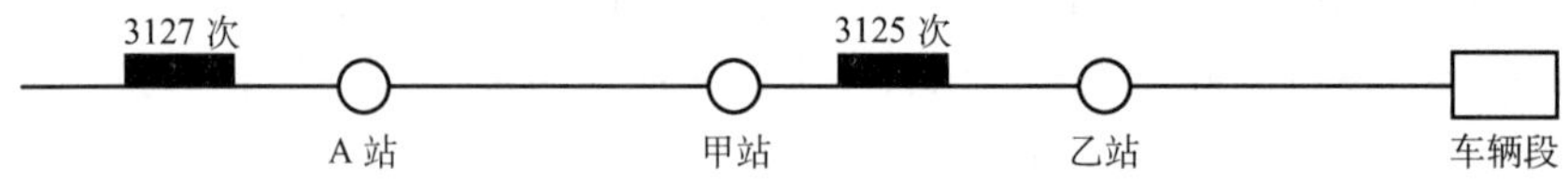

图5-1　各站及故障列车、救援列车、车辆段位置示意图

1）行车调度员接到3125次驾驶员的救援请求后，应向甲站、乙站、A站及车辆段发布开行救援列车的命令。调度命令格式如下：

<table>
<tr><td rowspan="2">受令处所</td><td rowspan="2">A站～乙站、车辆段信号楼，A站交3127次驾驶员</td><td>日期</td><td>命令号码</td><td>行调姓名</td><td>发令时间</td></tr>
<tr><td>2008.9.5</td><td>201</td><td>×××</td><td>14:25</td></tr>
<tr><td>命令内容</td><td colspan="5">①因3125次在甲站至乙站间下行线10km+200m处故障请求救援，准A站至乙站间下行线加开601次到甲站至乙站间下行线10km+200m处担任救援工作，连挂3125次后，推送到车辆段。
②601次由3127次担任，在A站清客担任救援。
③注意防护信号和安全。
④3127次到甲站下行站台待命。</td></tr>
</table>

2）待3127次运行至A站清客完毕后，以规定驾驶模式运行至甲站，等待接受进入事故封锁线路进行救援的命令。封锁命令格式如下：

<table>
<tr><td rowspan="2">受令处所</td><td rowspan="2">甲站、乙站，甲站交601次驾驶员</td><td>日期</td><td>命令号码</td><td>行调姓名</td><td>发令时间</td></tr>
<tr><td>2008.9.5</td><td>202</td><td>×××</td><td>14:35</td></tr>
<tr><td>命令内容</td><td colspan="5">①自发令时起，甲站至乙站下行正线线路封锁。
②准601次进入该封锁线路进行救援工作。</td></tr>
</table>

3）甲站与乙站不需办理行车闭塞手续，在确认发车进路准备妥当后，将封锁命令交与驾驶员作为进入封锁线路的行车凭证。601次须在距被救援列车3125次规定距离外停车，然后按照救援指挥人或3125次驾驶员的指挥进行连挂作业。

4）确认救援列车与故障列车连挂妥当后，以规定驾驶模式将故障列车推送至车辆段。

5）事故处理完毕后，行调下达甲站至乙站间下行正线线路开通的命令，恢复正常行车。

任务二　列车退行组织

1. 列车退行时，运营控制中心、驾驶员、车站的职责

（1）运营控制中心　确认列车退行方式，向驾驶员授权转换驾驶模式；确认需要退行的列车后方区间空闲，指示后续追踪列车做好站外停车的准备；下达退行指令前，已收到车站人员确认乘客处于安全状态的信息；核对退行后列车标识号是否正确。

（2）驾驶员　驾驶员须确认列车性能是否良好，动车前，确认接收到行车调度员的授权；需要退行时，驾驶员必须向行车调度员请求退行；驾驶员得到行车调度员的命令后方可退行；退行前，驾驶员须向乘客做好安抚广播；进站时加强瞭望；无反向停车标的车站，参照邻线停车标对标停车。

（3）车站　确认站台乘客处于安全位置，并向行车调度员汇报；向站台乘客及时作好广播。

2. 列车退行作业程序

（1）行车调度员

1）通知列车退行目的地车站的值班站长有关退行的安排，确保涉及退行的路段上没有其他车辆占用及列车经过的信号机显示危险信号，实施适当保护方法以保障退行时列车的安全。

2）指示列车驾驶员及副驾驶员前往尾端的驾驶室，并进行无线通信设备测试，以确保通信功能正常。

3）授权列车驾驶员以 ATP 固定非限速人工驾驶模式行驶至目的地，并提醒列车驾驶员沿途必须留意道岔的位置及站间的状况，确保列车驾驶员清楚退行的安排。

4）当完成退行，指示列车驾驶员进一步的行动（例如列车清客），当事故处理完毕后，安排恢复正常行车。

（2）列车驾驶员

1）清楚退行安排后，必须复述行车调度员的指示以作确认。

2）按行车调度员的指示，协同副驾驶员前往尾端的驾驶室准备，进行无线通信设备测试，以确保通信正常。

3）得到行车调度员授权后，以 ATP 固定非限速人工驾驶模式开往目的地，沿途要间歇地鸣笛，并需在副驾驶员的协助下留意线路、道岔的位置是否与行车调度员的指示相符，是否出现突发情况；如发现不正常情况，必须立刻停车，先向行车调度员报告及求证，方可继续行车。

4）当到达目的地的站台并完成列车清客后，留在车内等待行车调度员进一步的指示。

（3）值班站长

1）当得到行车调度员列车退行的指示后，退行目的地车站值班站长必须安排启动站台控制板的紧急停车按钮，安排车站人员在有关站台的头端墙处显示引导手信号接车，在尾端墙向着退行列车驶来的方向显示停车手信号。

2）退行列车停在站台后，协助驾驶员清客。当列车完成清客后，按行车调度员的指示办理。

任务三 屏蔽门、车门夹人夹物处理

1. 处理原则

（1）安全第一 夹人夹物事关乘客和行车安全，任何时候都要在确保安全的前提下妥善处置。

（2）服务至上 树立强烈的乘客服务理念，尽可能为乘客提供便利，做好乘客的安抚工作。

（3）就地处理 行车岗位在已知夹人夹物的情况下，必须立即处理，不得延误，在区间则立即停车处理。

（4）及时汇报 驾驶员、站务人员需及时准确汇报处理过程和结果，行调做好相应指导和监控。

2. 车门、屏蔽门夹人夹物处理要点

（1）列车未起动时站台工作人员的处理要点

1）发现列车车门/屏蔽门夹人夹物，立即就近按动紧急停车按钮，向驾驶员显示停车手信号。

2）在赶赴现场查看的同时将情况报告车控室。

3）示意驾驶员重新打开车门/屏蔽门。

4）将人或物撤出后，向车控室报告，并同驾驶员显示“好了”信号。

5）值班站长到场后，协助调查处理。

（2）列车已动车时站台工作人员的处理要点

1）发现列车车门/屏蔽门夹人夹物，列车已起动，应立即就近按动紧急停车按钮。

2）立即将情况报告车控室，停车后如列车尚未出站，应前往夹人夹物现场了解情况和处理。

3）如列车未停止运行，应立即报车控室。

任务四 轨行区拾物处理

1. 轨行区拾物处理原则

1）发现乘客物品掉落轨道首先确认物品是否影响行车。如物品影响行车，则必须马上将物品取走，如情况紧急，则按压紧急停车按钮；如不影响行车则应按行调安排将物品取走。

2）使用夹物钳时，应注意不要高举钳子，以免与接触网接触，危及安全。

3）取物时要向行调请点，得到行调同意后才能实施，并做好安全防护，疏散周围围观乘客。

4）打开屏蔽门时要做好该门的安全隔离工作，防止乘客误进入该屏蔽门，而发生乘客掉落轨道危及乘客安全的事故。

2. 轨行区拾物站台工作人员处理要点

1）接到乘客通知后马上将情况报告车控室，并安抚乘客。

2）立即到现场查明情况，向车控室汇报情况。如影响行车，则按压紧急停车按钮。

3）尽快拿夹物钳、隔离带到现场，隔离该处屏蔽门；得到值班站长指示后，用钥匙打开该屏蔽门，到物品掉落处将物品夹起。

4）得到值班站长指示后，恢复屏蔽门的使用，撤回隔离。

任务五　车站紧急停车按钮的操作

当遇紧急情况发生，如有人（物）坠落路轨或夹人夹物开车，将导致行车安全事故时，车站人员或乘客可以使用紧急停车按钮（不须报告车站值班员和行调），对所辖范围内的在线列车进行紧急停车控制。

1）遇紧急情况时，站务人员或乘客可以使用站台紧急停车按钮对列车进行紧急停车控制，防止意外情况的发生。站务人员或乘客需要用小锤的尖端砸碎玻璃并立即按下红色按钮。

2）当车控室工作人员通过监视器发现紧急安全情况或接到紧急安全通知时，可以使用车控室内的紧急停车按钮，车控室的紧急停车按钮箱没有配备小锤，没有玻璃，可以直接按下按钮。

3）车站督导员按下紧急停车按钮后，或在SCC中发现紧急停车按钮被按下后（包括信号设备集中站发现其所属控制站的紧急停车按钮被按下后），须立即报告行调。

4）在事故处理完毕后，确认线路全部出清，具备行车条件时，报告行调后，信号设备集中站督导员可通过SCC进行恢复；非信号设备集中站督导员通知其所属的控制站督导员通过SCC进行恢复。

车站人员发现站台紧急停车按钮箱上的小锤子丢失后应立即告知值班站长，由值班站长上报车务部安全技术室，及时进行补充。

任务六　LCP盘的操作

1. 紧急停车

有效操作紧急停车的前提条件是列车以SM、ATO及AR模式驾驶。紧急停车有效的区段范围是行车组织规则中规定的区段。在必要时，站务人员或乘客可以按压站台的紧急停车箱里的按钮，或行车值班员（值班站长）按压LCP盘上的紧急停车按钮。

在LCP盘上对紧急停车的操作步骤如下。

1）在LCP盘上按压相应的停车按钮。

2）LCP盘上相应的紧急停车指示灯亮红灯，并发出电铃报警声音，同时在LOW上相应的站台区段出现红色蘑菇闪烁。

3）执行切除报警操作，按压相应的切除报警按钮，消除报警声音。

危及行车或人身安全的情况消除后，在LCP盘上切除紧急停车功能，操作步骤及现象如下。

1）在LCP盘上按压相应的取消紧停按钮。

2）LCP盘上相应的紧急停车指示灯灭，并发出电铃报警声音，同时在LOW上相应的站台区段的红色蘑菇灯消失。

3）此时应执行切除报警操作，按压相应的切除报警按钮，消除报警声音。

若是在站台上操作紧急停车按钮，LCP盘上相应的紧急停车指示灯亮红灯，并发出报警声音，同时在LOW上相应的站台区段出现红色蘑菇灯闪烁。当执行切除报警操作后，电铃报警声音消除。当需要切除紧急停车功能时，在LCP盘上按压相应的取消紧停按钮，LCP盘上相应的紧急停车指示灯灭，并发出电铃报警声音，同时在LOW上相应的站台区段的红色蘑菇灯消失。当执行切除报警操作后，电铃报警声音消除。

2. 在LCP盘上进行扣车

有效操作扣车的前提条件是：①列车以SM、ATO及AR模式驾驶。②列车未进入站台或停稳在站台时运营停车点未取消。扣车的有效区段是站台区段。

（1）“扣车”操作的步骤　在LCP盘上按压“扣车”按钮，LCP盘上相应的扣车指示灯红灯闪烁（注：如果是OCC扣车，LCP盘上相应的扣车指示灯为稳定红灯），同时在LOW上发生B类报警，记录了对应的站台区段的扣车提示内容，并发出报警声音，此时应点击LOW基础窗口上音响按钮，消除报警声音。

（2）“放行”操作的步骤　在LCP盘上按压“取消扣车”按钮，LCP盘上相应的扣车指示灯灭，然后再按压相应的“扣车”按钮一次（复位），最后再按压相应的“取消扣车”按钮一次（复位）。同时在LOW上对应的B类报警的第三栏有“扣车恢复”的提示信息。

（3）扣车的原则　如果LCP盘上运营停车点指示灯亮黄灯，扣车操作有效。在ATS系统正常时，如果LCP盘上运营停车点指示灯黄灯灭（如果只是黄灯指示灯灯丝断，可以进行扣车操作），扣车操作无效，因为此时运营停车点已被取消。在ATS系统故障时，信号系统将自动进入RTU降级模式或LOW人工控制模式，此时只要运营停车点未取消，扣车操作有效。

注意：LCP盘由行车值班员（值班站长）负责操作，其他无关人员不得进行操作。车站操作LCP盘后应及时汇报行调，并及时通知驾驶员。

【复习思考题】

1. 救援列车进入封锁区间的行车办法是什么？
2. 在实施救援中有何规定？
3. 客车推进运行的规定是什么？
4. 列车反方向运行的行车办法是什么？
5. 列车退行有何规定？行车办法是什么？
6. 应急扣车的规定是什么？
7. 乘客的物品掉落轨道时如何处理？
8. 车门、屏蔽门夹人夹物时如何处理？

项目六　施工及工程列车的开行

【知识要点】

1. 施工组织管理。
2. 工程列车开行规定。

【项目任务】

1. 明确施工组织管理内容，了解施工作业环节。
2. 掌握工程列车开行办法。

【项目准备】

1. **场地、工具准备：**列车运行组织模拟仿真系统、沙盘、仿真列车、各种登记表簿、联系电话等。

2. **人员安排：**学生按车站数分组，安排行调1人，每站有行车值班员、站务员各1人。

【相关理论知识】

城市轨道交通行车设备由轨道、供电、机电、信号、通信等十多个专业组成，各专业设备都要按照检修周期与工作内容进行检修，以确保行车设备处于良好的运营状态，保证轨道交通行车安全。城市轨道交通由于行车间隔时间短，列车密度大，在运营时间内无法像铁路那样在运行图上开“天窗”进行施工维修，故城市轨道交通的施工都是利用运营结束后的非运营时间进行，并且必须于运营开始前规定的时间结束。

夜间施工是城市轨道交通系统生产活动的重要组成部分。由于检修工作都集中在同一个有限的时间、空间内，这就要求必须有严格的统一计划、统一指挥、统一组织、统一协调的管理手段及协调部门，处理好调度、车站、行车、检修等方面的关系，以确保设备检修和工程施工工作做到安全、优质、高效。对行车调度部门来说，既要按照批准的施工计划保证设备维修更换、线路扩建工程等夜间施工任务顺利完成，又要保证次日运输生产能正常进行，所以施工时的行车组织必须按有关规定严格执行。

一、施工计划的分类

1. 施工计划按时间分

以国内部分城市轨道交通系统为例，施工计划按时间可分为周计划、日补充计划及临时补修计划。

（1）周计划　对于下列情况中属正常修程内的应提报周计划。

1）客车在正线调试工作。

2）开行工程列车（含轨道车）的检查、维修、施工、运输作业。

3）影响行车的设备检查、维修、施工作业（如：在设备房或传输通道进行的通信、信号、接触网供电、洗车机等设备的检查、维修、施工作业，影响或可能影响设备使用时）。

4）需要进入正线及辅助线的检查、维修、清洗、消杀、施工作业。

5）屏蔽门的检查、维修、清洁、保养、施工作业。

6）需要接触网停电的检查、维修、施工作业。

7）需要进入车厂行车线路（含设备限界内）、车厂变电所的检查、维修、施工作业。

8）不进入线路，但需其他部门配合的作业。

9）不进入线路，但需进入车站各设备房的检查、维修作业。

（2）日补充计划　因设备检修需要，对在周计划里未列入的需进行补充的计划或周计划中需调整变更的计划及周计划内日作业项目的变更计划，称为日补充计划。

（3）临时补修计划　运营时间内发生行车设备故障需抢修的或临时抢修后需在运营时间外继续进行的行车设备维修作业，应提报临时补修计划。

2. 施工计划按施工的范围及性质分

（1）影响正线、辅助线行车的施工　开行工程车的施工作业、接触网停电作业、车站范围内影响行车设备的施工作业，均须经行车调度员批准，方可进行。

（2）在车厂线范围内的施工　此类施工作业须经车厂运转值班员同意后方可进行，如影响正线行车须报行车调度员批准。

（3）在车站范围内进行不影响行车的施工作业　此类施工作业若由公司内部单位进行施工，须经车站批准；若由外部单位施工，须经涉外单位生产管理的职能部门同意，与有关车站或车厂协调，经车站或车厂批准后方可进行。

二、施工计划的编制、申报和审批

1. 施工计划的编制原则

1）周施工作业计划的安排应确保在安全的前提下考虑均衡性，避免集中作业。

2）处理好列车的开行时间和密度、施工封锁等几方面的关系，避免和克服抢时、争点现象。

3）施工作业系统计划内的各项作业应注明施工日期、作业起止时间、作业内容、作业区域、负责人、安全事项、是否停电及其他应说明的问题。

4）确保计划的严肃性，规定日补充计划不能超过周施工计划数的一定比例。施工计划一般需要各工种的相互配合和协调，合理安排，不得随意变更。

2. 施工计划的申报

周计划由申报部门填写申请单，由归口单位收集并协调后，交到施工管理工程师处，并在施工统筹会上统一批复；日补充计划，由于特殊原因，施工单位需要在《车务通告》截稿后向施工管理工程师申请施工，采用日补充计划形式（例如申请时日不够，须延日完工的施工作业等）；临时补修计划，适用于紧急抢修情况，不受周计划及日补充计划所限制，此计划将予以优先处理。临时补修计划分为运营期间的补修计划和非运营期间的补修计划，运营期间的补修计划由 OCC 或车厂调度员根据抢修需要直接在施工作业管理系统中增加作业（增加作业即为批准作业并可开始施工，OCC 或车厂调度员在增加作业时必须确认作业区域出清或将列车扣停在相应区间并下达不准动车的命令）。非运营期间的补修计划由各部门的车间工程师提报并录入施工作业管理系统，提交后电话通知 OCC 或车厂调度员审批

(属正线抢修的报OCC；属车厂范围内抢修的报车厂调度员；在车厂范围内但影响列车出入车厂的抢修需报OCC确认)。一般情况下施工计划以周计划形式进行审批，如有充分理由可申请日补充计划，如属于紧急抢修情况可申请临时补修计划。施工单位申请施工时需填写施工计划申请表，施工计划申请表见表6-1。

表6-1　施工计划申请表

填报单位（盖章）：　　　　　填报日期：　年　月　日　　　　　填报人：

作业日期	作业部门	作业时间	作业内容	作业区域	接触网供电安排	防护措施	施工负责人	备　注

说明：1. 此表一式两份，一份填报单位留存，一份交对口部门的专业工程师。
2. 填报单位必须加盖公章。
3. 在备注栏中应注明需配合的部门及可能影响的范围等事项。
4. 填报单位没有符合资格的施工负责人应由对口部门指派。

3. 施工审批

组织施工部门召开施工统筹会，由施工管理工程师主持会议，施工单位、相关部门代表和各专业工程师参加。主要内容包括：总结和处理上一周施工中出现的问题；施工申请经各方代表商讨后由施工管理工程师负责审批，施工管理工程师对工程统筹会议上未能解决的问题进行协调；周计划施工申请在每周施工统筹会上由各相关部门签署各自意见，并与施工单位及各专业部门进行必要的协商。施工统筹会结束后，施工管理工程师将下周的施工项目进行汇总，将《车务通告》通过局域网、E-mail、传真等形式下发到各相关部门，施工申请单由各归口单位派人取回。如因故施工不能批准，应在申请单上注明不予批准理由，并由施工管理工程师负责向施工单位解释，各相关部门有权根据施工内容提出任何合理化的意见及建议，施工单位必须按照申请单上的内容执行。施工单位有权对相关部门意见有疑义，有权与各相关部门进行沟通，施工单位如确实有困难，可向相关部门进行说明并争取协助解决。

三、施工组织管理

由于城市轨道交通施工作业涉及面广，参与作业的人员较多，对次日的行车作业能否顺利安全进行有较大影响，故必须加强施工组织管理。

施工组织管理包括设立施工领导小组，严格审批施工计划，安全组织施工及加强施工安全防护等方面。

1. 设立施工领导小组

为加强对维修、施工作业的管理，城市轨道交通运营公司须成立施工计划协调管理小组，成员主要包括行车、设备、车辆、安全监察等部门人员。施工领导小组的职责是负责审批施工计划，发布施工计划，组织召开施工协调会，协调解决施工、运输及安全问题，并负责施工现场的组织协调工作。

2. 施工组织实施

施工组织实施主要包括确定施工负责人、施工批准权限、具体施工时间的登记及注销(即施工请销点)、施工过程中的安全防护等方面。

（1）确定施工负责人　一般城市轨道交通企业施工项目必须有施工负责人，其职责是：负责办理该组作业请销点手续；负责该组作业人员、设备的安全管理；负责作业过程的组织指挥；负责及时与车站、车厂联系作业有关事项；组织设置、撤销作业安全防护设施（接触网停电及挂地线由电调组织）；负责恢复施工所涉及设备的正常状态；负责出清作业区域。施工负责人应具备的条件是：须经过严格培训和考核认证，熟知施工相关内容；熟悉该项作业的性质、内容、方法、步骤、要求等；具备该项作业相关的安全知识和技能。同时施工队伍必须具有相关资质认证，有一定的专业技能。

若同一施工项目需多个作业点进行，则该施工项目除配备施工负责人外，各点（辅站）的施工需配备站（点）施工责任人，站（点）施工责任人在辅站办理进厂作业登记和负责该作业点施工的组织、安全和管理。两者都须经过培训后取得安全合格证，并实行持证上岗制度。由于轨道交通行业的特殊性，所有劳务工上岗前必须经过安全教育，并对所从事的工序进行培训，经施工负责人签字认可，方能上道作业。

（2）施工批准权限　根据施工作业地点和作业性质，施工前必须办理相应批准手续才能动工。影响正线、辅助线行车的施工作业，须经行调批准；在车辆段（车厂）内的施工作业须经车厂调度批准，如影响正线行车须报行调批准；在车站内不影响行车的施工作业，内部单位施工作业须经车站批准，外部单位施工作业按外单位工程施工作业管理，须经车站批准。

（3）施工请点及销点规定　施工作业必须向行车调度员（或车厂调度员）请点生效后方可开始动工，施工完毕后线路出清必须向行车调度员（或车厂调度员）销点。

1）请点规定。施工负责人需持《施工作业令》原件（非作业请点站登记可用《施工作业令》复印件或传真件）到车站控制室或车厂信号楼填写“施工登记表”请点，经行调（或车厂调度）同意，请点生效后方可开始施工。如遇作业区域同时包含车厂线路和临近车厂的正线时，施工负责人到车厂信号楼值班员处请点，车厂调度员在审核批准该项施工作业时，还须电话报行车调度员批准，征得同意后，方可允许施工作业人员开始施工。运营期间临时抢修计划的请点规定是：抢修施工负责人接到抢修的命令后直接赶赴车站控制室（车厂信号楼），车站值班员（车厂信号楼值班员）登录系统，看到经行车调度员（车厂调度员）批准的可以施工的施工登记后，通知抢修施工负责人进入抢修地点抢修。

注：《施工作业令》是施工请销点的凭证，已签发作业令的作业方可在车站行车值班员（车厂信号楼值班员）以及行车调度员（车厂调度员）的页面上显示，并进行请销点作业。

2）销点规定。所有施工作业都必须按计划规定的时间完成并销点，运营期间的抢修计划在作业完成并线路出清后应及时通知行车调度员（车厂调度员）销点。作业区域同时包含车厂线路和正线的施工销点，施工负责人在作业区域出清后，到车厂信号楼销点，车厂调度员在办理销点手续时必须报告行车调度员施工结束。一项作业多组作业人员请点的，所有请点都必须进行销点，当请点站数与销点站数相等时，行车调度员才能核销点，行车调度员核销点后该项作业结束。

特别注意需异地销点时，施工负责人（责任人）应在“车站施工登记表”备注栏中注明异地销点的地点和人数。登记进入施工的车站要及时通知异地销点的车站值班员。当施工作业结束后，施工负责人向登记的销点站登记销点，销点站经与施工负责人核对销点的施工内容、施工人数、地点，并向请点站核对无误后，准予销点。请点站负责向行调报告销点。

（4）施工安全防护规定　施工作业的一个重要内容是对施工区域进行安全防护，确保施工作业人员的人身安全。轨道交通施工事故很多是由于施工防护疏漏造成的，因此，施工安全防护必须有严格的规定。

需停止接触网供电的施工作业，由电调负责停止相关作业区域的供电，需挂接地线的作业必须由具备操作资格的供电操作人员在作业区域两端挂好接地线，并设置红闪灯防护。站内线路施工时，由施工负责人在车站两端墙外轨道上设置红闪灯防护；在站间线路施工时，由施工负责人在作业区域外的两端轨道上设置红闪灯防护，如两端车站在靠近作业区域一侧的端墙处看不清红闪灯时，车站负责在靠近作业区域一侧的端墙处站台上设置红闪灯防护。站间线路施工前，由请点车站通知作业区域另一端车站值班员施工线路占用情况，施工时两端车站检查是否需车站放置红闪灯防护；施工销点后，销点车站通知另一端车站施工结束，两端车站各自撤除本站设置的红闪灯，车站值班员安排人员到站台不定期检查红闪灯是否按规定摆放及红闪灯状态是否良好。车厂内的施工防护可参照车站的施工防护规定办理。

当施工作业人员、工程车在同一区域作业时，施工负责人与车长根据现场情况协调组织，按施工前进方向使列车在前，人员在后，原则上不得颠倒或列车运行前后都有作业人员。非随车施工人员与列车应有 50m 以上的安全间隔距离，原则上列车不得后退，如确需动车应经施工负责人和车长协商同意后才能动车，同时作业人员应在自己现场作业区来车方向设置红闪灯防护。

凡进入线路施工的施工作业人员必须按要求穿荧光衣，并根据作业性质及作业要求使用其他安全防护用品。

3. 施工作业组织

（1）入站及站外周界施工作业流程　入站施工前由施工负责人持“施工作业申请表”到施工的车站，车站当班值班站长根据车站运营及安全情况合理安排施工，并在车站的“施工登记簿”上进行登记请点，值班站长了解施工内容，根据车站具体情况对施工人员进行有针对性的安全教育，如：站台施工不得越过黄色安全线，与接触网保持安全距离等，并要求施工现场负责人在《入站施工协议》上签字。施工负责人应向车站出示有效证件证明其身份，并在“施工控制卡”上签认后方可进行作业。如施工可能会对车站内设备使用造成一定影响，施工负责人应在施工前向车站人员讲明。登记后，施工人员与车站人员应进行联系方式的确认，然后车站人员仔细对照批复的施工计划，再根据车站实际情况，确认无安全隐患后，同意施工。

公司维修部各部室人员入站施工时，必须持公司有效证件（如：员工证等）。对一般进站维修的施工（不涉及危险作业），维修部各部室人员不需向车务综合室申请，车站值班站长应根据车站情况安排施工，施工人员应在“施工登记簿”上进行登记，并在“施工控制卡”上签认后即可进行作业。

对于车站内紧急报修施工项目，在施工单位来进行紧急抢修时，车站人员应与维修部或指挥部确认，值班站长应向施工负责人了解具体施工内容、影响范围等，根据车站具体情况安排施工，无需向车务综合室申请。一般情况下非乘降客站白天作业，有乘客乘降的车站运营行车时间结束后施工。

施工负责人应将施工时间控制在计划时间内，如因特殊情况未能及时完成，必须向车站值班员申请续点，延长施工时间，并在“施工登记簿”上和“施工控制卡”中登记。且车站人员应不定时对施工情况进行巡察，发现异常情况应立即暂停施工。所有入站及站外周界的施工区域，应有隔离设施隔离。所有站台施工，施工人员及工器具、材料不得越过黄色安全线；并与接触网保持安全距离。值班站长应根据车站实际情况，在保证运营和安全的条件下，及时了解工作进度及工作要求，合理的安排施工，并加强巡视。

当日施工结束后，施工单位必须将施工所用的工器具、施工材料、施工后的废料清理干净，如必须将施工工具、材料放在车站未开放的站厅，并由值班站长指定位置。存放的物品必须摆放整齐，且不得有易燃、易爆等危险品。在乘降客站施工的单位必须将临时用电的设备、电线撤离现场。如值班站长在白天巡站时发现有未撤离的临时用电设备、电线，应及时与机电室联系。施工负责人必须会同值班站长对施工项目进行查验，确认良好后才可以结束。

所有站外周界内的施工，应保证车站安全通道的通畅，当日施工结束后施工单位必须将施工所用的工器具、施工材料、施工后的废料清理干净，保证站外周界内的整洁。

施工负责人负责施工现场的出清工作及恢复设备的正常使用，施工结束后，由施工负责人在“施工登记簿”上销记，归还“施工控制卡”。车站人员确认施工销记内容无误，注销手续符合要求后，方可确定施工正式结束。

（2）入轨及轨旁施工作业流程　施工负责人于施工前持“施工作业申请表”到施工车站，值班站长对照批复的施工计划确认无误后，在车站的“施工登记簿”上进行登记请点并在“施工控制卡”上签认，进行联系方式的确认，然后由车站向 OCC 汇报。施工负责人应向车站出示有效证件证明其身份，并在“施工控制卡”上签认后方可进行作业。OCC 根据当时行车及施工情况，决定是否进行此项施工，并给车站一个上线施工许可证号，同意施工。

值班站长详细了解施工内容后，根据具体施工内容对施工人员开展有针对性的安全教育培训，及入站施工的相关规定，并在《入站施工协议》上签字。施工中由施工负责人负责现场施工的安全，施工安排等，关于采取的安全措施由车站值班站长进行检查。对于下路轨的施工作业，值班站长应检查施工单位是否采取安全防护措施，如：戴安全帽、穿荧光衣、设专人防护、进行通讯测试等。如施工单位未采取安全措施，值班站长应立即停止施工作业。

施工负责人应将施工时间控制在计划时间内，如因特殊情况未能及时完成，须通过车站值班员向 OCC 申请续点，并在“施工登记簿”上注明。施工负责人负责施工现场的出清工作及恢复设备的正常使用。施工结束后，由施工负责人在“施工登记簿”上销记，归还“施工控制卡”。车站人员确认施工销记内容无误，注销手续符合要求后，方可确定施工正式结束。车站值班员在施工负责人销记后，向行车调度员汇报施工完毕，行调进行相应的登记销点。下路轨施工在运营电客车回段后开始施工，运营电客车出段前半小时结束施工。

如果进出施工现场的车站不一致（假使施工单位从 A 站入，从 B 站出），作业流程中还应遵守以下规定：

1）在车站“施工登记簿”上进行登记时，在备注一栏中注明即将从哪个车站何时离开现场。

2）施工人员开始作业后，A 站值班员与 B 站值班员联系，B 站值班员记录在 B 站“施工登记簿”上，并在备注中标明施工从 A 站入。

3）如施工中出现问题，施工负责人与 A 站值班员联系。

4）施工结束时，施工人员确认线路出清及设备使用良好，从 B 站办理销记手续。

5）B 站的值班员打电话给 A 站值班员说明施工已结束，施工人员已经离开施工现场，并由 A 站向行调报告。

施工负责人必须接受 OCC 或车站人员的任何合理的附加防护要求，车站及 OCC 有权拒绝或停止任何不安全的施工活动。现场施工作业场面如图 6-1 所示。

图 6-1　现场施工作业场面

4. 运营时间内特殊情况的施工规定

城市规定交通系统的施工作业一般均利用末班车通过运营结束后的非运营时间进行并必须于次日开站运营前规定时间全部结束。

特殊情况当正线、辅助线运营时间内发生各类设备故障或事故需封锁区间抢修时，由行调负责组织故障情况下的行车，并根据维修调度要求组织相关问题的处理。具体规定如下：

1）行调向有关站发布封锁区间的命令，需要时通知电调停电。

2）维调得到行调的封锁命令号码、范围和时间后，封锁的区间交由维调控制。维调负责组织封锁区间内的设备抢修工作，并指定一名施工负责人为现场指挥。

3）抢修完毕，施工负责人确认线路出清后报维调，维调在相应报表上签认恢复行车时间，将该封锁区间交回行调解封，组织列车运行。

4）遇车辆在线上的救援工作涉及系统设备，由分管的电调、环调或维调向值班主任提供技术支援，包括影响范围、预计处理（开通）所需时间、变更的运行模式（指系统设备）、处理进展情况、达到开通条件时的报告。

5）维修人员进入隧道前，须先到车控室办理有关手续，行调批准并落实安全防护措施后，方可进入隧道。

当进入站台或靠近站台的第一个轨道电路区段线路进行施工时，施工负责人按规定放置红闪灯进行防护；车站使用紧急停车按钮对相关轨道区段进行施工防护，同时行调把列车扣停在前方站，以保证进入轨道人员的安全。

当运营时间内到区间隧道抢修行车设备时，若需搭乘客车，应经控制中心值班主任批准，由维调组织好抢修人员按行调指定的车次上车，驾驶员在故障点前停车，维修人员从驾驶室门下车进入轨道，尽快进入水泵房等安全地带；未经行调同意，在水泵房的维修人员只能在水泵房内作业，严禁进入行车限界，影响行车及人身安全。需从区间返回车站时，维修人员使用无线电话通过维调向行调申请，由行调安排列车接应。

若在运营时间内出现设备故障或由于运营需要需下路轨进行紧急施工作业时，则由OCC统一安排，利用行车间隔进行施工，由行车调度员通知在线驾驶员施工具体地点，运行中加强瞭望、注意行车安全。

巡道是城市轨道交通企业一项非常重要的工作。巡道主要检查轨道各组成部分（钢轨、道岔、扣件及鱼尾板等）及线路状况，发现情况进行相应处理，确保线路次日保持良好的运营状态。如有工程车开行时，必须要确保施工和巡道工作的安全。

四、工程列车的开行

1. 工程车种类

工程车包括：钢轨打磨车、轨道起重车、接触网放线车、接触网架线作业车和平板吊车。钢轨打磨车如图6-2所示、轨道起重车如图6-3所示、接触网放线车如图6-4所示、平板吊车如图6-5所示、接触网架线作业车如图6-6所示。

图6-2 钢轨打磨车

图6-3 轨道起重车

图6-4 接触网放线车

图 6-5　平板吊车

（1）钢轨打磨车　打磨轨道轨头表面不均匀部位用的钢轨打磨车，包括支承在轨行机构上的机架和通过高度调节驱动机构与机架相连的、利用带缘滚轮能在钢轨上滚行的导向框架。

（2）轨道起重车　一种铁道起重车，其特征是在铁道起重车上装有一个支撑走行轮对，轮对上装有两端分别与车架和轴承相连的液压油缸，当起重车吊重移动作业时，液压油缸将该轮对压在轨道上起支撑作用，同时控制轮对两端的液压电动机即可实现吊重行走。

图 6-6　接触网架线作业车

（3）接触网放线车　适用于施工、维修时接触网导线和承力索的架放线作业。可与接触网架线作业车编组组成架放线作业车组，主要用于接触网导线和承力索的架线、张力放线和紧线等作业，具有灵活、方便、可靠等特点。

（4）平板吊车　适用于吊装和运输钢轨、轨枕等各类物资。该车由平板车和液压起重机组成，液压泵可直接由柴油机驱动，也可由电动机驱动。

（5）接触网架线作业车　适用于接触网的检修作业，也可作为牵引车使用。功率大、速度高、牵引性能好、操作简单。装有旋转式升降平台，平台上下各设一套控制装置，通过转换开关转换并互锁。安装紧线柱和紧线装置后即为接触网架线作业车，可与接触网放线车编组组成架放线作业车组。

2. 工程车的运行速度限制

各城市轨道交通公司关于工程车的运行速度限制各不相同，大都是根据各自的具体情况而确定，并在《行车组织规则》中做出规定。如深圳地铁公司工程车运行速度规定，见表 6-2。

天津轻轨公司工程车运行速度规定：工程车在正线运行速度为 60km/h。工程车在进站、出站、运行至曲线路段前，站内或区间动车前均须鸣笛示警。如不停站台，则经过站台的列车速度不能超过25km/h。

表6-2 工程车运行速度

序号	项目	机型	速度/(km/h)		说明
			推进	牵引	
1	正线运行	GKOC	35	45	通过车站或侧向过岔30km/h
2	车厂内运行		25		各种机型

3. 工程车进入工程区域的原则

原则上工程车的工程区域内不再安排其他路轨施工，如因紧急情况，有施工单位需要在工程区域内施工，直接向该工程区域负责人申请施工即可。工程区域负责人与施工负责人联系，根据具体情况安排工程区域内的施工。即工程区域负责人负责工程区域内各单位的协调及安全。如是工程车需经过其他施工区域时，由工程车施工负责人与该工程区域的施工负责人联系，确认具备条件后再通过该施工区域。

施工人员在有工程车开行的施工区域内施工作业场景如图6-7所示。

图6-7 施工人员正在有工程车开行的施工区域内施工

4. 工程列车开行的有关规定

工程车的开行对轨道交通的行车安全有较大影响，故开行工程车须制定相应的规定并严格执行。

1）工程列车可以牵引运行，也可推进运行，按正常列车办理，尾部必须挂有标志灯。在工程列车中所有车辆的制动机应全部加入列车的制动系统，编入工程列车中的车辆不得有关门车。

2）车长负责检查工程列车中车辆编挂条件。

3）工程列车开行时，挂有装载货物高度超过轨面3800mm的车辆时，接触网必须停电。

4）工程列车出车厂时，应在出厂信号机前一度停车，确认信号机开放正确后方可动车。

5）车站原则上不用接发工程列车，但开行装载有超长、超限、集重货物的工程列车时，车站须派员工在站台监督运行，发现危及行车安全时，应及时报告和显示紧急停车信号；工程列车在运行中驾驶员、车长通过无线电台或无线便携台加强与行调联系，掌握运行计划，确认运行进路。

6）工程列车编挂平板车时，原则上不准安排在正线进行甩挂作业，因施工或装卸货物的特殊需要，可安排在中途站甩下作业，但要制定足够的安全防护及防溜安全措施，返回时要挂走，在区间不准安排平板车甩挂作业。

7）与运营时间内客车进路由ATC系统的ATS子系统自动排列不同，工程车进路排列由行调负责。行调在指挥工程车运行时要在“施工作业登记簿”上严格确认工程车运行前后有无施工作业并在ATS的人机接口MMI上确认工程车运行的前方进路。

8）一个封锁区内只准有一列工程车运行。在区间或非联锁站作业后折返时，凭调度命令行车。

9）待施工结束后，再开通相关线路，安排工程列车回车厂；工程车必须严格按照划分的区域进行作业，并在规定时间前离开作业区；车长负责线路出清检查并报告行调，封锁区域工程车的运行由施工负责人负责指挥。行调应掌握工程车的运行，了解装卸作业进度，检查工程车进出工程区域的情况，确保安全。

【项目实施】

任务一　施工组织实施

1. 无请销点系统的登记施工

1）施工负责人于施工前持施工批复件到施工点车站，在车站的“施工登记簿”上进行登记请点。

2）车站值班员接到施工负责人的登记后，对照批准的施工计划，核对无误后，向行车调度员申请施工命令。

3）行车调度员按照批准的施工计划及当时的列车运行情况，做出是否可以施工的决定，并以调度命令的形式发给车站值班员，应包括施工时间及施工范围。

4）车站值班员接到行车调度员的命令后，在“施工登记簿”上签字，同意施工。

5）施工负责人在车站值班员签字后，即可开始工作。

6）施工负责人应将施工时间控制在计划时间内，如因特殊原因未能及时完成时，必须通过车站行车值班员向行车调度员申请续点，并在“施工登记簿”上登记。

7）施工结束后，由施工负责人在“施工登记簿”内销点。

8）车站值班员在施工负责人销点后，向行车调度员汇报。

2. 有请销点系统的请点办理

在车站登记施工时的请点程序及操作：

1）施工负责人在施工开始前规定时间到车控室请点，行车值班员核对施工负责人资格证与请点人无误后，由车站值班员登录施工作业管理系统，点击相关作业项目的预请点按钮。

2）由施工负责人输入工号和密码，打开施工作业令，车站值班员填写相关内容后，车站值班员和施工负责人共同确认作业令各项内容正确，点击“增加请点”，送行车调度员批准。

3）行车调度员确认具备施工条件后批准施工（行车调度员是对某项施工进行审批，而不是对某个预请点站进行审批，行车调度员确认所有预请点站符合所在的作业区域以及该项作业的作业区域出清后批准施工），系统自动生成施工承认号，车站值班员和施工负责人共同确认行车调度员批准施工后，方可进入作业区域。

若是在车厂登记施工，则是到信号楼通过信号楼值班员请点，其他程序与在车站登记一致。

3. 有请销点系统的销点办理

到车站控制室销点程序及操作：

1）施工作业完毕，施工负责人确认作业区域出清后（包括人员出清），到车站控制室销点。销点可不受请点站的限制，可本站销点也可异地销点（异地销点时应在完成情况栏中注明销点站名）。

2）销点时，车站值班员核对施工负责人资格证与销点人相符，由行车值班员登录系统，与施工负责人核对要销点的作业代码后，点击销点按钮。

3）由施工负责人输入与请点时输入的工号和密码一致时，打开施工作业令，作业令将出现销点按钮，行车值班员填写好完成情况后，点击销点按钮，该施工负责人的销点完成。

若是到车厂信号楼销点，则程序与在车站控制室销点一致。

任务二 特殊施工作业

1. 接触网停电施工作业操作步骤

1）当车站本日有接触网停电进行施工作业的计划时，应确认无其他必须带电施工与该接触网停电施工冲突的情况。

2）运营结束后施工人员到相应车站办理施工申请手续，行车值班员核对施工计划，确认需接触网停电后，向行车调度员申请接触网停电施工。

3）行车调度员通知电力调度员指挥办理停电事宜，行车调度员在确认接触网停电后发布准许施工的命令。

4）施工结束后施工负责人到车站登记注销施工并申请接触网送电，行车值班员确认后签字，注销该施工并报告行车调度员。

5）行车调度员发布施工注销号码，注销该施工后通知电力部门办理接触网送电操作。接触网送电完毕后，相关车站确认接触网处于供电状态，以便次日正常运营。

2. 影响通信设备施工作业操作步骤

1）施工人员到车站办理申请手续，行车值班员核对施工计划，向施工负责人再次核实影响哪些通信设备，再根据行车区域施工办理手续，向行车调度员申请施工并说明影响的通信设备。

2）行车调度员根据当日施工计划及实际情况发布准许该施工的命令，行车值班员告知邻站临时通信方式后同意该施工。

3）施工期间发生通信设备严重故障时按《通信设备故障预案》办理。施工结束后施工负责人回车控室注销施工，行车值班员确认相关通信设备恢复正常后向行车调度员注销该施工并通知邻站恢复正常通信方式。

任务三 工程车的运行

施工并需开行工程列车时，工程车的运行办法分在非施工封锁区域运行和进入施工封锁区域运行两种情况。其运行办法应按照城市轨道交通企业的《行车组织规则》的规定执行，下面以部分城市轨道交通企业为例说明。

1）行车调度员根据当日行车情况进行把关，确认无误后以调度命令形式下发施工命令，内容包括施工时间及范围。工程列车在非封锁区域的正线运行时，凭地面信号行车，行车调度员排列进路，工程列车在车站始发或停车后再开时，驾驶员要确认地面信号或按行调的命令行车。

2）工程列车到达指定的车站后，行车调度员应及时发布书面命令封锁该作业区域，并布置有关防护措施。由施工区域负责人办理施工登记手续，行车值班员核对无误后向行车调度员申请，行车调度员核实后下达准许工程列车进入封锁区域施工的调度命令，工程车可以凭调度命令进入封锁区域开始施工。

【拓展与提高】

一、设备检修施工的规定

在运营时间内，原则上不准进行影响正线行车、影响列车进出厂的检修施工作业。对处于进路锁闭状态的联锁设备，严禁进行检修作业。正在检修中的设备需要使用时，须经检修人员同意。

二、运营时间的设备抢修规定

在运营时间内，发生危及行车安全和运营服务的情况，必须进入隧道或站内线路抢修设备时，必须遵守如下作业程序：

1）进入隧道前，在得到行调批准并落实安全防护措施后，方可进入。

2）进入站线或靠近站台的第一个轨道电路区段线路的施工安全措施：

①施工负责人或由施工负责人指派的维修人员按规定放置红闪灯进行防护；

②值班站长（值班员）在 MCP 上使用紧急停车按钮对相关轨道区段进行施工防护，并通知行调和相关站务人员；

③行调把列车扣停在后方站（相对于运行方向）；

④维修施工人员应通过站台端墙的上下轨道楼梯进出轨道，对没有运营分公司员工参与或配合的施工作业，站务人员要监督和确认作业人员进入的上下行线是否正确。

三、非运营时间的设备检修施工规定

每日运营结束后，作业单位按计划对各设备系统进行检查、维修、施工作业，并应于规定时间内完成对运行线路巡检和线路出清程序。

在两站之间的区间线路因作业需要开行工程列车时，由行调指定的车站值班站长/值班员负责掌握施工情况，监督施工安全。

在正线及辅助线施工开始前，施工负责人应到车站控制室办理请点手续，经行调批准，方可进行作业，有开行工程列车配合的施工还需发布封锁命令。站务人员须检查施工负责人是否按照要求设置防护信号，站务人员要监督和确认施工人员进入的上下行线是否正确。

施工结束后，施工负责人负责人员撤离现场、线路出清，经检查确认撤除防护后，到车站控制室办理销点手续，并经行调核销点，封锁区间的还应由行调取消封锁线路的命令。

四、网络不通或临时故障时，车站施工作业应急请销点办法

当网络不通或临时故障时，车站施工作业应急请销点办法如下：

1）不论是一组人员，还是分组在多个车站进入施工地点作业，均需施工负责人到车站控制室请点，并填写“施工登记簿”，由车站值班员报行调批准，当线路出清后行调批准施工，给出施工承认号（分组在多个车站进入施工地点作业的应分别给出施工承认号），同时行车调度员也应在“施工登记簿”上做好记录。

2）不论是一组人员作业，还是需分组在多个车站进入施工地点作业，作业完毕后施工负责人必须到车站控制室销点，由车站值班员报行车调度员施工结束，并各自做好销点记录。

3）需异地销点的施工作业，施工负责人应在“施工登记簿”备注栏中注明异地销点的地点、人数，办理施工请点的车站要及时通知异地销点车站的车站值班员，并告知相应的施工承认号，销点时由异地销点站车站值班员将作业代码和施工承认号报行车调度员销点，并各自做好销点记录。

【复习思考题】

1. 施工计划如何分类？
2. 施工计划的申报和审批有何规定？
3. 开行工程列车有何规定？
4. 工程列车运行办法是什么？
5. 当正线、辅助线运营时间内发生各类设备故障或事故需封锁区间抢修时，应如何处理？
6. 施工时应做好哪些安全防护工作？
7. 施工时登记请点的规定是什么？
8. 施工时销点的规定是什么？

【实践训练】

1. 会看“施工检修登记簿”，理解各项填写内容，练习填写“施工检修登记簿”。
2. 无请销点系统的登记施工程序是什么？
3. 有请销点系统的请点办理程序及操作方法是什么？
4. 接触网停电施工作业操作步骤是什么？

项目七　调 车 工 作

【知识要点】

1. 调车工作概念、分类及基本作业要求。
2. 确保调车作业安全的相关规定。
3. 调车手信号的显示及音响信号的鸣示方式。

【项目任务】

1. 理解并掌握调车作业有关规定。
2. 熟知调车手信号的显示方式及显示意义。
3. 掌握车辆段（基地）调车作业组织过程。
4. 熟悉救援调车作业步骤及规定。

【项目准备】

1. **场地、工具准备：**实训场地、防溜器具、无线电话、信号旗（灯）、车辆、调车作业通知单。

2. **人员安排：**学生按工种分组，每组安排行调 1 人，基地调度员 1 人，信号楼值班员 1 人，扳道员、调车长、调车员各 1 人，车站行车值班员 1 人、站务员 2 人。

【相关理论知识】

一、调车工作概述

1. 调车工作定义

除列车在正线上的运行以外，凡因列车折返、转线、解体、编组和车辆摘挂、取送等作业需要，列车或车辆在线路上进行有目的的调动，都属于调车。

2. 调车工作分类

按调车目的不同，轨道交通调车主要有折返调车、转线调车、解体调车、编组调车、摘挂调车和取送调车等。折返调车是列车在折返站的正线、折返线和渡线等线路上进行的调车作业，其他种类的调车是列车和车辆在车辆段的牵出线、调车线、检修线和洗车线等线路上进行的调车作业。

3. 调车作业方法

调车作业方法有推送法和溜放法两种。推送调车法是指将车辆由一股道移到另一股道，在调动过程中不摘车的调车方法。溜放调车法是指推送车辆到达一定速度后摘钩制动，使摘解的车组借获得的动能，溜放到指定地点的调车方法。与溜放调车法比较，推送调车法需要的时间较长，但也是一种比较安全的调车方法，因此轨道交通调车采用推送调车法。车辆段内的调车作业场景如图 7-1 所示。

图 7-1 车辆段内调车作业

4. 调车作业基本要求

1）及时完成调车任务，保证列车按图运行且其他有关作业按时完成。

2）充分运用各种技术设备，采用先进的作业方法，提高调车作业效率。

3）确保调车作业安全。

为了实现上述要求，调车工作必须遵守《行车组织规则》和《车辆段行车工作细则》中有关调车作业的规定，建立和健全有关工作制度。

二、调车工作的有关规定

1. 调车作业领导与指挥

调车工作是一项多工种联合协同动作的复杂工作，为了安全、准确、快速、协调地进行工作，及时完成调车作业任务，调车工作必须贯彻统一领导、单一指挥的原则。

（1）统一领导　统一领导，就是在同一时间内，调车工作由车站行车值班员（值班站长）或车辆段（基地、车厂）调度员统一领导本站（段）的调车工作。所有与调车工作有关的作业人员，必须认真执行命令、指示和作业计划，按调车领导人编制的调车作业计划进行调车作业。

（2）单一指挥　单一指挥，就是在同一时间内，调车作业计划的执行、作业方法的拟定和布置，以及调车机车的行动，只能由调车指挥人一人负责指挥，中途不能轮流指挥。调车指挥人由调车长担任，在无调车组的情况下进行调车作业时，可由车长或站长（行车值班员）指定的胜任人员担当调车指挥工作。

2. 调车作业计划的编制、交接、传达及变更

调车作业计划是完成调车工作任务的行动依据，调车领导人应根据检修计划、线路、现场作业情况，正确及时地编制、布置调车作业计划。布置调车作业计划，应使用调车作业通知单，以书面形式下达。调车作业计划包括作业车组号、作业线路、作业钩数及作业方法等内容。

为保证在调车作业中正确执行作业计划，使调车指挥人能详细了解计划的要求，以确保调车作业安全，提高调车作业效率，调车领导人与调车指挥人应亲自交接计划。因设备或劳动组织等原因，调车领导人与调车指挥人亲自交接计划有困难时，由主管部门制定交接办法，各站（段）调车作业计划的具体布置办法应在《车站行车工作细则》内规定。

调车指挥人接受调车作业计划后，应根据调车作业计划制定具体作业方法，连同注意事项，亲自向驾驶员交递和传达；对其他有关人员，亦应亲自传达。调车指挥人确认参与调车的所有人员均已了解作业计划后，方可开始调车作业。

在作业中变更计划时，必须停止作业，由调车领导人将变更后的计划（变更的钩数不超过二钩时）口头向有关人员传达清楚，有关人员必须复诵，确认无误后才能开始继续作业；调车作业计划变更三钩及以上时，须重新填写调车作业通知单，按要求交接传达清楚，当确认有关人员均已了解变更的计划后，方可开始执行。变更计划主要是指变更股道、辆数、作业方法及取送作业的区域或线路。

3. 调车作业中有关规定

（1）信号显示制度　调车作业必须按照调车信号机和调车手信号的显示要求进行。没有信号不准动车，信号不清立即停车。调车作业时，调车指挥人必须正确及时地显示信号，驾驶员要认真确认信号，并鸣笛回示，没有回示时，应立即显示停车手信号。连挂车辆时必须显示三、二、一车的距离信号和连挂信号，没有显示三、二、一车的距离信号和连挂信号不准挂车。当由于天气不良、照明不足或地形地物的影响，调车指挥人确认停留车位置有困难时，应派人在停留车的连挂一端显示停留车位置信号。车辆连挂前要一度停车，连挂后的车辆要先试拉，确认连挂妥当，制动主管连接好后方可起动。

（2）调车进路的确认　在调车作业中，为了明确调车指挥人和调车驾驶员的职责，根据作业中所处的位置和所具备的瞭望条件，规定牵引车辆运行时，前方进路的确认由驾驶员负责；推进车辆运行时，前方进路的确认由调车指挥人负责。

（3）调车进路的取消　办理调车进路力求正确、及时，不能随意取消，否则可能会造成脱轨等事故，危及行车安全。对排列好的进路一旦因故取消时（如错误操作导致调车进路排错或调车进路按计划排列好后需停止作业而取消调车进路），应先确认列车尚未起动，通知调车指挥人和调车驾驶员停止作业并得到应答后，方可关闭调车信号，取消调车进路。

（4）调车速度　调车作业要做到安全、迅速、准确，掌握调车速度是关键。调车驾驶员必须严格按照《行车组织规则》等有关规章制度规定的限制速度和调车指挥人的信号显示要求操纵机车，在任何情况下，不准超速作业。调车指挥人除了注意观速、观距，正确及时地显示信号外，还要准确掌握速度，不准超过规定，若发现驾驶员超速危及安全时，必须立即显示停车信号。

进行调车作业时，应根据不同种类调车作业的特点，准确掌握调车速度。遇瞭望困难或天气不良时，应适当降低速度；在尽头线上调车时，距车挡应有一定的安全距离，遇特殊情况必须进入安全距离内进行调车作业时，要严格控制速度，确保安全。有关调车速度限制，各城市轨道交通企业的《行车组织规则》中均有规定，须严格执行。如深圳地铁公司关于调车允许速度的规定，见表 7-1。

（5）手推调车　手推调车是指用人力推动车辆到达目的地的一种调车方式。它是调移车辆的辅助形式，一般在缺乏动力的情况下短距离移动车辆时采用。因手推调车时不安全因素加大，为了保证安全，手推调车必须遵守以下规定：原则上禁止手推调车，遇特殊情况必须手推调车时，要取得调车领导人或主管安全的负责人同意，方可手推调车。手推调车速度不得超过 3km/h，并由胜任人员负责制动，防止车辆溜逸。

表 7-1　调车允许速度

序号	项　　目	速度/(km/h)	序号	项　　目	速度/(km/h)
1	车厂内空线牵引运行	25	5	在尽头线调车	10
2	车厂内空线推送运行	25	6	在停车库内及维修线调车	10
3	调动载有乘客的车辆	15	7	对货位时	5
4	调动装载超限货物的车辆	10	8	接近被连挂的车辆时	5

下列情况禁止手推调车：

1）在超过 2.5‰坡度的线路上（确需手推调车时，须经安全部门和上级部门领导的批准）；

2）遇暴风雨雪天气车辆有溜走可能或夜间无照明时；

3）接发列车时，能进入接发列车进路的线路无隔开设备或止轮器；

4）接触网未停电的线路上，对棚车、敞车类的车辆；

5）人数不足或没有胜任人员负责制动时。

三、调车手信号

手信号是行车有关人员在作业中进行指挥、联系等工作所采用的视觉信号。正确使用调车手信号，对保证调车作业安全，提高调车作业效率有着重要作用。行车有关人员显示手信号时，必须严肃认真，要位置适当，正确及时，横平竖直，灯正圈圆，角度准确，段落清晰。确保信号显示准确，行车人员应严格遵守手信号的显示要求，防止误认。

手信号分为徒手信号、信号旗（昼间用手信号）及信号灯（夜间用手信号）。在昼间遇降大雾、暴风雨雪及其他情况而导致视野不明朗时，由行车调度员指示，使用夜间信号。

任何不明确或不正确的手信号都应视为危险信号，驾驶员必须立即停车；紧急情况下没有任何信号旗或信号灯时，应急剧摇动双手或任何物件以令驾驶员立即停车。

国内一些城市轨道交通企业规定的调车手信号的种类及显示方式见表 7-2。

表 7-2　调车手信号及显示方式

序号	调车手信号类别	昼间显示方式	夜间显示方式
1	停车信号	展开的红色信号旗，无红色信号旗时，两臂高举头上，向两侧急剧摇动	红色灯光，无红色灯光时，用白色灯光上、下急剧摇动
2	减速信号	展开的绿色信号旗下压数次	绿色灯光下压数次
3	指挥列车或车辆向显示人方向来的信号	展开的绿色信号旗在下方左右摇动	绿色灯光在下方左右摇动
4	指挥列车或车辆向显示人反方向去的信号	展开的绿色信号旗上、下摇动	绿色灯光上、下摇动
5	指挥列车或车辆向显示人方向稍行移动的信号（包括连挂）	左手拢起的红色信号旗直立平举，右手展开的绿色信号旗在下方左右小动	绿色灯光下压数次后，再左右小动

（续）

序号	调车手信号类别	昼间显示方式	夜间显示方式
6	指挥列车或车辆向显示人反方向稍行移动的信号（包括连挂）	左手拢起的红色信号旗直立平举，右手展开的绿色信号旗在下方上下小动	绿色灯光平举上下小动
7	三、二、一车距离信号	展开的绿色信号旗平举下压三、二、一次	绿色灯光平举下压三、二、一次
8	连挂作业信号	两臂高举头上，拢起的手信号旗杆成水平末端相接	红、绿色灯光（无绿色灯光用白色灯光代替）交互显示数次
9	试拉信号（连挂好后试拉）	按本表第6项的信号显示，当车列起动后立即显示停车信号	
10	停留车位置信号		白色灯光左右小摇动
11	取消信号：通知前发信号取消	拢起的手信号旗，两臂于前下方交叉后，左右摇动数次	红色灯光作圆形转动后，上下摇动
12	道岔开通信号：表示进路道岔准备妥当	拢起的黄色信号旗高举头上左右摇动	绿色灯光高举头上左右小动

管理人员及行车有关人员检查工作或遇列车救援、发生紧急情况，没有携带信号旗或信号灯时，可用徒手信号显示。采用的徒手信号及显示方式见表7-3。

表7-3 徒手信号及显示方式

序号	徒手信号类别	显示方式
1	紧急停车信号（含停车信号）	两手臂高举头上，向两侧急剧摇动
2	三、二、一车信号	单臂平伸后，小臂竖直向外压直，反复三次、二次、一次分别为三、二、一车信号
3	连挂信号	紧握两拳头高举头上，拳心向里，两拳相碰数次
4	向显示人方向稍行移动	左手高举直伸，右手平伸小臂左右摇动
5	向显示人反方向稍行移动	左手高举直伸，右手向下斜伸，小臂上下摇动
6	试拉信号	如本表第4或第5项，当列车刚起动立即显示停车信号（第一项）
7	好了信号	单臂向列车运行方向上弧线做圆形转动

行车作业中采用的音响信号，长声为3s，短声为1s，间隔为1s。重复鸣示时，需间隔5s以上。口笛鸣示方式见表7-4。

表7-4 口笛鸣示方式

序号	工作项目	鸣示方式	
1	发车、指示机车向显示人反方向移动	一长声	——
2	指示机车向显示人方向移动	一短一长声	·——
3	指示发车	一长一短声	——·
4	制动机减压	一短声	·
5	制动机缓解	二短声	··
6	取消	二长一短声	—— ——·
7	再显示	二长二短声	—— ——··
8	停车信号	连续短声	······

客车、车组、工程车、轨道车等列车的鸣示方式见表7-5。

表7-5 列车的鸣示方式

序号	名称	鸣示方式	使用时机
1	起动注意信号	一长声 ——	①列车起动或机车车辆前进时； ②接近车站、鸣笛标、隧道、施工地点、黄色信号、引导信号、天气不良时； ③在区间停车后，继续运行时，通知车长； ④客车在检修及整备中，准备降下或升起受电弓
2	退行信号	二长声 —— ——	客车、机车车辆、单机开始退行
3	召集信号	三长声 —— —— ——	要求防护人员撤回时
4	呼唤信号	二短一长声 · · ——	①客车或机车要求出入车厂时； ②在车站要求显示信号时
5	警报信号	一长三短声 —— · · ·	①发现线路有危及行车安全的不良处所时； ②列车发生重大、大事故及其他需要救援情况时； ③列车在区间内停车后，不能立即运行通知车长时
6	试验自动制动机复示信号	一短声 ·	①试验制动机开始减压时； ②接到试验制动结束的手信号，回答试风人员时； ③调车作业中，表示已接受调车长所发出的信号时
7	缓解信号	二短声 · ·	试验制动机缓解时
8	紧急停车信号	连续短声 · · · · · ·	驾驶员发现邻线发生障碍，向邻线上运行的列车发出紧急停车信号时，邻线列车驾驶员听到后，应立即紧急停车

四、调车作业人员守则

1. 调车作业前

要执行“一想、二问、三看”的安全预想，即：一想有无接发列车和影响调车作业的各种施工；二问：一问基地当值调度有无临时施工或回段列车，二问作业时间；三看：一看揭示板确认车组号码、二看操作台显示确认是否与揭示板一致、三看现场有无异常，确认调车计划。

2. 调车作业中

参加作业的人员要做到“三盯住”、“三防止”，即：盯住运行图，防止影响接发列车；盯住计划单，防止错挂、错摘；盯住道岔开通方向，防止在没有信号控制、没有光带显示的情况下允许车辆运行。遇非正常情况（如轨道电路突然出现红光带、信号非正常关闭、挤岔、控制台突然断电以及其他功能报警）应立即命令驾驶员停车，并及时通报信号工区、维修调度、基地当值调度。

3. 调车作业完毕后

信号楼值班员与基地当值调度重新核对列车及机车车辆停车位置，确认无误后信号楼值班员重新揭挂列车占线板，要做到“三准确”，即：股道位置准确、车组号码准确、数量准确。

【项目实施】

任务一 车辆段（基地）调车作业组织

车辆段（基地）调车作业的特点是工作量大、作业复杂，各种类型的调车都有，主要是利用牵出线和车库线等线路进行调车作业。

车辆段（基地）的调度员为调车领导人，负责组织车辆段（基地）内的调车作业，编制调车作业计划。

调车长为调车指挥人，根据调车作业计划在现场指挥调车。

信号楼值班员负责办理调车进路并监护调车作业的安全进行。

调车作业工作步骤及作业要求：

1）调车领导人正确及时地编制、布置调车作业计划，并将作业计划向信号楼值班员和调车长下达。调车长应向调车驾驶员及其他有关调车作业人员详细清楚地传达调车作业计划。

2）车辆段（基地）当值调度根据工作任务编制好调车作业计划后，以书面形式向信号楼值班员及调车长下达。在办理调车进路前，信号楼值班员应做到三确认，即确认不存在与调车作业有干扰的接发车和检修施工作业；确认调车线路空闲；确认调车组做好作业准备。调车长必须在作业前将调车作业计划和有关注意事项向调车驾驶员及其他有关调车作业人员传达清楚。《调车作业通知单》应做到参加作业的人员人手一份。

3）信号楼值班员根据《调车作业通知单》及段场接发车时间与调车指挥人联系确认具备调车作业条件后，方可开始作业。

①调车作业必须按照调车信号机或调车手信号的显示要求进行。没有信号，调车驾驶员不准动车进行调车作业；在调车作业中，调车驾驶员要时刻注意确认信号，不间断地进行瞭望，认真执行呼唤应答制，按信号显示要求进行作业；遇信号显示不清，调车驾驶员应立即停止调车，严禁臆测作业。

②调车作业中遇原路返回时，调车机驾驶员必须与信号楼值班员联系确认，并取得信号楼值班员的同意，方可原路返回。信号楼值班员要密切注意信号楼控制台光带的变化，遇机车车辆位置不清、动态不明，严禁操纵控制台按钮。

③向库内有车占用的线路取送车时，控制台无法排列入库的调车进路，信号楼值班员应将调车进路的道岔单操到规定位置并单锁，接通光带加以确认无误后方可进行取车作业。

④以调车机为动力取送电客车时，要求一名调车作业驾驶员在电客车上配合对电客车打风、制动、缓解及连挂作业，并在推进运行中负责前方线路的确认。动车前由电客车上调车作业驾驶员确认受电弓已落下，轨旁及车下无人员作业，方可联系调车机驾驶员动车。

⑤如需取消调车进路时，信号楼值班员必须通知调车作业的驾驶员，在得到调车作业确已停止的回答后方可关闭调车信号，严禁联系不彻底擅自关闭信号。

⑥调车作业必须占用转换轨时，信号楼值班员使用调度直通电话向行调请求授权使用转换轨进行调车作业。行调授权后信号楼值班员与邻站值班员联系，通报作业内容，经邻站值班员同意后方可占用转换轨作业。

⑦调车作业时，要严格执行调车速度有关规定。调车机车厂内经平交道口及进库前一度停车，连挂车辆按要求显示“三、二、一”车距离信号，接近被挂车辆车钩不小于10m处

一度停车，再以规定的速度连挂车辆。

⑧在连挂车辆前，调车作业人员要先检查防溜措施是否良好，确认连挂妥当后方可撤除防溜措施；停留的列车或车辆必须停于线路警冲标内方，对暂不移动的列车或车辆要做好防溜措施。

⑨一批调车作业（一张调车作业通知单）结束后，要及时报告基地当值调度本次调车作业完毕，将作业中有无异常情况发生一起反馈，并将调车作业通知单回传给基地当值调度。

一旦调车作业中发生事故，应立即停止调车作业和取消调车计划，并立即报告 DCC 基地当值调度，由基地当值调度负责通知相关人员。

调车机、调车机连挂电客车如图 7-2、图 7-3 所示。

图 7-2 调车机

图 7-3 调车机连挂电客车

任务二 调车作业中电客车连挂

1. 未解列电客车调车连挂

1）若风压力不足以使制动缓解，且电客车不能自供风，则在调车机与电客车连挂前，由调车作业的驾驶员将电客车连挂端总风管的折角塞门开通。连挂后待电客车总风压力足够后缓解紧急制动，方可进行调车作业（调车动车前应确保停放制动已经缓解）。

2）若风压力不足以使制动缓解，电客车可以自供风，则在连挂前电客车自行升弓启动空压机进行打风，当空压机打满风后电客车降下受电弓并将连挂端总风管的折角塞门开通，然后与调车机进行连挂，连挂后将电客车制动缓解，方可进行调车作业（调车动车前应确保停放制动已经缓解）。

3）若风压力足够并可以自行缓解，则在调车机与电客车连挂前，将电客车连挂端总风管的折角塞门开通。连挂后将制动缓解，方可进行调车作业（调车动车前应确保停放制动以缓解）。注意：电客车驾驶员连挂前应确保受电弓已经降下，连挂后禁止升弓；连挂前禁止将电客车制动缓解，电客车应带制动进行连挂，连挂后方可缓解制动。

2. 解列电客车调车连挂

1）解列电客车在连挂及调车作业时严禁给电客车送电（包括高压和蓄电池）。连挂后将电客车车下转向架旁的侧排风折角塞门开通进行排风；连挂后拉开停放制动缸手动缓解环将停放制动缓解，并确认连挂列车的停放制动全部已缓解；调车作业完毕后将电客车所有塞门恢复。段内电客车连挂作业如图 7-4 所示。

图 7-4 段内电客车连挂作业

2）车辆连挂好后，由调车指挥人检查列车的防溜器具已撤除，无人员车下作业（如调动检修车，还要听取检修人员要求掌握速度，必要时可由检修人员护送车辆），已具备动车条件后，方可通知调车机驾驶员可以起动列车。调车驾驶员得到电客车驾驶员的指示后方可鸣笛动车。顶送电客车时，由电客车上的调车作业驾驶员领车；顶送调车机时，由调车机上的调车作业驾驶员领车。领车驾驶员负责确认前方进路及接触网的状态。连挂车辆显示"三、二、一"车距信号，驾驶员鸣笛回示。没有鸣笛回示立即显示停车信号，信号不清立即停车。

3）调车计划完成后，信号楼值班员依据作业完后车辆停留股道及位置重新揭挂占线表示板，并再次与基地当值调度核对。

任务三 救援调车

救援调车连挂故障列车，牵引或推送故障列车在适当的车站清客，然后返回车辆段。救援调车兼有摘挂列车和取送调车的特点。救援调车的规定各城轨公司稍有不同，以天津轻轨公司为例，说明救援调车时的作业规定及操作步骤。

救援列车作业根据行车调度员下达的调度命令和信号显示的要求进行。调车时，故障列车驾驶员担当调车指挥人，指挥救援列车连挂故障列车，调车指挥人应正确及时地显示调车手信号，救援列车驾驶员应认真确认调车手信号，并鸣笛回示。

救援列车牵引故障列车运行时调车进路的确认由救援列车驾驶员负责；救援列车推送故障列车运行时，调车进路的确认由故障列车驾驶员负责，如图 7-5 所示。

图 7-5 救援调车

1. 救援列车作业的原则

1）当请求救援列车的通报发出后，驾驶员不能擅自动车。

2）驾驶员应以人工模式向故障列车施加制动，并应亮着两端的红色标志灯作为防护信号。

3）向行车调度员请求救援列车时，驾驶员应报告列车故障情况、发生时间、迫停地点。

4）驾驶员向行车调度员了解救援列车的安排及施行方式，例如正向牵引或推进运行。

2. 挂接作业步骤及规定

挂接作业步骤及规定见表7-6。

表7-6 挂接作业步骤及规定

步骤	故障列车驾驶员	救援列车驾驶员
1	提出救援列车的申请后，不准动车，并应亮着两端的红色标志灯作为防护信号	
2	手持信号旗（夜间及能见度低时，使用手信号灯）站在距故障列车不小于10m的安全距离，面向救援列车开来方向并及时显示减速信号（三、二、一车的距离信号），保持与救援列车驾驶员联络，并提示有关注意事项	确认手信号，并不失时机的降低车速，当驶至与故障列车距离小于10m时一度停车
3	检查两车车钩状态	
4	当确认两车车钩状态无误后，通报救援列车驾驶员可以进行挂接，并向救援列车驾驶员发出挂接信号	以规定速度接近故障列车，并以轻微冲击方法使两车钩挂接
5	当车钩挂接完毕，检查挂接后的车钩状态	经故障列车驾驶员确认车钩已挂接好，进行稍动试拉；试拉良好，向救援列车实施制动
6	返回故障列车驾驶员室，将“司控器”置于“N”位及“方向手柄”置于“0”位，并确认故障列车已处于缓解状态，向救援列车驾驶员报告	
7		报告行车调度员列车挂接完毕，并等待行车调度指示；按救援列车的规定速度运行

【复习思考题】

1. 调车工作是怎样分类的？
2. 调车工作对调车作业人员有哪些要求？
3. 调车时速度有何限制？
4. 调车领导人与调车指挥人的主要任务是什么？
5. 调车作业中，驾驶员应遵守哪些规定？
6. 调车作业计划包括哪些内容？如何进行布置和传达？变更计划有何要求？
7. 简述车辆段（基地）调车作业的组织过程是什么？

项目八　行车调度工作

【知识要点】

1. 行车调度指挥机构设备的应用、人员构成及岗位职责。
2. 行车调度工作内容、原则、方法。
3. 调度命令的发布要求。
4. 列车运行图的基本知识。
5. 列车运行调整的基本方法。

【项目任务】

1. 熟悉行车调度设备，了解调度机构组成及其岗位职责。
2. 掌握行车调度工作内容、原则、方法。
3. 掌握调度命令的发布要求及需发布调度命令的情况。
4. 会看列车运行图，明确运行图各要素的意义。
5. 了解列车运行调整的基本方法。

【项目准备】

1. **场地、工具准备：** 列车运行控制系统、模拟沙盘、线路、信号机等行车设备模型、车站模型、列车模型、各种登记表簿、联系电话、调度命令等。

2. **人员安排：** 学生按车站数分组，安排行调1人，每站有行车值班员、站务员、扳道员、引导员各1人。

【相关理论知识】

城市轨道交通系统是技术密集型的公共交通系统，行车调度工作由调度控制中心实施，实行集中领导、统一指挥的原则，以使各个环节紧密配合、协同动作，从而保证列车安全、正点的运行。

列车运行调度的基本任务是：科学地组织客流，经济合理地使用车辆及其他运输设备，挖掘运输潜力，与运输有关各部门密切配合、协同动作，确保列车按图行车，努力完成运输生产任务，更好的服务于城市人民的生活。

一、行车调度工作

1. 列车运行指挥日常工作内容

列车运行指挥是整个运输生产活动的中心，在我国的大部分城市，通常由行车指挥调度控制中心（OCC）担任城市轨道交通系统的列车运行指挥工作，它是城市轨道交通系统的运营生产指挥部门，负责所辖一条或多条轨道交通线路行车、电力、消防环控及票务等的运行调度和突发事件处理等工作。

行车调度工作是协调与运营有关的各个工种协同工作，在保证安全的前提下完成列车运行计划。行车调度员在工作中，必须掌握指挥主动权；在复杂情况下，能积极主动调整列车运行以实现列车运行图；必须熟悉管内与运营有关的工种、人员设备，如：电力、车辆、信号等调度控制系统的使用；熟悉列车运行图和有关规章制度；掌握客流变化的一般规律，灵活运用各种列车调整方法，充分调动有关人员，确保完成乘客运输任务。

2. 调度机构及其组成

城市轨道交通是一个复杂、技术密集型的城市公交系统。为实行集中统一指挥，有序组织运输生产，轨道交通应设立不同级别的调度控制中心（OCC），调度控制中心实行分工管理原则，按业务性质划分，设置了不同的调度工作岗位，通常在控制中心设有行车调度、电力调度、环控调度、设备调度等工种。各工种调度各司其责，密切配合，确保安全高效地完成乘客运输任务。各轨道交通系统可根据自己的具体情况及管理模式设置不同的调度工作岗位。

3. 行车调度工作的基本任务

1）负责组织各站及有关行车部门，按列车运行计划行车，监督各站及有关行车部门的执行情况，及时正确发布有关行车命令及指示。

2）监督列车到发及运行情况，遇到列车晚点和突发事件时，及时采取运营调整措施，迅速恢复列车正常运行。

3）遇列车运行调整时，正确指导车站及有关行车部门进行工作。

4）负责入轨施工作业的管理。

5）负责工程车、试验列车等上线车辆的调度指挥工作。

6）当发生行车事故时，按规定程序及时向上级主管部门汇报，并采取措施防止事故扩大，同时积极参与救援工作的指挥。

7）建立、健全运营生产、调度指挥等各项原始记录台账及统计，分析报表，并按规定向上级主管部门报告。

8）密切注意客流动态，协同有关部门根据客流变化采取相应的组织方案。

4. 行车调度员应具备的素质

1）具有中等运输专业以上学历，具有运输专业实践工作经验，并经过调度专业知识的学习，熟悉《调度工作规则》、《行车工作规则》及所在公司的各项运输类规章，并取得调度员上岗资格证。

2）熟悉人、车、天、地、图等各种影响行车的有关因素。

3）熟悉驾驶员、车站值班员等与列车运行有关的作业人员情况，如工作经历、业务水平、性格特点等，充分调动有关人员的工作积极性。

4）身体健康，无色盲、色弱、高血压、心脏病、传染病、肠胃系统等疾病。

5）熟悉车辆技术状态、使用性能和特点等情况。

6）掌握气候变化、节假日、重大活动等因素对客流增减及对列车运行影响的一般规律。

7）熟悉与行车有关的各种技术设备，如线路平纵断面、信号、联锁、闭塞设备、车站折返设备、调度集中设备和通信广播设备等。

8）应具有高度的责任心，爱岗敬业；能承受较强的心理压力，具有良好的心理素质；

具有较强的语言表达、人际沟通能力和应急决策能力。

二、行车调度控制方式

城市轨道交通系统的行车调度控制方式主要与采用的行车调度指挥设备类型有关。随着科学技术的发展，城市轨道交通系统运行控制设备正逐步向自动化、远程化、计算机化发展，行车调度工作逐步由人工控制方式向电子调度集中和行车指挥自动化控制系统发展。

1. 人工调度指挥系统

（1）控制调度中心设备　调度电话、无线调度电话、传输线路。

（2）车站设备　调度电话、传输线路。

（3）列车设备　无线调度电话。

该系统主要由行车调度员通过调度电话向车站值班员直接发布指令，按电话闭塞法组织行车。由车站值班员排列接发列车进路，通过与车站值班员的联系，调度员掌握列车到达、出发信息，下达列车运行调整调度命令。调度员通过无线调度电话呼叫列车驾驶员，发布调度指令，指挥列车运行。列车运行图由行车调度员手工绘制。这种方式通常在线路开通初期，设施设备尚未到位等特殊情况下才使用。

2. 电子调度集中系统

（1）调度控制中心设备　调度集中总机、运行显示屏、运行图自动绘制仪等。

（2）车站设备　调度集中分机、传输线路。

（3）机车设备　无线调度电话、信息接收装置。

调度集中控制设备是一种远程控制的信号设备，目前能实现运行调度指挥的遥信和遥控两大远程控制功能。它的特点是区间采用自动闭塞，车站采用电气集中联锁，并利用电缆引接到指挥控制中心。控制中心的行车调度员通过中央 ATS 工作站对各车站进行集中控制，可以直接排列进路，直接指挥列车的运行调整，并通过运行显示屏监控列车到达、出发及途中运行情况，及时掌握线路上列车运行及分布情况，掌握各信号机的显示状态和道岔开通位置，确保列车运行秩序正常。基本闭塞方法为自动闭塞法，列车运行采用自动驾驶。在必要时，可由调度集中控制改为车站控制，即将列车运行进路排列权限下放给车站，由车站值班员操作。

3. 行车指挥自动化控制系统（CATS 系统）

CATS 是一个实时控制系统，一般由调度控制和数据传输电子计算机、工作站、显示盘、绘图仪等构成，电子计算机按双机冗余配置。

CATS 的主要功能包括：具有运行显示及人工控制功能；能发出控制需求信息，并从轨道线路上及信号设备上接受信息；由行车调度员人工或自动地将调度指挥信息（如停站时间、运行等级）传递至各集中站 ATC 设备；实现了列车的动态显示，如列车位置、车站到发时分、车次号等；能储存多套列车运行图，如基本运行图、双休日运行图、客流组织运行图，并按照当前使用的运行图调整；监督列车运行，调整列车发车时刻，控制列车停站时分和终点站列车折返方式；自动进行列车运行调查，自动绘制实迹列车运行图和生成各种运行报告。

三、行车调度组织工作

行车调度组织工作是指在营业时间内采用基本列车运行控制方式和基本行车闭塞法进行

列车运行组织。包括运营前的准备工作、列车出入厂作业、运营中的调度指挥、运营结束后的收尾和施工前的准备工作等环节。

1. 运营前的准备工作

1）在每日运营前，行车调度员要与车站值班员确认线路上所有施工检修作业已经完成、注销，线路空闲，无侵限。

2）根据运营计划，与车辆段运转值班员核对运行图，当日运用车列数应符合运营计划的要求。出厂列车需具备以下条件：

①列车无线电话和车厢广播设备使用功能良好。

②车载 ATC 设备日检正常、铅封良好。

③车辆设备良好。

④每日运营前 ATS 需具备以下条件：中央工作站、表示正确且一致；所有集中站处于中控状态；方向开关、道岔位置及信号表示正确；确认各终端站折返的主用模式；确认系统的调整方式；消除告警窗内所有无效告警；建立并确认计划时刻表。

3）每日运营前须确保接触网系统、消防环控系统、通信信号系统等与运营有关的设备状况良好。

4）每日运营前各车站及信号楼须按规定做好各项运营准备工作。所有运营有关值班人员须到岗，检查、确认无任何异常情况。

5）每日运营前行车值班员、运转值班员等有关运营人员须主动与行车调度员校对以控制中心 ATS 钟点为准的钟表时间（ATS 钟点应与北京时间校对），列车驾驶员须在出乘报到时向运转值班员校对钟表时间。

2. 列车出入厂（库）

（1）列车出厂　出厂列车为 CATS 系统所确认的计划列车，并确定列车的出厂径路，以及进入运营系统的车站。列车经出厂线（入厂线）出厂，驾驶员凭出厂信号机显示的绿色灯光或黄色灯光开出车厂。列车在出入厂无码区按慢速前行方式限速（20km/h）运行，在进入有码区前一度停车，待设置好车次号及接收到速度码后，以 ATO（或 ATP）方式投入线路运营。遇特殊情况时，列车可以凭行车调度员下达命令投入运营。

（2）列车回库　入厂列车为 CATS 系统所确认的计划回库列车，列车入厂原则上由入厂线开往车厂，图定或经由行调准许的入厂列车，可由出厂线运行至车厂。入厂列车在有码区按人工 ATP 方式运行，在一度停车标至车厂的无码区按慢速行车方式限速（20km/h）运行，驾驶员凭入厂信号机显示的黄色灯光进入车厂内。

车厂接入站和车厂信号楼的行车值班员需相互办理行车日志的填报，其内容为车次、开车点、到达点、反向运行时还需注明径路（出厂线或入厂线）及调度命令号等。在中央控制故障改为站控时，车厂接入站和车厂信号楼的行车值班员需向行车调度员报出入厂列车的车次、到开点，车厂信号楼的行车值班员应按运行图规定，组织好出、入车厂列车的出入厂工作。

3. 运营中的调度监督

列车进入正线运营后，行车调度员必须时刻关注列车运行动态，确保安全、正常运行。

行车调度员在运营中的调度监督分为两种情况：一是调度监督下列车运行组织的调度监督；二是行车指挥自动化时的调度监督。

（1）调度监督下列车运行组织中的调度监督　在调度监督下的列车运行组织中，行车调度员不能直接进行远程控制，排列列车进路、开闭出站信号由车站值班员操纵，行车调度员主要通过显示盘监督线路上各车站信号机开闭显示、区间闭塞情况和列车运行状态，组织指挥列车运行。

为了实现按图行车，行车调度员要努力组织列车正点运行，而组织列车正点始发又是列车正点运行的基础。对始发列车，行车调度员应在列车出库、列车折返和客流异动等各方面进行具体掌握，以组织列车正点始发。

在始发站列车正点始发的情况下，由于途中运缓、作业延误或设备故障等原因，难免会出现列车运行晚点的情况。行车调度员应根据实际情况，及时采取有效的调整措施，尽可能使晚点列车恢复正点运行或缩短晚点时间。

（2）行车指挥自动化时的调度监督　在行车指挥自动化情况下，列车进路可自动排列，列车运行可自动调整，电子计算机通过调度集中设备实现当日使用的列车运行图，指挥列车运行。行车调度员通过显示盘与工作站显示器，准确掌握线路上列车运行和分布情况，区间和站线的占用情况，以及信号机的显示状态和道岔的开通位置等。行车调度员也可以应用人工控制功能，通过工作站终端键盘输入各种控制命令，控制管辖区域的信号机，道岔以及排列列车进路，进行列车运行调整。

4. 运营结束后的收尾及施工前的准备工作

运营结束后，首先要核对所有运营列车及备用列车离开运营正线，确保正线线路空闲。

日常的养护维修、施工，原则上利用停营期间进行。作业单位应提前提出计划报运营部，经运营部安排，以检修施工通告的形式下达给有关站、段、总调度所及作业单位。施工前调度员对当晚行车、电力、工务、环控等方面的施工进行核对，落实具体的施工计划、责任人安全细则。

根据施工计划及施工申请，对需要停电区段的接触网通知电调停电，监控施工作业过程。

日常的养护维修、施工，作业负责人应充分做好一切准备，按批准的检修施工计划，提前在车站进行检修施工登记，通过车站值班员向行车调度员申请作业，行车调度员应保证作业时间，并向有关车站、单位及作业负责人发出实际作业命令。作业负责人确认施工内容及起止时间后，在设好停车防护后方可开工，并保证在规定时间内完成。经检验设备使用性能良好，车站值班员报行调申请开通区间，行调下达注销命令号码。如不能在规定时间内完成施工作业，须在规定的施工截止时间前20分钟与行调联系，得到批准后方可延长作业时间。

四、行车调度命令

1. 行车指挥原则

行车组织工作必须贯彻安全生产的方针，坚持高度集中，统一领导的原则，发扬协作精神。车务、车辆、维修等部门要主动配合，紧密联系，协同动作，不断提高效率，安全、准时、高效地完成客运服务工作。

在组织列车运行的过程中，行车调度员按规定在进行某些行车作业时需发布调度命令，以表示行车调度员在指挥列车运行过程中的严肃性和强制性的指令。在发布调度命令前，行车调度员应详细了解现场实际情况，听取有关人员的汇报，按有关规定发布调度命令，各有关行车人员接到调度命令后，必须严格执行。

2. 调度命令的分类

调度命令是行车调度员在调度指挥过程中对行车有关人员发出的要求，并强制其配合完成的指令。调度命令有口头命令、书面命令两种。

口头命令与书面命令虽然形式不同，但具有同样的严肃性，均须做到规范发令、严格执行。

(1) 口头命令　一般为对单个受令对象（一般为列车驾驶员）直接发布的短期性指令。

在无线录音设备正常状态时，行车调度员发布的行车调度命令均以口头命令下达。包含的内容有命令号、受令人处所、受令人、受令内容、发布日期及时间、发令人姓名及复诵人姓名。

(2) 书面命令　一般至少有两个受令对象，有时还需送达驾驶员，较长时间影响行车的命令一般为书面命令。

在录音设备故障停用时，遇救援列车、反方向行车及 ATP 切除运行均需发布书面命令。命令内容同上。

(3) 口头通知　在日常进行调整指挥时，行车调度员以口头通知下达，口头通知无需给号，只下达通知内容及受通知人。

3. 调度命令发布要求

1）调度命令须由行车调度员发布。

2）发布前应详细了解现场情况，听取有关人员意见。

3）命令内容应一事一令。先拟后发，书写调度命令简明扼要、用语标准，遇有不正确的字应圈掉后重新书写，对涉及到邻调度区的重要调度命令，应取得调度长同意后发出，发令时应口齿清晰、语速中等。

4）受令处所若为沿线各站，应根据标准填记车站全称或采用标准缩写站名。

5）发令人、受令人、复诵人、复核人必须填记全名。

6）命令中空缺的内容应正确填写，做到不随意涂改，如调度命令内容与固定格式中虚体字内容相吻合时，应及时描实，不需要的虚体字内容用横线划掉。

7）下达命令时，命令号每天由 1 至 100 顺序循环使用，每一个循环不得漏号、跳号、重号使用，发令日期、发令时间按实际发令时间填写，并如实记录在调度命令登记簿上，不随意涂改，如有涂改，应由发布命令的调度员盖章确认，发布调度命令后，应及时将调度命令按照顺序号装订成册，做到不遗漏，不颠倒顺序。

8）在日常执行中如无法及时把调度命令交付驾驶员，应适时完成补交手续。

4. 需发布调度命令的情况

在下列情况下，行调应发布调度命令：

1）区间发生重大、大事故，对开入其邻线的列车。

2）列车反方向运行。

3）变更行车闭塞法。

4）封锁区间、开通区间。

5）列车清客，区间下人。

6）向封锁区间开行救援列车。

7）临时加开或停运列车。

8）后端驾驶列车。

9）载客通过、开行工程列车、调试列车。

10）行车调度员认为有必要的其他情况。

5. 调度命令的传达

行车调度员向驾驶员发布调度命令时，当驾驶员未离段/厂前，应发给车辆段/停车厂运转值班室，由其负责转达。当列车已出厂/段，应由行车调度员向驾驶员直接发布。

行车调度员应使用无线通信系统向驾驶员、行车值班员发布调度命令或口头指示（在通信记录装置故障时，只可以使用调度命令）。有关人员必须复诵正确，调度命令内容可执行的条件具备后，行车调度员才可发布授权执行命令。

6. 调度命令号码的编制

调度命令号码的编制应按不同工种分别编号，行车调度命令号码按日循环，其他工种调度命令按月循环。

调度命令日期的划分，以00：00为界。各级调度命令的保存期限一般为1年。

7. 书面调度命令的填记标准及常用调度命令样板格式

书面调度命令的填记标准，格式见图4-7调度命令登记簿、图4-8调度命令所示。

常用书面命令样板如下：

（1）区间下人命令

受令者：××站并交××驾驶员

内容："自________时起，准________单位人员________，凭令登________次列车，在________站________至________站________行区间抢修施工。"

（2）救援命令

受令者：××站至××站，××站交××驾驶员、××驾驶员

内容："自________时起，准________站________行故障列车清客，同时，________次，在________站清客后开救________次至________站（站外）与故障车连挂（牵引/推进）运行至________站（回段/折返线）。"

（3）限速命令

受令者：××站至××站，车辆段派班室、××站（车辆段派班室）交××驾驶员

内容："自________时起，至________时止，________站至________站上（下）行线列车限速________公里/小时运行。"

（4）取消限速命令

受令者：××站至××站，运转

内容："自________时起，取消________站至________站上（下）行线列车限速________公里/小时，恢复正常速度运行。"

（5）封锁区间命令

受令者：××站、××站并交××驾驶员

内容："自________时起，至________时止，段（站）发________次至________站（站外/折返线），________站（站外/折返线）至________站（站外/折返线）封闭，准________次凭令进入封锁区间。________次至________站（站外/折返线）后，封锁区间自

行解除。”

（6）采用站间电话联系法行车命令

受令者：××站至××站，××站交××驾驶员

内容：“因××站联锁设备故障，自发令时起，××站至××站间上（下）行正线采用站间电话联系法组织行车。”

（7）救援列车加开命令

受令者：××站至××站（车辆段），××站（车辆段）交××驾驶员

内容：“①因________次在________站上/下行线（________站至________站上/下行线××km+××m）故障请求救援，准________站（车辆段）至________站上/下行线加开________次到________站上/下行线（________站至________站上/下行线××km+××m）担任救援工作，连挂________次后，推送到________线（车辆段）［或返程________站至________站上/下行线开________次到________线（车辆段）］。②________次由________次担任，在________站清客担任救援。③________次到________站上/下行站台待令。”

（8）加开工程车命令

受令者：车厂信号楼、派班室、××站至××站、车厂派班室（××站）交××驾驶员

内容：“因________单位施工需要，准（车厂）________站至________站上/下行正线加开________次，返程________站至________站（车厂）开________次；________次由车厂（________站）×时×分开；________次凭地面信号显示行车；________次到________站上/下行站台待令。”

（9）其他命令（格式自拟） 运行指挥中，如遇其他特殊情况时（即命令内容超出现有标准格式），应由列车调度员将命令内容写在调度命令登记簿中。

8. 口头命令

适用情况：遇列车不能载客运营时，需令驾驶员广播清客，同时通知车站组织清客。

行调发令：“命令号________，________次________号车，________站广播清客。”

驾驶员复诵：“________次明白。________站广播清客。”

五、行车调度设备

城市轨道交通系统是一个大联动机，与运输有关的设备、人员紧密联系，协同动作，从而构成庞大的系统工程。行车调度员是这个系统的指挥官，他能否熟练使用有关运输设备，是否熟悉现场设备，对整个系统的运行起着非常重要的作用。一般情况下城市轨道交通都设有交通控制中心（或称调度中心），该中心应有以下设备：调度监督、调度集中、行车指挥自动化、列车运行图自动铺画、传真、通讯记录设备、无线列调系统及调度命令无线传输设备。同时在中心应备有相关的行车调度规章制度汇编，如《行车组织规则》、《行车调度指挥规则》、《行车事故处理规则》、《控制中心手册》等，配备调度指挥使用的有关调度命令格式、电报、列车运行图，管辖线路各站平面示意图、接触网供电系统及信号、联锁、闭塞设备的有关资料。

1. 综合显示屏

城市轨道交通控制中心一般装有行车、供电、环控中央监控终端设备——综合显示屏，

各综合显示屏能够显示现场（车站、车辆段）设备的使用和占用情况，包括列车运行状态、供电系统情况和车站环控设备工作情况，调度指挥中心布置示例如图 8-1 所示。

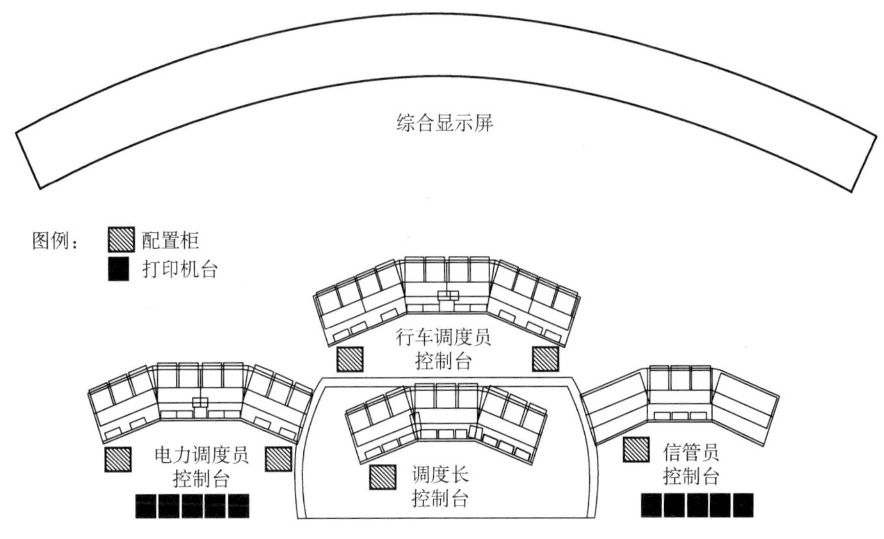

图 8-1　调度指挥中心布置示例

综合显示屏主要显示有关行车的信息，包括轨道电路、线路、信号平面布置各站及区间线路布置、列车车次及其运行状态。

2. 监视器

在控制中心内，综合显示屏是供所有人员监察，而各类工作台的设备按各种专业功能而不同，分别设置了列车自动控制系统、自动售检票终端监控系统、通信系统、电力监控、防灾报警等操作设备，供有关人员操控及监察日常客运作业及处理故障和事故。

行车调度员配备若干监视终端和一个操作盘，通过监视器可以监视各车站的情况，可对各车站的站台、站厅进行图像监视，并可对监视图像进行切换，同时也可使用移动摄像机进行监控，并可对监视的对象进行录像。

3. 通信设备

控制中心的通信设备主要有调度电话、无线调度电话、中央广播设备等。

（1）调度电话　调度电话是为列车运行、电力供应、维修施工、发布命令等提供指挥手段的专用通信工具，包括调度直通电话等。

调度直通电话：控制中心设置有环控调度、行车调度及电力调度直通电话。调度直通电话具有单呼、组呼、全呼、紧急呼叫和录音等功能。

各工作台设置有数字话机（ISDN），可实现与其他部门的通信。并具有会议电话功能，以及来电显示、呼叫转移等业务。

（2）无线调度电话　包括无线调度台和手持台。

无线调度台：值班调度主管工作台及行车调度员工作台均需设置无线调度台（互为备用）。可对列车驾驶员、站场无线工作人员实施无线通信，该设备应具有组呼、紧急呼叫、私密呼叫及对列车进行广播等功能。

手持台：控制中心配备多部手持台用于无线调度台故障时的备用设备，分为车站台、维修台与电力调度台等，在日常交接班时需保持手持台处于良好状态。

（3）中央广播系统　值班调度主管、行车调度及电力调度工作台分别设置广播控制台，可对各车站、停车厂、车辆段等相关单位进行广播，具有人工和自动广播两种模式，并可指定区域广播。

六、列车运行图

1. 列车运行图的意义

（1）列车运行图是组织列车运行的基础　列车运行图是利用坐标原理来表示列车运行的图解形式，它规定各次列车占用区间的顺序，列车在区间的运行时分和在站停车时分，列车在各个车站的到达、出发（通过）时刻，折返站列车折返作业时间及电动列车出入厂时刻。因此，列车运行图是行车组织的基础，是协调城市轨道交通系统各部门、各单位进行生产活动的重要文件。列车运行图在保证城市轨道交通运营各部门的相互配合和协调动作上起到了重要的组织作用。

（2）列车运行图是运行组织的一个综合性计划　运营生产是一个统一系统的整体，涉及城市轨道交通运营的各业务部门，它们都需要根据列车运行图所规定的要求来安排工作。如，车站根据列车运行图所规定的列车到达和出发时刻，安排本站行车组织工作（如排列接发车进路）和客运组织工作；车辆部门每天运营前要根据列车运行图整备好运营需求的列车数；车辆运转部门要根据列车运行图的要求确定列车的出库时刻和乘务员的班次安排及倒班计划；工务、通信、信号、供电、机电等部门也要求根据列车运行图的规定来安排施工计划和维修计划。因此，列车运行图是城市轨道交通运行组织的一个综合性计划。通过列车运行图，使得城市轨道交通这部大联动机能够协调的运转，保证运输的正常进行。

综上所述，编制一张经济合理的列车运行图，对于充分利用轨道交通设备的能力，满足各时期、各时段旅客运输的需要，使运能与运量很好的结合，既能方便旅客出行的需要，又能使企业获得最佳的经济效益，具有重要的意义。

2. 列车运行图的格式及车次规定

列车运行图是为运营部门提供一种组织列车在各站和区间运行计划的一种图解形式，一般由下列线条组成。

（1）横坐标　表示时间变量，按要求用不定的比例进行时间划分，一般城市轨道交通列车运行图采用1分格或2分格，即每一等分表示1min或2min。

（2）纵坐标　表示距离分割，根据区间实际里程，采用规定的比例，以车站中心线所在位置进行距离定点。

（3）垂直线　是一族平行的等分线，表示时间等分段，一般整小时和整10min用粗线表示，半小时用虚线，一分线或二分线用细线表示。

（4）水平线　是一族平行的不等分线，表示各个车站中心线所在的位置，各水平线间距离的远近基本表示了各站之间的距离远近。

（5）斜线　列车运行轨迹（径路）线即列车运行线，一般以上斜线表示上行列车，下斜线表示下行列车。

（6）运行线与车站交点　在列车运行图上，列车运行线与车站的交点即表示该列车到达、出发或通过的时刻。由于城市轨道交通列车停站时间较短，一般不标明到、发不同时间。

（7）车号、车次　在列车运行图上，每个列车均有不同的车号与车次。一般按发车顺序编列车车次，上行采用双数，下行采用单数。同时按不同的列车类别规定代号与列车号。如专运列车、客运列车、施工列车等，如某城轨公司规定：

车次号 001 ~ 099 代表专运列车；

车次号 301 ~ 599 代表客运列车；

车次号 601 ~ 699 代表回空列车；

车次号 701 ~ 799 代表工程车；

车次号 801 ~ 899 代表工程车；

车次号 901 ~ 999 代表救援列车。

列车运行图中站名线的确定方法有两种：

第一种是按区间里程的比率确定，即按整个区段内各车站间实际里程的比率来画横线，每一横线即表示一个车站的中心线。采用这种方法时，运行图上站名线间的距离能明显的反映出站间距离的大小。但由于各区间线路的平面和纵断面情况不一，列车运行速度有所不同，列车在整个区段上的运行线往往是一条斜直线，即不整齐，也不容易发现铺画中的错误。所以，一般不采用这种方法。

第二种是按区间运行时分比率确定，即按整个区段内下行（或上行）列车在各区间运行时分（当上下行运行时分差别较大时，可加以调整）的比率来画横线。采用这种方法时，可以使列车在整个区段的运行线基本上是一条斜直线，即整齐美观，又便于发现运行时分上的问题，所以多采用此法。如图 8-2 所示，甲—乙区段下行方向列车运行时分共计 100min。作图时首先确定甲、乙的位置，然后在代表乙站的横线上向右截取相等于 100min 的线段，得 F 点。连接甲、F 两点，得一斜直线。最后按照下行列车在各区间的运行时分标出各车站的位置，通过这些点，即可画出代表 A、B、C、D 车站的横线。

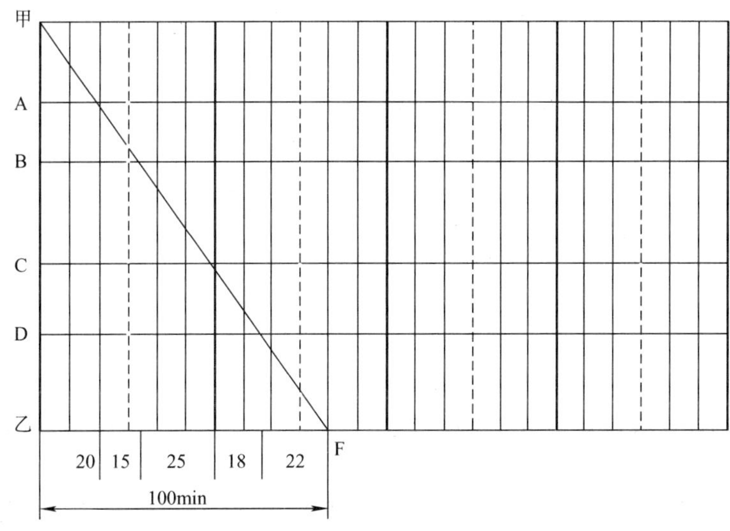

图 8-2　按区间运行时分比率画站名线例图

3. 列车运行图的分类

（1）按时间轴的刻度划分　可分为一分格运行图、二分格运行图、十分格运行图和小时格运行图。

1）一分格运行图：它的横轴以 1min 为单位用细竖线加以划分，10 分格和小时格用较粗的竖线表示。这种一分格图主要在编制新运行图和调度指挥时使用。

2）二分格运行图：它的横轴以 2min 为单位用细竖线加以划分，常用于市郊铁路运行图的编制。

3）十分格运行图：它的横轴以 10min 为单位用细竖线加以划分，半小时格用虚线表示，小时格用较粗的竖线表示。这种十分格运行图主要供行车调度员在日常指挥中绘制实迹运行图使用。

4）小时格运行图：它的横轴以小时为单位用竖线加以划分。这种小时格运行图主要在编制旅客列车方案图和车底周转图时使用。

在列车运行图上，以横线表示车站中心线的位置，一般以细线表示中间站，以较粗的线表示换乘站或有折返作业的车站。

（2）按区间正线数分　可分为单线运行图和双线运行图。

1）单线运行图：在单线区段采用的运行图，列车的上下行都在一条正线上进行，列车的交会只能在车站进行。在城市轨道交通中，单线运行图很少采用，只有在非正常情况下的运行调整期间，或者在运量较小的市郊铁路使用，如图 8-3 所示。

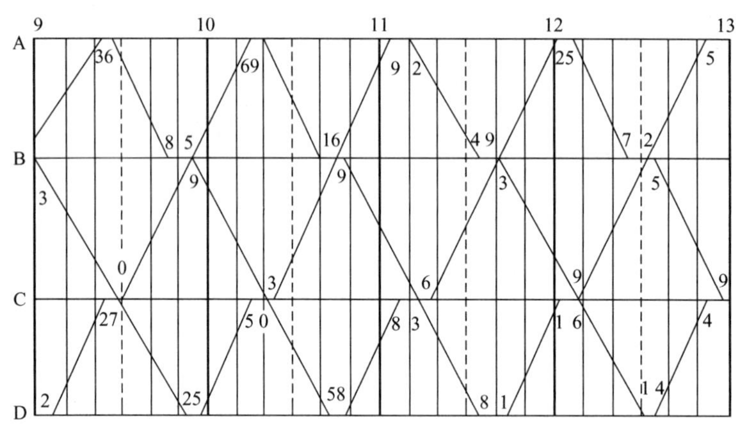

图 8-3　单线平行运行图

2）双线运行图。如图 8-4 所示，在双线区段，上下行列车在各自的正线上运行，运行互不干扰，可以在区间内或车站上交会，城市轨道交通系统一般都设有双线，采用双线运行图。

3）单双线运行图：在单线区段和双线区段各按单线运行图和双线运行图的特点铺画运行线，它兼有单线运行图和双线运行图的特征，如图 8-5 所示，在城市轨道交通线网中只在非正常的情况下的列车运行调整期间使用。

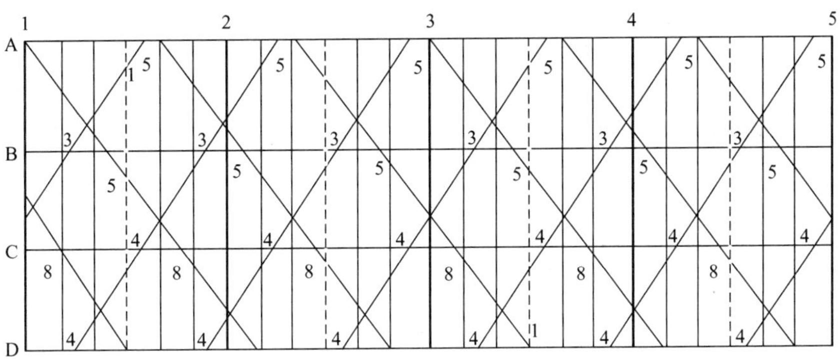

图 8-4　双线平行运行图

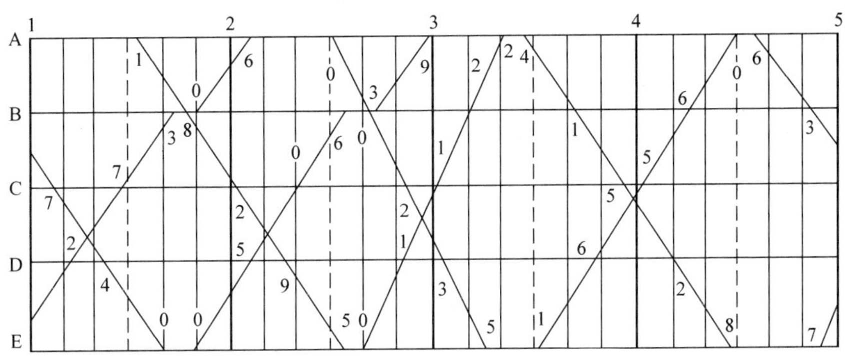

图 8-5　单双线运行图

（3）按列车之间运行速度差异分　可分为平行运行图和非平行运行图。

1）平行运行图：在同一区间内，同一方向列车的运行速度相同，且列车在区间两端站的到、发或通过的运行方式也相同，因而列车运行线相互平行。

2）非平行运行图：在运行图上铺有各种不同速度的列车，且列车在区间两端站的到、发或通过的运行方式不同，因而列车运行线不相平行。

（4）按照上、下行方向列车的数目分　可分为成对运行图和不成对运行图。

1）成对运行图：同一区段内，上、下行方向列车数目是相等的。

2）不成对运行图：同一区段内，上、下行方向的列车数目是不相等的。

我国城轨大多数区段的上、下行列车数是相等的，所以一般多采用成对运行图。

（5）按照同方向列车运行方式分　可分为连发运行图和追踪运行图。

1）连发运行图：在这种运行图上，同方向列车以站间区间为间隔连发运行，在双线区段上下行列车各自连发运行，在单线区段采用这种运行图时，在连发的一组列车之间不能铺画对向列车。由于城轨基本都采用双线自动闭塞，因此，这种运行图很少采用，只有在非正常行车或运行调整时使用。

2）追踪运行图：在这种运行图上，同方向的列车是以闭塞分区为间隔运行，一个站间区间内允许同时有几个列车按追踪方式运行。双线追踪非平行运行图如图 8-6 所示。

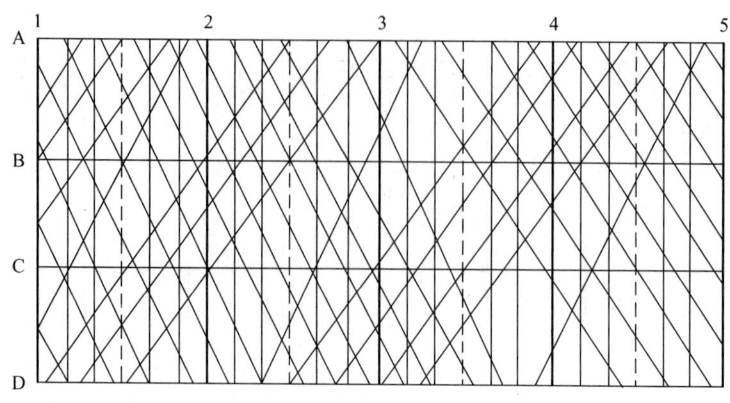

图 8-6 双线追踪非平行运行图

（6）按使用情况分　可分为基本运行图、节假日运行图和其他运行图。

以上所列举的分类方法，都是根据运行图的某一特点加以区别的，实际上，每张运行图都具有多方面的特点，例如某运行图，可能既是双线的成对的，又是追踪的，一般情况下，城市轨道交通使用的运行图为双线成对追踪运行图，同时根据客流的变化，有多套运行图来满足不同的需要。

4. 列车运行图的组成要素

城市轨道交通列车运行图组成要素分为三类：时间要素、数量要素和其他相关要素。这是编制列车运行图的基础和前提。

（1）时间要素

1）区间运行时分。区间运行时分是指列车在两相邻车站之间的运行时间标准，它由车辆部门采用牵引计算和实际查标相结合的方法进行查定。

列车区间运行时分的运行距离为相邻两车站中心线之间的距离。由于上下行方向的线路平面、纵断面条件可能不相同，所以列车区间运行时分应按上下行方向分别查定。对于城市轨道交通，一般在所有的车站均办理客运作业，且编组辆数固定，因此不需要分别查定停车与不停车的情况。

2）停站时间。停站时间是指列车停站作业（包括加减速、开关车门），乘客上下车等所需要时间的总和。

列车停站时间的长短取决于旅客乘降的需要，它与车站客流量的大小、客车车门数的多少、车站的疏导和管理有关。

为了保证乘客的安全，车辆只有在停妥的情况下才能开、关车门，车门开关的时间与车辆的类型有关，一般开门大约在 5s 左右，关门在 3 ~ 5s 左右，如果站台上采用屏蔽门设置，还要考虑屏蔽门与车门之间的时间差。

乘客上、下车的时间与乘客数量多少（主要考虑高峰期人数）、车辆车门数和宽度、站务员的疏导管理有密切的关系。根据统计资料，每位旅客上下车约需 0. 6s，如下式

$$t_{上下} = \frac{0.6 \times Q_{上下}}{N_{列} \times M}$$

式中　$t_{上下}$——乘客上下车时间，单位为 s；

$Q_{上下}$——高峰小时内一个方向本站上下客人数之和；

$N_{列}$——高峰小时通过本站的列车对数，单位为对；

M——每列车的车门数，单位为个。

由于乘客的上下量在时间上是波动的，在各辆车内的分布也是不均衡的，因此在计算结果外尚需考虑一定的富余量。

$$t_{停站}=t_{门}+t_{上下}+\Delta t(\mathrm{s})$$

式中　$t_{停站}$——每列客车在车站上的停留时间，单位为 s；

$t_{门}$——开关门时间，单位为 s；

$t_{上下}$——乘客上下车时间，单位为 s；

Δt——每列车适当的富余时间，单位为 s。

在停站时间的实际确定过程中，除个别客流量较大的车站外，一般车站的停站时间应控制在 20～30s，停站时间过长不仅会降低列车旅行速度，在高密度行车情况下，还会影响到后续列车的运行。

3）折返作业时分。折返作业时分是指列车到达终点站或在区间站进行折返作业的时间总和。包括确认信号的时间、出入折返线的时间、办理进路时间、驾驶员走行或换岗时间等。折返作业的时间受折返线折返方式、列车长度、列车制动能力、信号设备水平、驾驶员操作水平等多因素的影响。

以站后折返方式为例，当上行到达列车在折返线规定的停留时间结束后，进入下行车站正线，此时最小的折返列车出发间隔时间，可以采用下式计算：

$$h_{发}=t_{离去}+t_{作业}+t_{确认}+t_{出线}+t_{站}$$

式中　$h_{发}$——最短折返列车出发间隔时间，单位为 s；

$t_{离去}$——出发列车驶离车站闭塞分区的时间，单位为 s；

$t_{作业}$——车站为折返线停留列车办理调车进路的时间，包括道岔区段进路解锁延迟、排列进路和开放调车信号等各项时间，单位为 s；

$t_{确认}$——驾驶员确认信号时间，单位为 s；

$t_{出线}$——列车从折返线至车站出发正线的走行时间，单位为 s；

$t_{站}$——列车停站时间，单位为 s。

4）列车出入停车厂的作业时间。列车出入停车厂的作业时间是指列车从车辆停车厂到达与其衔接的车站正线或返回的作业时间，可以采用查标的方式确定。

5）车站间隔时间。列车在车站的间隔时间（简称车站间隔时间，以下同）是指车站办理两个列车的到达、出发或通过作业所需要的最小间隔时间。车站间隔时间在市郊铁路、城际铁路等轨道交通系统中使用。在地铁、轻轨等系统中，只在运行调整或者线路、信号设备不完善的情况下使用。在查定车站间隔时间时，应遵守有关规章的规定及车站技术作业时间标准，保证行车安全和最好的利用区间通过能力。

常用的车站间隔时间包括不同时到达间隔时间、会车间隔时间、连发间隔时间、同方向列车不同时到发及不同时到发间隔时间等几种。车站间隔时间的大小，与车站邻接区间的行车闭塞方法、信号和道岔的操纵方法、车站类型、接近车站的线路平面和纵断面情况、机车类型、列车重量和长度等因素有关。

①相对方向列车不同时到达间隔时间（$\tau_{不}$）。相对方向列车不同时到达间隔时间是指在单线区段相对方向列车在车站交会时，自某一方向列车到达车站之时起，至对向列车到达或通过该站时止的最小间隔时间。

为了提高列车旅行速度，在列车交会时，除上下行列车在同一车站都有作业需要停车外，原则上只使交会的两列车中一列通过车站。因此在运行图上常采用一列停、一列通过的不同时到达间隔时间，如图 8-7 所示。

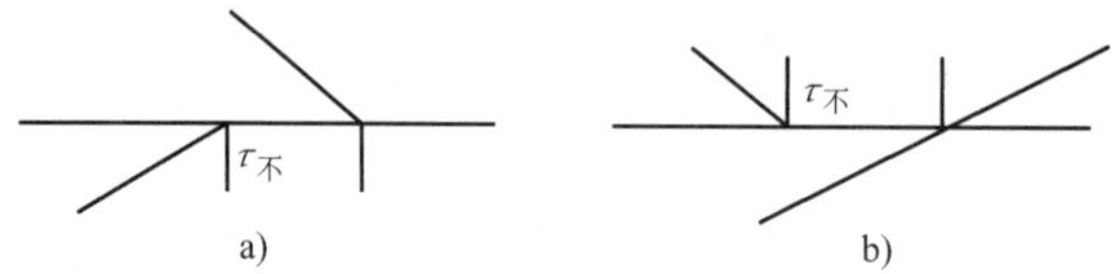

图 8-7 不同时到达间隔时间

a）一列停车、一列通过 b）两列都停车

②会车间隔时间（$\tau_{会}$）。会车间隔时间是指在单线区段的车站上，两列车交会时，自某一方向列车到达或通过车站之时起，至该站向这一区间发出另一对向列车之时止的最小间隔时间。单线区段各站均应查定。会车间隔时间在运行图上的表示形式如图 8-8 所示。

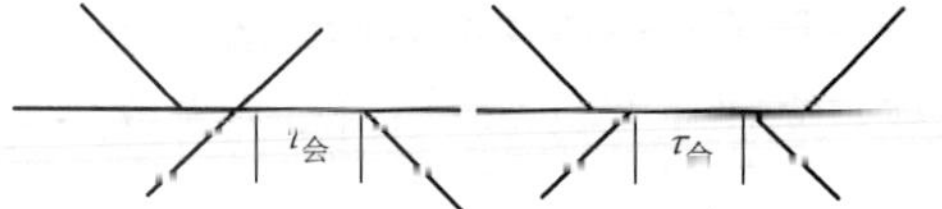

图 8-8 会车间隔时间示意图

会车间隔时间是车站办理各项作业所需要的时间，主要作业包括：确认先到列车的到达或通过的时间，与来车方向的邻站办理闭塞的时间，准备发车进路及开放出站信号机的时间，发车作业时间等，其计算公式为

$$\tau_{会} = t_{作业}(\min)$$

6）追踪列车间隔时间。在自动闭塞区段，列车以闭塞分区为间隔运行，称为追踪运行。追踪列车之间的最小间隔时间，称为追踪列车间隔时间。追踪列车间隔时间，取决于同方向列车间隔距离、列车运行速度及信联闭设备类型。

①三显示自动闭塞区段追踪列车间隔时间。一般称通过色灯信号机能显示红（H）、黄（U）和绿（L）三种灯光信号的自动闭塞为三显示自动闭塞。在使用三显示自动闭塞区段，追踪列车间的距离和列车运行速度是决定列车追踪间隔时间大小的因素。列车间的距离应以后行列车不因前行列车未腾空有关分区而降低运行速度，同时，也不能因两列车间距离太远而浪费区间通过能力而确定。在三显示的自动闭塞区段，通常以两列车间隔三个闭塞分区为计算追踪列车间隔的依据，即后行列车在绿灯信号下绿灯运行。

在自动闭塞区段，列车追踪间隔时间的长短，决定了列车密度和运能的大小。为缩小追踪间隔时间，应在保证安全的基础上，缩短闭塞分区的长度，提高列车的运行速度。

②四显示自动闭塞区段追踪列车间隔时间。一般称通过色灯信号机能显示红（H）、黄（U）、绿黄（LU）和绿（L）四种灯光信号的自动闭塞为四显示自动闭塞。在四显示自动闭塞区段，通过信号机为三灯四显示，列车之后的第一个分区为保护区段，故其后的通过信号机仍显示红色灯光。在黄灯和绿灯信号机之间，增加了一个绿黄灯信号。

相对于三显示自动闭塞，由于闭塞分区进一步缩短，列车运行速度较高。因而，四显示自动闭塞区段追踪列车间隔时间较三显示自动闭塞区段进一步缩短，对提高运输能力有很大作用。

③准移动自动闭塞追踪列车间隔时间。准移动自动闭塞是预先设定列车的安全追踪间隔距离，根据前方目标状态设定前后列车的安全距离和运行速度，是介于固定闭塞和移动闭塞之间的一种闭塞方式。准移动自动闭塞对前行列车的闭塞方式采用固定闭塞的设置方式，对后行列车的定位则采用连续或移动的方式。准移动自动闭塞追踪列车间隔时间依据预先设定的列车安全追踪间隔距离和运行速度确定。

④移动自动闭塞追踪列车间隔时间。这是目前我国城市轨道交通的信号系统普遍采用的模式，大部分是引进的国外技术和系统，移动自动闭塞是在确保行车安全前提下，以车站控制装置和列车控制装置为中心的使追踪列车间的间隔最小的闭塞控制系统。在这一系统中，列车准确定位是关键性技术。移动闭塞的追踪目标点是前行列车的尾部，当然会留有一定的安全距离，后行列车从最高速开始制动的计算点是根据目标距离、目标速度及列车本身的性能计算决定的，后行列车的追踪目标点是前行列车的尾部，与前行列车的走行和速度有关，是随时变化的，而制动的起始点是随线路参数和列车本身性能不同而变化的。前后列车之间的空间间隔距离是不固定的，所以称为移动闭塞。其追踪运行间隔要比准移动闭塞更小一些。而对于接近进站的列车，则根据调度命令由车站发出允许该列车进站及进入股道等信号。采用移动自动闭塞系统可以有效地压缩追踪列车间隔时间，提高区间通过能力。移动闭塞一般采用无线通信和无线定位技术来实现。

综上所述，列车追踪时间的最小值是由所采用的信号系统、车辆性能、折返能力、旅行时间、停站时间、投入运行的列车数等多种条件决定的。在城市轨道交通系统的运营高峰时，线路上个别车站的客流量大，上、下车时间较长。在设备和运营模式固定的条件下，应尽可能压缩停站时间，提高输送能力，同时，最小追踪间隔时间应留有一定的余量，当列车运行偏离运行图时，便于行车调度员采取必要的调整措施，使整个系统的列车运行秩序尽快恢复正常。

7）营运时间。是指城市轨道交通运营线路运送乘客的时间，它一般和该城市的工作时间及生活习惯有关。一般说来，各国城市轨道交通系统均有一定的夜间时间（2～6h 不等）用作设备、设施的维修和保养时间。

8）停送电时间。指每天营运开始前送电和运营结束后停电所需操作和确认时间。

（2）数量要素

1）全日分时段客流分布。按客流的时间分布进行预测、调查分析，确定高峰、低谷时段客流量，从而对列车编组数或列车运行列数等相关因素进行合理安排，并作为开行不同形式列车的主要依据，如区间列车、连发列车等。全日分时段客流的分布主要取决于轨道交通的运能、车站所处的交通位置及周围客流的交通需求。

2）列车满载率。列车满载率指列车实际载客量与列车定员数之比，编制列车运行图时，既要保证一定的列车满载率，使运输能力得到充分利用；又要留有一定余地，以应付某些不可测因素带来的客流量波动，同时也要考虑乘客的舒适水平。

3）出入库能力。单位时间内通过出入库线进入正线运营的最大列车数，称为出入库能力。由于车辆基地与接入车站之间的出入库线有限，加之出入库列车进入正线受正线通过能力的影响。因此，出入库能力的大小是编制列车运行图的一个重要因素。

4）列车最大载客量。列车最大载客量即一个编制列车按车厢定员计算允许装载的最大乘客数，分为定员载客量和超载载客量。列车最大载客量主要与采用的车辆类型及编组辆数有关。

（3）其他相关要素

1）与城市其他交通方式的衔接。城市轨道交通应与其他交通方式实现有效的衔接配合，包括大交通方面的铁路车站、港口、机场、公路交通枢纽，城市交通方式的公交系统、自行车交通、其他交通（如私家车）等，给旅客换乘提供尽可能的方便和快捷。

2）与其他城市公共设施的衔接。城市中有大量客流聚集的公共设施，如大型体育场、娱乐中心、商业中心、大型工矿企业等，这些场所经常会有短时间的大量的突发客流，对城市轨道交通的正常运营带来一定的考验，造成一时的运力和人力的紧张。

3）列车试车作业。检修完毕的车辆，应首先在车辆检修基地的试验线上进行试验，各项指标合格后才能投入运营，有时候，某些项目的测试需要到正线上才能完成，此时，需要在运行图上做出适当的安排。

4）列车检修作业。经过一定时间的运营后，车辆需要进行定期的维修和保养，因此需要合理安排列车运行时间和检修时间，保证每列车都有日常的维护保养时间，又能使各列车的走行公里接近，达到各列车均衡使用。

5）驾驶员作息时间安排。驾驶员的作息时间与列车交路、交接班地点、途中用餐、工时考核等因素有关，应均衡安排好驾驶员的休班和工作时间。

6）车站的存车能力。城轨中大部分车站不设配线，没有存车能力，只有在区间个别车站或终点站设有停车线，可以存放一定数量的车底，在日常可作日常维护或备车用，夜间作为停车线，以减少列车的空驶，均衡早晨的发车秩序。

7）投运电动列车数目。电动列车是城轨运营的主要行车设备，唯一的载客工具。增加投运电动列车数目是提高运营能力的主要措施。但绝非是投运的电动列车数目越多越好。作为运营企业，首先要考虑运营成本，才能取得较好的经济效益，要做到运能和运量之间很好的配合，经济合理的安排电动列车的数量。

针对超高峰时段运能紧张，部分上班旅客上不去车，不仅影响列车正常运行，也给上班职工带来不便与困难，若应增加投运电动车数，而车厂内无电动客车能够投入运营，此时可以考虑抽调检修车投入超高峰时段运行等措施，使运能紧张得到明显缓解，较好解决超高峰时段上下班职工乘车的困难。

5. 列车运行图的有关符号

列车运行实迹图是记录列车运行实际情况的图表，它采用不同的线条和符号表示列车运行的有关信息，国内部分城市轨道交通一般采用如下的表示方法：

（1）列车运行图上的列车运行线　见表8-1。

表8-1　列车运行图上列车运行线符号

列车种类	符　号	说　明
客运列车	————————	红色实线
临时加开列车	– – – – – – – –	红色虚线
专运列车	—→—→—→—→	红色实线加箭头
排空列车	—⊖—⊖—	红色实线加圆圈

（续）

列车种类	符　　号	说　　明
救援列车	——×——×——	红色实线加叉
调试列车	————————	蓝色实线
施工列车	————————	黑色实线

（2）列车运行图上的有关表示符号　见表8-2。

表8-2　列车运行图上有关表示符号

序号	列车运行图上的表示符号	表示意义
1		列车始发
2		列车终到
3		列车由邻线转来
4		列车开往邻线
5		列车合并运行时，在红色实线下方加红色虚线
6	(反)	列车反方向运行时，在反方向运行区间的运行线上填写车次及“反”字
7		列车折返
8		列车不停站通过，在列车运行线上方加带箭头的红色短实线
9	原因	列车停站超时，图解实际站停时间，并注明原因
10	原因	列车在区间停车，图解停车时间，并注明原因

注：列车早点红笔画圈，圈内注明早点时分。列车晚点蓝笔画圈，圈内注明晚点时分，晚点原因应简略注明。且有关施工、封锁线路、设备故障、控制权下放等要在运行图中注明事项和原因。

【项目实施】

任务一 ATS 系统控制下列车运行采用 ATO 自动驾驶模式行车组织

1. 基本模式

（1）进路控制模式 由列车自动监控系统（ATS）控制，进路控制方式为控制中心自动控制。

（2）列车运行模式 采用 ATO 自动驾驶模式行车（简称 ATO 模式）。

（3）列车运行控制 采用时刻表控制。

2. 行车作业

（1）出/入段/厂作业 列车驶入转换轨后，驾驶员将驾驶模式转换为“ATO 驾驶模式”，建立 ATO 模式，与行车调度员进行通信测试，同时核对计划的 DID 号；列车在回段/厂，已驶离转换轨（转换轨上无列车占用）时，行调核对行车计划确认为回段/厂列车，在调度终端中删除该列车的车次窗。

（2）控制中心作业 行车调度员于每日首班列车在段/厂转换轨发车 30min 前，将当日的时刻表由列车自动监控系统（ATS）调出，确认信号控制权在中心，并进行道岔的测试；行车调度员通过调度终端或大屏幕，监控列车的运行情况。

（3）车站作业 车站督导员通过 SCC 监察列车的运行情况，发现问题立即报告行调；接发车作业站台站务员在距紧急停车按钮（发车方向第一个）2～3m 附近的黄色安全线处接发列车，观察路轨及接触网情况。

任务二 ATS 系统控制下列车运行采用 ATP 监督下的人工驾驶模式行车组织

1. 基本模式

（1）进路控制模式 由列车自动监控系统（ATS）控制，进路控制方式为控制中心自动控制。

（2）列车运行模式 采用 ATP 监督下的人工驾驶模式行车（简称 ATP 模式）。

（3）列车运行控制 采用时刻表控制行车作业。

2. 行车作业

（1）出段/厂作业 驾驶员按运行图规定或行车调度员的调度命令，采用 ATP 监督下的人工驾驶模式出段/厂，当列车驶入转换轨后，驾驶员确认驾驶模式为“ATP 驾驶模式”，与行车调度员进行通信测试，收到 DID 后，核对 DID 与计划相符。列车在回段/厂，已驶离转换轨（转换轨上无列车占用）时，行调核对行车计划确认为回段/厂列车，在调度终端中删除该列车的车次窗。

（2）车站作业

1）行车值班员遵照 ATO 下正常作业程序执行。

2）车站督导员应密切监视车站 SCC，发现异常情况立即报告行调。

（3）控制中心作业

1）行车值班员遵照 ATO 下正常作业程序执行。

2）列车按照运行图进行驾驶模式的转换后，与驾驶员核对车次及 DID。

任务三　列车运行图的编制

1. 列车运行图的编制原则

（1）在保证安全的前提下，提高列车的旅行速度，缩小列车的运行时间　城市轨道交通采用封闭运行，列车旅行速度较高，这是城市轨道交通系统的主要优势。在安全得到保证的前提下，通过提高列车旅行速度，可提高系统的运行效率和服务水平。

（2）尽量方便乘客　城市轨道交通是城市交通的重要组成部分，在车站设计时，充分考虑了乘客乘降的方便，在编制运行图时，应根据客流变化的规律，客车配置的数量，尽量考虑在满足运行技术要求的前提下选择较小的列车发车间隔，以减少乘客的候车时间。在安排低谷时段列车运行时，最大的列车运行图间隔不宜过大，避免乘客候车时间过长，以保持一定的服务水平。

（3）充分利用线路的能力和车辆的能力　通常情况下，折返站的折返能力是线路通过能力的限制环节，此时必须对折返线的折返作业时间进行精确的计算，合理安排作业程序，尽可能安排平行作业，当车辆周转达不到运营要求时，要合理安排车辆解决高峰客流组织。

（4）在保证运量需求的条件下，运营车数达到最少　在保证满足客流需求的条件下，可通过综合考虑高峰时段列车运行速度、运行密度、折返作业时间、列车开行方式等要素，使运营列车数达到最少，从而降低系统的车辆保有量和运营成本。

2. 列车运行图的编制步骤

编制列车运行图包括准备资料阶段、编制阶段、计算指标及实施前的准备阶段。具体步骤为：

1）按编制要求和编制目标提出编图的注意事项。

2）收集编图资料，对有关数据进行现场调研、测试和分析整理。

3）对于修改运行图，需要分析现行运行图运用的优点和缺点，完成情况和存在问题，提出改进意见，新编制运行图需确定相关数据。

4）根据线路客流量大小及变化情况，确定全日行车计划。

5）计算所需运用客车的数量。

6）确定列车交路，铺画列车方案图。

7）征求调度部门、客运部门、车辆部门的意见，对列车方案图进行必要的调整。

8）根据列车方案图，铺画列车运行图详图，计算有关指标，编制列车时刻表。

9）对编制的列车运行图详图进行全面检查，并与有关部门沟通。

10）将编制好的列车运行图、列车时刻表和编制说明交由上级部门审批，批复后，下达给各相关部门，进行实施前的学习和准备工作。

3. 列车运行图的检查和指标计算

列车运行图编完后，必须对运行图的编制是否符合有关规定，是否满足安全运行条件等方面进行仔细的检查。

（1）检查的主要内容

1）上、下行各区段始发载客列车在始发站的开车时间是否符合营运时间的规定。

2）列车运行线的铺画是否符合规定的各项时间标准。

3）列车运行图上铺画的列车数和折返列车数是否符合要求。

4）各时段列车运行间隔是否符合高峰、一般及低谷客流时段的运能需要。

5）列车乘务员的工作和休息时间是否符合有关规定。

6）换乘站的列车到发密度是否均衡。

在检查并确认列车运行图完全符合相关的规定后，就可以计算列车运行图等有关指标。

（2）计算指标

1）总开行列车数。凡列车在运营线路上开行一个单程，无论是全程行驶还是短交路折返，都统计为开行列数。

总开行列车数 = 载客列车数 + 空驶列车数(列)

2）技术速度。技术速度是指列车在线路上运行速度，运行距离为列车单程运行所走行的路程，时间为列车在区间的运行时分，包括区间纯运行时分、起停车附加时分、慢行时分，但不包括列车在车站的停站时间及在线路两端的折返时间，计算公式为

$$v_{技} = \frac{L}{t_{运} - t_{站}}$$

式中 $v_{技}$——列车运行技术速度，单位为 km/h；

L——运营线路长度，单位为 km；

$t_{运}$——列车单程运行时间，单位为 h；

$t_{站}$——列车停站时间，单位为 h。

3）旅行速度。旅行速度是列车在营业时间内走行的公里数与所消耗的时间之比，所消耗时间包括运行时间、起停车附加时分、和停站时间，计算公式为

$$v_{旅} = \frac{\sum nL}{\sum nt}$$

式中 $v_{旅}$——列车旅行速度，单位为 km/h；

$\sum nL$——在营业时间内完成的公里数，单位为 km；

$\sum nt$——完成走行公里所消耗的时间，单位为 h。

4）输送能力。计算公式为

旅客输送能力 = 旅客列车开行列数 × 列车定员

5）高峰小时运用列车数。按照早高峰和晚高峰分别计算。

6）全日车辆总走行公里。全日车辆总走行公里为轨道运输车辆为运送乘客在运营线路上走行的公里数，包括图定的车辆空驶里程，和由于某种原因列车在中途清客或列车在少数车站通过后仍继续载客的车辆空驶里程。计算公式为

全日车辆总走行公里 = Σ(旅客列车数 × 编成辆数 × 列车运行距离)

7）车辆日均走行公里（简称日车公里）。指每列运用车辆每天走行的公里数，计算公式为

日均走行公里 = 全日车辆总走行公里/全日车辆运用数

8）车辆全周转时间。指车辆完成一次周转消耗的时间，计算公式为

车辆全周转时间 = 全日营业时间 × 运用车组数/全日车辆运用数

9）车辆周转时间。车辆在营业线路上完成一次周转（不含回库检修时间）所消耗的时间。

10）满载率。表示车辆客位的利用程度，用客运周转量和客位公里来计算，计算公式

为

$$满载率=\frac{客运周转量}{客位里程}\times100\%$$

4. 新图施行前的准备

新的列车运行图在编制完成后，为了进一步评价新运行图的编制质量，除了计算相关指标，还要与现行的运行图进行比较，分析各项指标提高或降低的原因。列车运行图经过审批，在实施前还需做好以下工作：

1）确定实行新图的日期，发布实行新图的命令。

2）印刷并分发列车时刻表。

3）组织有关员工认真学习新运行图，制定保证实现新运行图的措施，并按时做好实行新运行图前各项准备工作。

4）根据新列车运行图的规定，组织各站修订有关作业流程。

5）及时做好车辆和乘务人员的调整工作。

5. 编制列车时刻表

在铺画好列车运行图以后，应着手编制列车时刻表。列车时刻表是列车运行的另一种表示方法，它具体表示的是列车在上下行区间运行时间及在各站的停站时间标准。由于城市轨道交通系统的列车开行密度较高，对外公布的时刻表包括主要的开行时段，开行密度，以及首、末班列车时刻表即可。列车时刻表按照使用范围不同可以分为内部使用和对外公布两种。

任务四　列车运行调整

1. 列车运行调整原则

列车运行图对客车在车站的到发时刻、停站时分及在区间运行时分均作了具体规定，行车调度员应努力确保列车正点运行。但是在日常运输组织中，由于线路施工、列车运缓、自然灾害、设备故障、旅客上下车超过图定时间、行车事故以及指挥不当等影响，经常会发生列车停运、加开、早点、晚点的情况，使每天开行的列车数、运行时刻等与列车运行图有出入。列车的开行是一个系统工程，任何一个部门的工作失误都会影响到列车的正点运行，因此与列车运行有关的各部门，必须切实按照列车运行图合理安排本部门的工作。

列车运行调整工作应遵循以下原则：

（1）坚持按图行车，提高列车正点率　列车正点率是衡量城轨运行质量的重要指标，是运输管理水平的综合体现。在列车运行调整中，要加强调度指挥水平，严格按图行车，提高列车正点率，确保列车正点运行，重点抓好特殊时段（如上下班高峰、大型活动时）的运行组织工作。

（2）单一指挥　行车调度员要努力提高调度指挥的科学性，在列车运行调整的过程中，与行车有关的各部门的工作人员，必须服从行车调度员的集中统一指挥，各级领导和主管领导对列车运行的指示，要通过所在区段行车调度员去实现，坚决杜绝令出多口或多头指挥，维护调度命令的严肃性和权威性。

（3）下级调度服从上级调度指挥　在列车运行调整中，必须严肃调度纪律，下级调度必须服从上级调度的指挥，车站调度员必须听从行车调度员的指挥，对不认真执行命令、指示，影响列车运行者，要追究责任，严肃处理。

（4）安全生产　调度指挥必须坚持安全生产，正确及时的指挥列车运行。杜绝因调度指挥不当造成事故隐患。当出现危及行车安全的情况时，要正确、及时、妥善处理，提高应变能力。行车调度员必须正确、及时、清晰地发布调度命令，以保证列车安全为重点，组织列车安全运行。

（5）按列车运行状态及等级进行调整　行车调度员在进行列车运行调整时，对处于正常状态下运行的各次的列车，应按列车运行图正常办理；对不能按列车运行图运行的列车，应及时做出调整，尽快恢复其正点运行，在调整上，晚点列车应服从正点列车，一般列车服从重点列车。列车等级顺序排列为：专运列车、旅客列车、调试列车、回空列车、其他列车。在抢险救灾的情况下，优先放行救援列车。

2. 正常情况下的列车运行监控

城市轨道交通具有运能大、行车密度高、运行间隔短、运营安全、受气候影响小等优点。根据目前采用的信号设备，正常情况下的运行监控分为调度集中控制、调度监督下的自动运行控制和半自动运行控制三种模式下的运行监控。

（1）调度集中控制条件下的列车运行监控　调度集中控制条件下的列车运行组织，是在调度所行车调度员的指挥下，利用集中设备，对车站上列车的到、发、通过、折返等作业进行远程控制和调整，行车调度员是唯一的行车指挥者和操作者，车站一般不参与行车指挥工作，只是对有关作业进行监督。

调度集中控制设备必须具备以下功能：

1）车站采用电气集中联锁或微机联锁，能够对车站的设备（如道岔、进路）进行远程控制，车站设备要保证列车的安全运行。

2）行车调度员能够通过调度监督设备（微机显示器或显示屏）监护列车在线路上的运行状态、所有的信号显示、道岔位置及进路的布置。

3）行车调度员能够远程控制车站的道岔转换、进路排列、信号开放、指挥和调整列车的运行。

4）设有自动或人工绘制列车运行图的设备。

（2）调度监督下的自动运行控制　这是目前城市轨道交通采用的主要列车运行方式。它是利用计算机技术对列车实行自动指挥和自动运行监护，并利用列车自动防护（ATP）系统保护列车运行安全。在正常情况下，系统能够根据列车运行图自动排列车站的接发车进路，列车按照自动运行（ATO）系统模式自动运行。调度监督下的自动运行控制应能实现以下功能：

1）计算机系统内存储多套列车运行图，根据实际使用的运行图实现列车自动运行。

2）调度监督能够对运行的列车实时跟踪监控，对线路占用、道岔位置、信号显示、进路布置能够通过终端系统显示其状态。

3）能够实现集中控制系统和车站控制系统控制权的转换。

4）能够自动或人工对列车运行做出必要的调整，包括车站进路排列、道岔转换、信号开放等。

5）列车运行一般采用 ATO 系统模式，必要时转换人工控制，列车占用区间的凭证为列车收到的速度码。

6）列车自动防护（ATP）系统为列车运行安全提供保证，使前后列车保持必要的间隔。

7）能够自动或人工绘制列车实迹运行图。

（3）调度监督下的半自动控制　调度监督下的半自动控制是在调度所的统一指挥和监督下，由车站控制列车进路的排列、信号开放等作业的一种运行模式。这种模式在早期运营的城轨中采用，并一直沿用到现在。在新修建的城轨中，信号系统尚未安装调试到位，过渡期运营时也可采用此模式，在正式运营中，当中央 ATS 发生故障，或者特殊情况进行运行调整时，也可采用此模式。

调度监督下的半自动控制应实现以下功能：

1）车站采用电气集中联锁或微机联锁，能实现进路排列、道岔转换、信号开放等功能。

2）能够实现线路状况、进路占用情况、道岔位置、信号等状态的实时监控，对列车的运行进行监护。

3）能够对列车运行的数据进行记录，便于调阅。

4）车站能够根据行车调度员的指令调整列车运行。

5）人工或微机绘制实迹列车运行图。

3. 非正常情况下的列车运行调整方法

在正常情况下的列车能够按照列车运行图规定的时刻运行，实现按图行车。对于较小的行车延误，系统可自动进行调整干预，努力实现列车正点运行。

列车的正点运行，应首先保证列车的正点始发，这是基础，当出现列车途中运缓、作业延误或设备故障造成列车运行晚点时，特别是在某些特殊情况下，如重要政治活动、重大体育赛事、文化演出或线路出现突发紧急事件时，行车调度员应根据晚点的实际情况，按照上级指示及时、准确地做出调整的措施，以满足实际运营需要，尽快恢复列车运行秩序的正常。

以下是一些常用的列车运行调整方法：

（1）提前或推迟发车　始发站提前或推迟出发列车。

（2）提高车速　根据列车的技术状态、线路允许速度，改变列车等级，组织列车提高速度，恢复正点运行。

（3）缩短停站时间　组织列车在车站快速作业，缩短停站时间。

（4）跳停　组织列车载客通过，又称为列车跳停。一般情况下不采取此措施。只有当某一列车因故晚点，对后行列车大量拥堵，且在短时间内无法恢复，造成运行秩序紊乱，系统无法及时调整时，行车调度员可以适当的将该列车不停车（放站）通过某些车站，使该列车缩短运行时间，减少对后续列车的影响，恢复列车的正常运营秩序。

行车调度员应严格掌握跳停的使用，下列情况原则上不允许使用跳停：

1）客流量较大的车站；

2）该列车为首、末班车；

3）连续两列车跳停同一车站；

4）列车运行的高峰时段慎用；

5）广播出现故障的客车。

在实际使用跳停时，应在始发站乘客上车前作出安排，途中需要安排时，应提前两站通过广播或其他方式通知乘客。

列车跳停的设置可由行车调度员在中央工作站完成，也可以由调度员命令驾驶员在当次列车上完成。列车跳停仅对 ATO 运行列车设置有效。

（5）加开备车　当出现列车晚点、客流异常、列车故障、开行专列等情况时，可以使用加开备车的调整方法。通过正线备车或库内备车进入正线运营，从而提高运能，解决运输瓶颈。该方法已经成为一种常用的调整方法，可以有效的解决短时运力紧张的局面。

（6）列车清客　是指在列车运行过程中，出现某些异常情况（如列车故障、线路故障、自然灾害、火灾、爆炸等），无法保证列车运行安全、无法正常行驶，或因列车调整的要求，列车改变正常的行车路线时，需要进行清客作业。

当列车调度员做出清客决定后，应及时通知驾驶员、车站做好准备，驾驶员、车站负责做好乘客的解释工作，驾驶员关闭车厢照明，车站协助驾驶员做好清客工作，清客完毕后，由车站通知驾驶员关闭车门，驾驶员请示行车调度员后起动列车。

遇旅客不配合清客作业时的处理：清客 2min 后，若车上仍有旅客未下车，车站应通知驾驶员车内乘客情况，驾驶员应与行车调度员联系，确定开车还是再次清客。

若客车上的旅客未清完，则在列车退出运营的最后一个车站再次清客，并及时通知车站工作人员给与配合。若旅客在客车退出运营的最后车站仍然不下车，行车调度员指示列车回库后。通知车库的工作人员及公安解决善后问题。

（7）列车反方向运行　一般情况下，城市轨道交通线路均为双线设置，上下行列车各自运行，互不影响。列车反方向运行主要适用于特殊情况下的列车运行调整以及救援列车的开行。通常列车反方向运行都没有 ATP 保护，因此只有在满足一些必要条件后，行出调度员才可以考虑使用这一调整措施。

列车反方向运行的办理方式有两种：人工 ATP 驾驶方式和切除 ATP 人工驾驶方式。

1）人工 ATP 驾驶方式。只有当列车反方向运行区段设有 ATP 速度码时，才可以采取此方式。此时，列车反方向运行按人工 ATP 方式办理，行车凭证为列车收到的速度码，依据行调下达的准许列车反方向运行的调度命令办理，区间运行按列车收到的速度码执行。

2）切除 ATP 人工驾驶方式。当列车反方向运行区段没有速度码时采用此方式。行车调度员下达准许列车反方向运行的调度命令，按站间电话闭塞法办理行车，列车发车间隔需满足站间区间空闲的要求，列车运行速度按行调指令或按规定速度运行，行车调度员下达反向切除 ATP 运行的调度命令时，应封锁与反向运行区段末端相邻的一个站间区间，严禁对向列车进入该封锁区间，确保行车安全，同时行车调度员应跟踪调度指挥，保证反方向列车的运行安全。

（8）隧道内线路积水时的行车　巡道、巡检人员、驾驶员及其他行车有关人员发现隧道线路积水时，应立即报行车调度员，行车调度员要及时通知相关维修部门进行抢险，并根据需要下达抢险命令。

积水区间的列车运行速度按行车调度员下达的命令规定执行，列车运行以 ATP 方式进行，越过积水区间，到前方站后恢复 ATO 方式运行。

由于天气或设备的影响，造成地下隧道内发生积水情况时。为了保证列车运行安全和运行秩序，应根据积水面距轨面高度的不同，设定列车的不同行驶速度。当积水面距钢轨轨面的距离越小时，表明积水越深，对行车和列车车辆的影响也越大。因为此时列车驾驶员无法判断线路状况是否符合行车安全的要求与条件；列车通过该段线路时，水是否会进入列车下部设备，特别是电机、电器设备等，造成电器短路，损坏列车。

行车调度员在指挥行车的同时，应按有关程序上报，尽快查明隧道线路积水原因，通知有关人员按照相应的预案，采取抢险措施排除积水。抢险人员随列车进出积水区间，应配备通讯工具并做好自我及邻线防护。地下线路或地面、高架线路夜间抢险时，行车调度员须令相关车站的行车值班员启动积水区间的照明。

（9）地面车站或区间遇大雾、暴雨大风等恶劣天气时的行车组织

1）地面车站或高架线路遇大雾时。列车按原来的 ATO 方式运行；列车进站时，驾驶员要加强瞭望，鸣笛示警，遇有险情时，立即采取停车措施；车站要加强组织，执行恶劣天气下的组织预案，特别要强调站台组织，注意旅客的乘车安全，避免出现人身伤亡。

2）地面车站或高架线路遇台风、暴雨时。列车继续以 ATO 方式运行，列车进站时，驾驶员要加强瞭望，鸣笛示警；车站要执行恶劣天气下的组织预案，强化站台旅客组织，注意利用广播提示旅客客车的运行信息，注意人身安全，遇有险情时，及时采取停车措施。

当发生十级（含十级）以上台风时，列车要采取停运措施，并进入到安全的车站待命，并尽可能使列车利用折返线转入地下运行，执行小交路运行。同时车站要及时利用广播、站台车厢内电视等形式告之旅客列车运行的有关信息。

（10）大客流情况下的运行组织　随着我国城市化进程的加快，城市人口急剧增加，经常出现在某一时段、某一地区大客流突发的情况，此时需要采取一些及时的措施疏散客流，防止出现意外事件。

1）当某一车站出现大客流时，客运调度员要通过各种渠道及时发布相关信息，通知全线各站，并告知乘车的旅客，并请轨道公安部门配合，组织好车站客流的疏散和安置工作。

2）如站内客流超过安全容许的程度，要及时采取封站措施，禁止旅客进入，做好站外到站厅客流截流工作，以减轻站台的压力，并处理好乘客的情绪；同时，请求其他运输方式的配合，共同输送旅客。

3）如遇大客流发生在轨道换乘站，相邻线路的行车调度员要互通信息，加强配合，尽可能通过其他车站换乘旅客，当换乘站客流持续增长要及时通知相邻换乘站启动“换乘站客流组织应急预案”。

当换乘站客流超出容许限度时，要采取限制换乘人数、临时关闭换乘通道、临时停售车票等措施，并请轨道公安部门配合好旅客的组织工作，同时通过广播等媒体及时向旅客通报有关信息，稳定乘客的情绪，避免出现乘客拥挤、摔倒等现象，确保安全。

当大客流得到有效疏散，客流恢复到正常水平时，车站及时向行车调度员汇报，取消应急预案，打开封锁的换乘通道，恢复正常运营行车。

【拓展与提高】

一、行车调度工作分析

行车调度工作分析，是通过对运输工作进行综合分析，肯定成绩、总结和推广先进经验，及时发现日常运输生产中出现的问题，找出行车秩序不正常的原因，寻找规律性的因

素，针对存在的问题提出各种解决措施，以便完善工作，为运行图的修改和上级领导的决策提供依据。

调度工作分析，不仅要对日常运输工作进行事后的分析，而且要走在运输工作的前面，充分发挥参谋部的作用。这就是说，通过分析研究，预见到运输工作发展的趋势和可能出现的问题，并拟定相应的措施，最大限度地化不利因素为有利因素，因势利导，顺利完成旅客运输任务。

调度工作分析必须及时、准确。只有准确的分析，才能客观地反映运输工作的实际情况，恰当地评价工作中的优缺点，以便针对存在的问题，制定可行的解决措施。另外。运输工作具有多变性，这就要求调度工作必须及时分析，及时拟定措施，及时采取措施。如果分析不及时，等到分析完问题，提出解决措施，实际情况已经发生了变化，提出的措施没有了针对性，自然就没有作用了。

调度工作分析可以分为日常分析、定期分析和专题分析。

日常分析是指每日工作结束后，对本班次运输生产情况进行分析，总结优点，发现缺点，对存在的问题应查明情况及原因，及时采取相应的措施。

定期分析是在日常分析的基础上，根据一段时间（旬、月、年等）运输生产各项指标完成的情况，进行分析，并提出改进日常运输组织工作的意见。

专题分析是指运输生产的某一方面或某一项指标有比较突出的变化或问题，严重影响到运输生产。此时，有关人员要深入调查研究，收集整理资料，找出问题，及时上报，并提出切实可行的解决措施，以保证运输生产的正常进行。

1. 行车调度工作考核指标

（1）列车运行图的兑现率　体现了基本运行图的完成情况。

计划开行列车数：当日运行图计划开行列车总数（含空车）。

运休列车数：由于各种原因（客车、天气等），取消的计划列车数（包含计划空车）。

实际开行列车数：当日实际开行的计划列车数（不包含加开列车）。

$$\text{实际开行列车数} = \text{计划开行列车数} - \text{运休列车数}$$

加开列车数：全天在计划开行列车数以外开行的列车数，包括空车和载客车。

$$\text{兑现率} = \frac{\text{实际开行列车数}}{\text{计划开行列车数}} \times 100\%$$

$$\text{总开行列车数} = \text{实际开行列车数} + \text{加开列车数}$$

（2）正点率指标　它是指一定时期内正点运行的列车数与总开行列车数之比。

$$\text{列车正点率} = \frac{\text{正点运行列车数}}{\text{总开行列车数}} \times 100\%$$

列车正点率包括列车始发正点率和列车到达正点率，列车正点统计的规定如下：

1）凡按列车运行图规定的车次、时间正点始发、正点运行的列车统计为正点列车数，早点或晚点不超过2min的按正点列车统计；临时加开的列车按正点统计。

2）由于客流的变化，行车调度员采取临时措施，抽调或加开部分列车时，调整后的运行时间，一律按正点统计。

（3）平均满载率指标　它是指在单位时间内，车辆载客能力的平均利用效率。

$$平均满载率=\frac{日均客运量\times 平均运距}{输送能力\times 线路长度}\times 100\%$$

（4）清客统计　当运营列车发生清客时，需要在车站或区间将车上的旅客清除至站台，该列车按清客统计。

（5）载客通过（跳停）　由于运输的需要，载客列车在运行过程中要某一站或某些站不停车通过，该列车按跳停统计。

2. 列车运行图分析

列车运行图是轨道运输组织的基础。列车实迹运行图是各部门工作协同动作情况的综合体现，反映运输有关部门的工作质量，按图行车是运输生产的基本要求，是保持运输良好秩序的基本条件，因此，应对列车按运行图行车的情况进行分析。

对列车运行图进行分析的目的是查明未按列车运行图行车的原因，分清楚各部门的责任，以便采取相应的改进措施，保证运输生产的顺利进行。

（1）日运行图分析　通常是由当班的行车调度员完成，主要分析列车运行计划完成情况、车辆运用情况、电力运用情况、施工进度完成情况、列车运行正点率情况等。

（2）旬运行图分析　由控制中心分析调度员完成，是在日常分析的基础上，对列车运用、运行正点率、走行公里数、列车开行兑现情况、客流量变化等进行分析。

（3）月运行图分析　是在调度控制中心主任的主持下，对每月列车运行总的情况进行分析，主要包括：列车运用、运行正点率、运营公里、空驶公里、列车调整措施的运用、列车运行速度、行车安全情况等。

（4）专题分析　是对列车运行中某些突出的问题进行专门分析，主要是对一段时间里，列车运行出现的共性问题如列车晚点、行车安全、人身伤亡、行车设备故障、客流异常等进行调研分析，查找原因，提出解决措施，使运行秩序恢复正常。

二、列车交路计划

列车交路计划是根据运营组织的要求及运营条件的变化，按列车运行图或由行车调度员指挥列车按规定区间运行、折返的列车运行计划。

我国城市轨道交通列车运行方案基本采取的是单一交路、站站停车的运行方式。这种运行方式可以满足每个车站乘客坐车的需要，缺点是单次运行时间较长，不能很好地满足长线乘客的需要。随着轨道交通线路的延长、城轨交通网络的发展和其他运输方式的衔接等新情况的出现，迫切需要对原有的列车开行方案进行改进，以满足长线乘客和短线乘客的需要、区段客流大小不同的需要、峰谷客流和峰底客流的需要、上下行客流相差悬殊的需要和不同运输方式衔接运行的需要。

面对不同的客流和设备的条件，轨道交通应采用灵活的列车开行方案，实现运输能力和客流大小、乘客乘车距离差异、车辆设备之间协调配合，以取得经济效益和社会效益的优化。

1. 列车交路的种类

在列车开行计划中，列车交路规定了每一列车运行的区段、折返的车站和按不同运行方式开行的列车对数。当线路各区段的客流量差别较大时，通过列车交路的科学设计，可以在满足乘客需要的前提下，提高车辆的使用效率，使运能和需求很好的结合。

目前城市轨道运输使用的交路包括长交路、短交路和长短交路。长交路是指列车在两个终点站之间往返运行；短交路是指列车在指定的中间站折返，运行较短的距离；长短交路是指列车结合了长、短交路两种情况，既可以在终点站折返，也可以在中间站折返，运行较为灵活。

图 8-9 是长交路的图解形式，在这种运用方式中，列车运行组织方法较为简单，列车只是简单的在两个终点站之间折返运行，对中间站的设备要求不高，但是在各区段客流量不同时，容易造成部分能力的浪费。

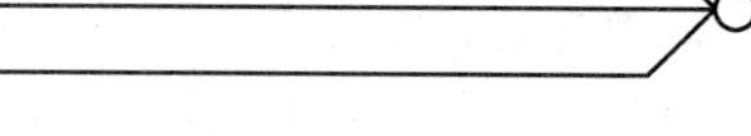

图 8-9　长交路示意图

图 8-10 是短交路的图解形式，短交路运行距离短，能适应不同区段客流的需要，运营较为经济，但对中间站的要求较高，不仅需要折返线路，还要具备方便的换乘条件，投资较大，且长线旅客出行不方便，因此在城市轨道运输中较少采用。

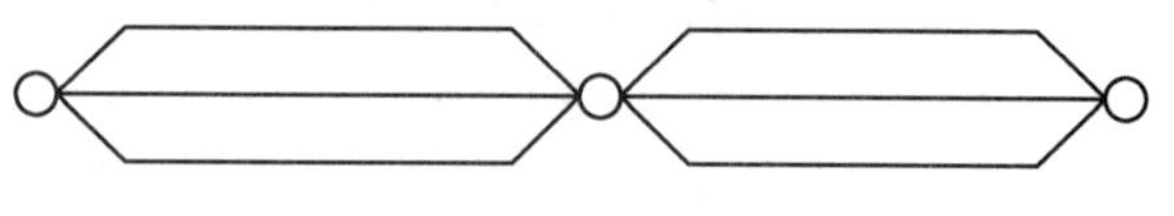

图 8-10　短交路示意图

长短交路是采用长交路和短交路混跑的方案，兼顾了不同乘客的需要。在各区段客流量差别不大情况下，以采用长交路为主，短交路为辅，组织列车在线路上以不同的密度运行；当低谷客流在空间上分布相差悬殊时，可以在此时间段里采用短交路运行，组织列车在中间站折返，既顺利完成了旅客运输任务，不影响线路通过能力，又取得很好的经济效益。

2. 列车交路计划的确定

列车交路计划的最终确定应建立在对线路各区段客流量统计分析的基础上，结合线路通过能力和客流量的大小，进行可行性研究后加以确定。

区段客流的大小是列车交路确定的最主要的因素，也就是在客流调查分析的基础上，根据客流在空间、时间上分布的规律加以研究，确定列车开行的方案，勾画列车交路。另外，城市轨道交通的线路在设置的时候，根据车站位置的不同、客流量的大小，只有少量车站设置了能够进行调车作业的线路，能够满足列车折返作业的需要，列车交路的实现只能在两个设有调车或折返线路的车站之间进行，列车交路还需要考虑是否会影响行车组织的其他环节，如行车间隔、车站后续列车的接车等。最后，客流组织的方式也是确定列车交路的重要因素之一，由于列车交路计划的调整可能导致列车运行终到站的变化，相关车站的乘客乘降作业、列车清客、转线和客运服务作业组织都会出现相应的变化，这些都对车站作业组织提出了较高的要求，如果客运组织水平无法满足，就会对列车的运行产生不利的影响，因此，客运组织也是确定列车交路时需要考虑的因素。

【复习思考题】

1. 城市轨道交通调度机构工作岗位的设置及其职责有哪些？
2. 行车调度工作的基本任务是什么？
3. 行车调度的控制方式有哪几种？
4. 客车出入车厂的行车组织方法是什么？

5. 行车调度命令发布有何要求？
6. 行车调度命令在何种情况下发布？
7. 列车运行图的编制需要哪些要素？
8. 常用的列车运行调整方法有哪些？
9. 隧道内线路积水时的行车组织办法是什么？
10. 地面站及地面区间迷雾、暴雨天情况下行车组织方法是什么？

项目九　行车突发事件应急处理

【知识要点】

行车突发事件应急处理规定及处理方法。

【项目任务】

1. 掌握挤岔时的处理办法。
2. 掌握发生火灾时的处理办法。
3. 掌握列车脱轨时的行车组织办法。
4. 掌握列车在区间被迫停车后的处理办法。

【相关理论知识及应急处理】

一、挤道岔时的处理

1. 基本概念

（1）道岔定义　道岔是轨道线路相连接或相交叉的设备总称。道岔是轨道的组成部分之一，作用是引导机车车辆由一条线路转往另一条线路或越过与其交叉的另一条线路。

（2）道岔种类　常见的道岔种类有：单开道岔、对称道岔、三开道岔、交分道岔、交叉设备等。用道岔中心线表示的各种道岔如图 9-1 所示。

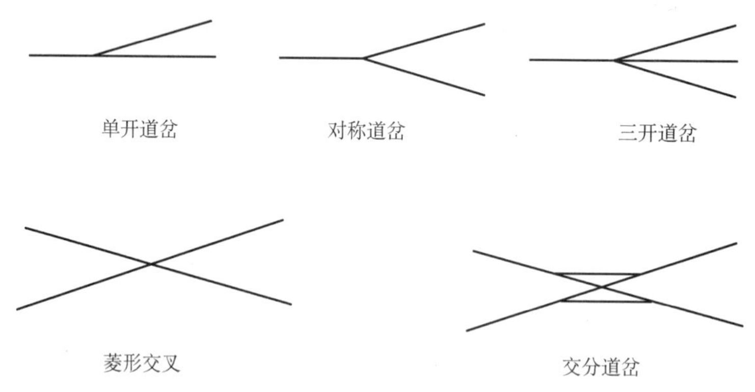

图 9-1　道岔中心线表示的道岔

（3）道岔组成　普通单开道岔由转辙器部分、连接部分、辙叉部分组成，如图 9-2 所示。

（4）挤道岔　车轮挤过或挤坏道岔，即为挤道岔事故。

处于良好状态的道岔，一侧的尖轨与基本轨密贴，另一侧的尖轨与基本轨分离。发生挤道岔事故后，由于车轮强行挤开与基本轨密贴的尖轨，往往造成尖轨弯曲变形，转辙机遭到破坏，使得道岔损坏，尖轨不能与基本轨密贴。

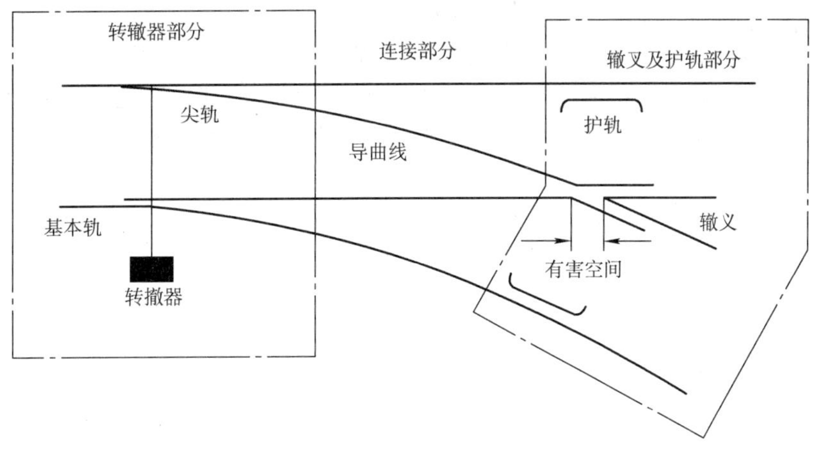

图 9-2　单开道岔组成示意图

2. 挤道岔时的处理

（1）对列车的处理　发生挤道岔事故后，要根据列车停留位置及道岔类别具体处理。

1）列车已全部挤过道岔。通知维修部门对道岔进行检查，并根据损坏情况处理。

2）列车停留在道岔。组织压在道岔上的列车顺道岔方向缓缓移动，待全部拉过道岔后，由维修部门处理。不要组织列车逆尖轨方向后退，因为后退很容易造成脱轨，扩大事故。必须后退时，应当将尖轨钉固后再后退。如果列车停留在复式交分道岔上，由于复式交分道岔结构复杂，挤岔后禁止移动，应由线路维修部门处理。

（2）维修部门的处理

1）检查道岔尖轨是否损坏。如尖轨经拨动后仍然可以密贴，可以用钩锁器锁闭；如尖轨损坏，应及时更换道岔尖轨。

2）更换转辙机相关设备。根据现场情况，当场或事后更换电动转辙机及其有关装置。

3）检查试验。修复后，对道岔的动作状态予以检查调试，与车控室内行车值班员共同试验，确保状态良好。

4）清理现场。检查工具是否齐全，对现场彻底清理，保证轨道及限界内没有遗留任何物料，消除事故隐患。

二、列车脱轨时的处理

脱轨系指车轮落下轨面（包括脱轨后又自行复轨），或车轮轮缘顶部高于轨面（因作业需要的除外）。每辆只要脱轨 1 轮，即按 1 辆计算。

1. 乘客疏散

发生脱轨事故后，列车驾驶员应立即广播通知乘客，安抚乘客情绪，提醒乘客准备清客。并检查乘客伤亡情况及有无残疾人士，向控制中心调度员报告列车的准确位置、大约载客量、乘客伤亡人数及是否需要救助。

对于站台上的乘客及从列车上清客到站台的乘客，车站应做好以下几点工作：发布列车暂时不能运行的消息；向乘客提供相关路段公共汽车运行资料；组织滞留乘客有序离开车站。

（1）列车在车站脱轨　得到调度员清客指示后，车站广播提醒站台上的乘客不要登乘列车，并安排人员到站台组织清客。列车驾驶员广播通知车厢内乘客进行清客的决定，打开车门，协助乘客返回站台。清客完毕及时向调度报告。

（2）列车在区间脱轨　控制中心调度员做好保护措施：停止相邻轨道以及乘客疏散可能经过轨道的行车，根据需要指示电力调度员断开牵引供电。指示就近车站迅速赶赴现场，由驾驶员协助清客。通知公安部门前往事故地点控制客流并协助疏散。

列车驾驶员在准备清客的车门上安放好应急梯，通知乘客应急梯的位置及使用办法，并通过广播不断发布救援信息以安抚乘客，避免引起恐慌情绪。车站人员到达后，指示乘客跟随车站人员步行去往附近车站。

车站指派清客负责人率领人员携带无线通信设备、扩音器及信号灯前往事故地点，执行清客任务。确定乘客全部撤离列车后，协助驾驶员收回应急梯。在清客过程中，做好组织工作，引导乘客有序疏散，保证全部安全返回站台，抢救伤者脱离现场。对于道岔、交叉口或其他有潜在危险的地方，应当安排人员驻守，避免乘客偏离清客路线，提醒乘客注意脚下障碍物。

确认所有人员撤离车厢以及轨道，路段上没有人或障碍物后，向调度员报告。

2. 列车救援

（1）事故报告及救援前的准备工作　列车驾驶员检查确认脱轨后，向控制中心调度员请求救援，报告列车的准确地点、脱轨位置及辆数、线路设备损坏程度等情况，并做好防护措施。如列车停在区间，应注意对列车前后线路进行巡查。

调度员接到事故报告后，指示后续列车停留在车站，如区间有其他列车运行时，应指示尽量驶往就近车站停留，避免停在区间。停止相邻轨道的列车运行。

（2）事故救援　对事故现场进行全面勘察，根据脱轨程度、脱轨地点、破损情况及其他实际条件制定具体的起复方案。由一人负责指挥，要分工明确，由胜任人员作业，做好防护。在起复作业中应注意安全，防止发生人身伤亡事故或扩大脱轨事故。

起复完毕后，应当检查列车、线路及其他设备损坏情况，以便及时更换钢轨、枕木或道岔。事故勘察、救援工作及公安调查完成后，清理轨道，把一切工具撤出线路，立即将列车拉到附近的停车厂、车辆段或侧线，以及时开通线路。

三、发生火灾的处理

火灾发生后，应当快速作出反应，贯彻“救人第一，救人与灭火同步进行”的原则，积极疏散乘客，进行施救。把握好起火初期，采取正确的应急措施，有效扑灭火灾，最大限度地减少人员伤亡和设备损失。

1. 火灾事故报告

确认发生火灾后，应当立即报告控制中心，并立即报告119火警、110报警中心，视情况需要还应报告120急救中心及公安部门。报告的主要内容如下：

1）火灾的确切地点；

2）火灾原因的初步判断；

3）火灾蔓延趋势及方向；

4）现场扑救力量；

5）人员伤亡及救助情况；

6）设备损失及对铁路行车的影响。

2. 灭火自救

在确保自身安全情况下，现场员工应抓住火灾初期的关键时间，积极尝试扑救。

只有同时具备可燃物、助燃物和火源这三个要素，火才能燃烧起来，所以，只要有效地去掉这三个要素中的任何一个，即可扑灭火灾。一般情况下可采用如下方法：

（1）移走可燃物　将燃烧点附近的可燃物迅速移开，以防止火势蔓延，没有可燃物，燃烧自然就会中止。

（2）冷却降低燃烧物的温度　燃烧物的温度降到燃点以下，燃烧就会停止。主要办法是向燃烧物上喷水或灭火剂。

（3）隔绝空气　燃烧物得不到充足的氧气也会熄灭。可以用棉毯、湿棉被、沙、泡沫等覆盖在燃烧物上，也可以关闭现场门窗及其他通道口。

（4）切断电源　发生火灾后，应迅速切断电源，防止火灾事故扩大。

（5）引导消防人员进入灭火现场　如果火势很大依靠员工无法控制时，应撤离车站。等待消防人员到达后，引导其进入现场灭火，参与应急处理救援的外围工作。

3. 逃生帮助

（1）指导所有人员有效逃生，避免烟熏窒息　火灾发生后，烟雾是人员伤亡的第一杀手。因此，车站应当指导人员逃生时，尽量捂住口鼻，低头弯腰贴地快速跑出烟雾区，减少烟气吸入，避免中毒。

（2）启动隧道通风排烟系统　输送新鲜空气，将烟雾向远离乘客疏散方向的一端排出。

4. 火灾处理

根据火灾发生的位置，可分为车站火灾和列车火灾两类，它们的处理方式稍有不同。

（1）车站火灾

1）车站报告及扑救火灾。车站派人携带无线通信设备前往现场，证实火灾发生后，立即报告119火警、110报警中心和控制中心调度员，并根据情况报告120急救中心、公安部门。警告乘客及其他人员远离火灾现场，在保证自身安全的前提下积极灭火。

消防人员到达后，汇报火灾的准确位置、电源切断情况、火灾现场是否有人被困。引领消防人员进入现场灭火，配合救援处理。

2）车站疏散。当火势较大，向控制中心调度员请求后执行车站疏散程序。在紧急情况下进行车站疏散时，乘客容易恐慌而导致混乱，所以车站有关人员平时必须熟悉疏散路线及疏散集合地。这样的话，一旦需要就能安排乘客按照疏散路线迅速有序地离开车站，车站人员也能迅速到达预设的疏散集合地点。需要疏散时通过广播通知乘客疏散原因、疏散线路、车票处理，打开所有闸门加快疏散速度，派人现场引导乘客按预定线路紧急从各个出口出站，对于有困难的乘客应积极提供帮助。

接到疏散指示后，车站人员立刻停止服务，关闭售票机和充值机，安全处理票款。乘客疏散完毕后，车站员工迅速撤离车站，前往紧急集合地点。关闭车站除紧急出入口外的其他出入口，并张贴“车站关闭”的告示以及换乘公共汽车等其他交通工具的指南。

3）火灾后的处理。控制中心调度员应停止所有须经过该站的列车运行，严禁将列车放入着火车站。确定站内火灾完全扑灭、烟雾消散后，组织车站员工进入车站清理现场，维修部门对线路、通信信号、供电等设备进行检查、修复。待事故隐患彻底消除，列车即可开行，车站重新开放，恢复运营。

（2）列车火灾

1）驾驶员报告及前期处置。列车着火后，驾驶员应向车厢内的乘客详细查询如下情况：起火或冒烟的车辆及位置；火势大小及烟雾浓度；起火原因；人员伤亡情况及设备损毁程度。然后将这些内容立即向控制中心调度员报告，同时说清楚列车车次、所处位置。同时安抚乘客情绪，并指导乘客使用车厢中的灭火器灭火自救。

2）列车在区间发生火灾时的处理。发生火灾的列车处于区间时，应尽量将列车驶入前方站，再进行处理。这样有几个好处：一是便于利用站台疏散乘客。在区间发生火灾，尤其地下隧道狭窄，火势比较集中，烟雾不易散发，逃生困难。而且乘客只能沿轨道前往车站，走行距离长，乘客本身比较恐慌，再加人员密集，容易造成混乱。二是便于利用车站消防设施灭火。车站空间相对开阔，消防设施全面，车站人员较多，有利于组织扑救火灾。

如果列车无法驶入前方站，驾驶员立即报告行车调度员后，将列车停在区间，安排乘客紧急疏散。根据火灾位置、烟雾扩散方向，打开相应的疏散门，广播通知乘客按安全的方向疏散，下车后迅速步行前往车站。

车站接到列车疏散命令后，打开屏蔽门，派人携带无线通信设备及防护用品，前往区间协助列车清客，将乘客领回车站。准备好消防器材，选择合适的位置协助灭火，并启动通风系统排除烟雾。

3）行车调度员的处理。控制中心调度员确定列车发生火灾后，及时报告119火警、110报警中心，并根据情况报告120急救中心、公安部门。停止续行列车的运行，并停止相邻线路的行车。应使本线续行的列车及相邻线路的列车进入就近车站停车，避免在区间停车，以免引起乘客恐慌。彻底灭火后，组织开行救援列车，将着火列车拉到附近的停车厂、车辆段或侧线。由维修部门检查、修复损坏的线路及其他设备后，清理轨道，及时开通线路。

5. 韩国大邱市地铁火灾事故案例分析

（1）事故概况　2003年2月18日9时53分，韩国大邱市1079号地铁列车到达中央路车站，在3号车厢内，有精神病史的56岁的金大中用打火机点燃装有汽油的塑料桶，扔进车厢，发生了韩国历史上最大的地铁蓄意纵火案。由于车厢内座椅上包着一层易燃的薄绒布，车厢间也没有隔断，3号车厢的火势迅速蔓延，整个列车浓烟滚滚。因为1079号列车已经到站，车门打开，部分乘客得以逃生。

3分钟之后，39岁的驾驶员崔相烈驾驶另一列对开的1080号列车到达中央路站，他打开车门，浓烟立刻灌进来，又马上关上车门。驾驶员向综合控制室请示怎么办，同时通知乘客等候，于是乘客坐着没动，失去了逃生时机。浓烟和大火自动切断车站的电源，站内一片漆黑。1080号列车因为停电无法继续运行，6节车厢迅速燃起大火。驾驶员在逃生的同时拔出了主控钥匙，使得紧急电源切断，车厢陷入黑暗，同时车门无法打开。全列24个车门中，仅有4个车门被乘客中的地铁职工手动打开，许多普通乘客不知道如何手动开门，地铁列车车窗玻璃又很坚固无法打破，使得这一列车的遇难人数占了多数。

1300多名消防队员经3个多小时才扑灭这场地铁大火，但是车站内温度仍然很高，直到降温后才进入车站救援。这次大邱市地铁火灾事故一共造成296人死亡，146人受伤，269人失踪。

（2）事故原因

1）地铁车站缺乏安全检查措施。韩国地铁车站运作方式是无人化状态，一般只有一位工作人员接待乘客。没人检查乘客及其随身携带物品，乘客可以携带任何物品乘坐地铁列车。结果纵火犯轻易地携带汽油这类危险品上车，制造了这起地铁惨案。

2）车站内和列车上灭火、通风设备能力不足。韩国的地铁车站内装有火灾自动报警和自动淋水灭火装置，但是在对付严重火灾时明显不足，尤其是自动淋水灭火装置，在此次事故中没有起到应有的作用。

由于列车上空的接触网是高压电，为了防止触电，列车内不能安装自动淋水灭火装置。但是车厢内也没有配备灭火器，使得在火灾初期，乘客无法灭火自救，造成重大伤亡。

车站设有通风设备，平时足够保障空气流通，可是在对付重大火灾时明显容量不足。在这次火灾事故中，并没有起到太大的作用，大量浓烟无法排放，造成许多乘客窒息而死，并且救援人员到达后也无法进入现场救援。

3）车站供电系统缺乏备用电源。火灾自动切断电源，地铁车站的供电系统立即瘫痪，这种完全停电的状态带来两种不良后果。一是使两列地铁列车无法行驶，任由大火烧毁，扩大了灾难。二是地铁站内缺乏可以紧急启动的备用电源，无法点亮紧急照明灯、发光指示标志等，虽然站内到出口只有步行两分钟的路程，但是断电后车站立刻陷入黑暗，乘客在慌乱中根本找不到出口，加大了伤亡。

4）列车设备存在火灾隐患。被烧毁的地铁列车地板、顶篷和坐椅等，虽然由耐燃材料制成，不容易起火，可是一旦经高温燃烧后，就会释放出大量有毒气体。大量乘客正是吸入这些毒烟迅速死亡，有毒气体还阻止救援人员及时进入现场抢救。

该地铁列车的车厢内座椅较多，而座椅上都包着一层易燃的丝绒，一经着火，火焰就会迅速在整个车厢内蔓延，乘客来不及撤离。

5）各方面缺乏防灾意识。在韩国现行的《消防法》中，针对飞机、船舶、火车等移动的交通工具，消防安全规定相对缺乏。大邱市地铁是依据20世纪70年代防灾标准建造的，防灾能力不能够适应较大灾害。

民众安全知识薄弱，逃生本领差。许多人不太清楚消防器材的位置和使用方法，遇紧急情况不知道使用灭火器材灭火自救。

地铁部门防灾意识不强，对乘客从地铁中逃生的方法宣传教育不足。这次地铁火灾中，如果乘客能及时手动打开车门，就能大量减少伤亡。但是很多人不知道地铁列车中有手动开门开关，即使有些人知道有这种装置，也不知道其位置或不会使用，使得这些逃生装置在关键时候形同虚设。

6）地铁工作人员采取措施不当。调度人员在得知1079号列车发生火灾的情况下，仍将1080号列车放行进入中央路车站，并且在处理事故时犹豫不决，导致1080号列车也着火燃烧。1080号列车驾驶员逃离时拔出列车主控钥匙，致使列车车门无法打开，乘客难以逃生，大量遇难。

（3）事故应急处理的不当之处

1）驾驶员。1079号列车驾驶员崔正焕在火灾发生22分钟之后，才用手机报告中央控制室。正是由于他没有立即报告，使得控制室作出了错误判断，延误了事故处理。1079号列车在9:53起火，直到10点钟，有乘客亲属打电话给地铁总公司，地铁公司尚不知情。由于没有得到现场报告，地铁控制室难以掌握火灾实际情况，因而没有及时阻止1080号列车驶进车站，导致1080号列车也着火燃烧。

1080号列车驶入中央路车站后，因为断电无法行驶，驾驶员崔相烈没有采取有效措施疏散乘客。先打开车门，发现烟雾涌入车内，立刻关闭车门，向调度人员请示。在没有得到调度人员明确答复的情况下，广播通知乘客别动，贻误了逃生时机。在火势蔓延、形势危急的情况下，1080号列车驾驶员紧急逃离火灾现场，竟然拔走了列车的主控钥匙，列车车门不能打开，车内陷入黑暗，大批乘客无法逃出，使得1080号列车上的死亡人数远远高于1079号列车。另外，该驾驶员为掩盖真相，还与其他同事串通，直到事发11个小时后才向警方讲出事件真相。

2）调度人员。地铁公司机械设备调度室的3名当班人员在9点53分就得到了火灾报警讯号，但是因为“平时常常操作出错”，没有引起重视，既没报告，也没采取任何措施，直到10点左右才确认火灾发生。因而没有及时阻止1080号列车驶入中央路车站，使大批乘客失去生命。

地铁控制室在得知中央路车站发生火灾后，没有深入了解情况，没有意识到事故的严重性，臆测为轻微事故，仍然将1080号列车放行进站，只是通知“小心驾驶，那里发生火警”，使伤亡人数大幅度增加。

1080号列车到中央路车站后，不能继续行驶，烟雾涌入车厢，驾驶员请示地铁控制中心调度人员：“车厢内秩序大乱。许多人被烟呛住了。我是否应疏散乘客？我应该做什么？”但调度人员在长达5分钟的时间内未做出任何具体指示，致使驾驶员广播通知乘客等候，错失逃生机会。而5分钟之后，调度人员下达的指令居然是“允许1080号车出发”，可能他们认为将列车开出车站是比较好的做法。殊不知，因为火灾自动切断电源，列车已无法移动。

四、屏蔽门故障的处理

1. 屏蔽门及其作用

（1）屏蔽门的设置　新型轨道交通车站一般都安装有屏蔽门系统，设于站台边缘的有效站台长度范围内，以站台中心线两端对称布置，将列车运行区域与站台区域隔断，其滑动门与列车的车门相对应。

（2）屏蔽门开闭方式　当隧道内无列车及列车在区间运行时，车站屏蔽门处于关闭状态。列车进站停稳后，通过驾驶员一人操作，列车门开启，屏蔽门打开。为了保证屏蔽门动作可靠，屏蔽门自动打开后，列车不能移动，直到接收到关门信息才能动车。乘客上下车完毕后，仍由驾驶员一人操纵，列车门关闭后，屏蔽门随即自动关闭，列车才能驶离车站。

另外，在正常停车的情况下，列车驾驶室门处于屏蔽门端门外，能不受阻碍地开放，这样就能保证发生故障或灾害时，乘客能安全疏散。

（3）屏蔽门的作用

1）保证乘客的人身安全。屏蔽门隔断了车站区域与轨道区域，可以把候车乘客阻断在站台区，防止乘客掉落轨道。而且屏蔽门只有在列车到站停妥后才能开启，随着列车门的关闭而关闭，这就保证了乘客在站台上下车的安全，有效防止伤亡事故发生。

2）节约能源，降低噪声。在地铁车站，由于屏蔽门系统的隔断作用，减少了列车在隧道内运行带来的冷气流与站台区域热气流的交换，可以节约车站环控设施的能源。同时屏蔽门的阻隔还可以降低列车的噪声，使乘客候车环境更加舒适。

3）节省人力资源。由于屏蔽门能完全阻断站台与轨道，能保证乘客人身安全，因此，可以减少站台的接发列车人员，大大节省了人力资源。

2. 屏蔽门故障处理

（1）屏蔽门不能打开时的处理

1）驾驶员手动操作可打开整侧屏蔽门时的处理。驾驶员到站后按压列车开门按钮，发现屏蔽门不能打开时，再按压一次开门按钮，如果屏蔽门仍然不能打开，操作就地控制盘进行手动开门，将随身携带的钥匙插入就地控制盘，转到开门位置，打开整侧屏蔽门后取出钥匙。同时向控制中心的行车调度员报告，行车调度员通知维修单位到该车站排除故障。

2）驾驶员手动操作只能打开部分屏蔽门时的处理。使用就地控制盘打开屏蔽门，如果仍有一个或多个屏蔽门不能打开时，驾驶员应报告行车调度员，并广播通知乘客从其他车门下车。行车调度员通知整条线路上的列车进行速度控制并做好广播安抚乘客的工作，安排维修单位到该车站排除故障。车站在故障门上张贴告示并设好隔离带，对乘客进行安全广播，引导乘客从能正常开放的屏蔽门处上下车。待维修人员排除故障后，必须经过手动开关门试验，才能转到自动控制。也就是使用开关钥匙切换到测试位置，操纵测试开关，打开屏蔽门，再关上屏蔽门，至少进行一次开关门，就可以用钥匙切换到自动位置，恢复屏蔽门的自动控制。

3）驾驶员手动操作，整侧屏蔽门不能打开时的处理。使用就地控制盘打开屏蔽门，如果整侧屏蔽门不能打开，驾驶员应报告行车调度员，并广播指导乘客自行手动打开屏蔽门。行车调度员通知全线列车，并安排维修。车站张贴告示并将部分门道隔离，对乘客进行安全广播。使用专用钥匙强行打开已做好隔离的滑动门，并对这些滑动门加强监控和防护。待故障排除后，确认手动开关门测试良好，转为自动控制。撤除隔离，向行车调度员报告，全线列车恢复正常运行。

（2）屏蔽门不能关闭时的处理

1）驾驶员手动操作可关闭整侧屏蔽门时的处理。驾驶员出站时按压列车关门按钮，发现车门关好后屏蔽门不能关闭时，再按压一次关门按钮，如果屏蔽门仍然不能关闭，操作就地控制盘进行手动关门，将随身携带的钥匙插入就地控制盘，转到关门位置，整侧屏蔽门关闭后取出钥匙。同时向控制中心的行车调度员报告，行车调度员通知维修单位到该车站排除故障。

2）驾驶员手动操作只能关闭部分屏蔽门时的处理。使用就地控制盘进行关闭屏蔽门，如果仍有一个或多个屏蔽门不能关闭时，驾驶员应报告行车调度员。行车调度员通知全线列车，并安排维修。车站张贴告示并设好护栏，对乘客进行安全广播。对不能关闭的屏蔽门使用钥匙切换到隔离位置，将该滑动门进行隔离处理。手动关闭滑动门，对不能关闭屏蔽门进行监护。如果列车不能收到屏蔽门关闭信号，无法出站时，使用钥匙操纵就地控制盘上互锁解除开关，模拟关闭锁紧信号，待列车驶离车站后松手。故障排除后，手动开关门测试良好，转为自动控制，撤除隔离，向行车调度员报告，全线列车恢复正常运行。

3）驾驶员手动操作，整侧屏蔽门不能关闭时的处理。使用就地控制盘关闭屏蔽门，如果整侧屏蔽门不能关上，驾驶员应报告行车调度员。行车调度员通知全线列车，并安排维修。车站张贴告示并设好护栏，对乘客进行安全广播。保持整侧屏蔽门的开启状态，加强监控与防护。使用互锁解除开关，模拟关闭锁紧信号，便于列车进出车站。故障排除后，对整侧屏蔽门测试良好，转为自动控制。撤除隔离，向行车调度员报告，全线列车恢复正常运行。

（3）屏蔽门玻璃碎裂时的处理　车站报告行车调度员，行车调度员通知全线列车广播通知乘客，并安排维修。车站立即疏散周围乘客，张贴告示并设好隔离带，对乘客进行安全广播，对该道屏蔽门加强监控与防护。用胶带纸将门破碎玻璃粘贴好，手动打开左右两边滑动门，并对打开的屏蔽门及玻璃破碎的屏蔽门进行隔离处理。进一步检查，发现玻璃碎碴掉入轨道且影响行车时，向行车调度员报告并请示，做好防护后去轨道清理，清除干净后再次报告。由行车调度员通知全线列车恢复正常行车。

五、列车在区间临时故障停车的处理

列车在区间停留，会延误大量后续列车的运行，造成大面积晚点，影响企业形象。同时列车停在区间，尤其在地下隧道内，容易引起车上乘客恐慌，情绪不稳。所以，当列车由于故障停在区间时，应积极采取措施尽快恢复运行。首先应由驾驶员立即进行处理，争取在短时间内排除故障，列车得以继续运行。如果处理故障时间较长，就要考虑清客后救援，将列车拉回停车厂再行处理。

1. 驾驶员的处理

列车由于故障在区间停车时，驾驶员应立即报告控制中心行车调度员，然后对列车进行检查，初步判断故障后着手处理，并随时向行车调度员报告处理进程。经初步处理仍无法消除故障时，驾驶员应发出救援请求，并根据需要提出疏散乘客申请。已请求救援后，驾驶员可以继续处理故障，但禁止移动列车，并做好列车的防护和救援准备工作，以保证救援列车与该列车安全连挂。得到行车调度员疏散乘客的命令后，引导乘客下车，与车站人员一起妥善疏散乘客，将乘客引领至车站。

2. 车站的处理

接到列车在区间故障需要疏散乘客的命令后，派人携带必要备品进入区间，协助驾驶员清客，引导乘客安全返回车站。根据救援列车的开行命令，办理救援列车进入区间实施救援。对于因列车故障造成的延误及运营调整，应及时广播通知在站乘客。

3. 行车调度员的处理

接到驾驶员的故障报告后，提出处理意见辅助驾驶员进行故障的判断和排除。需要疏散乘客时，发布命令要求驾驶员和附近车站做好乘客疏散和救援工作。列车故障一时无法消除时，根据驾驶员的救援请求，清客完毕后下达封锁区段及开行救援列车的命令。除救援列车外，禁止放行其他列车进入该区间线路。救援列车应距离故障列车适当位置处停车，由救援负责人指挥与故障列车连挂妥当后，拉回附近的停车厂、车辆段或侧线。接到现场处理完毕的报告后，下达开通线路的调度命令，恢复列车运行。

六、大客流时的运营组织方法

轨道交通车站一般与城市客流集散点相连接，由于节假日、大型活动等原因，一些车站会不定期地突发大客流，对车站的客流承受能力有一定冲击。在大客流的情况下，车站应加强客流组织，通过增加列车运行能力、加大售检票力度，对乘客进行分流和疏导。

1. 什么是大客流

大客流是指车站在某一时段集中到达、超过车站正常客运设施或客运组织措施所能承担的客流量时的客流。

2. 各种大客流的特点及对运营的影响

（1）可预见性的大客流

1）节假日大客流。节假日期间，城市流动人口增加，外地乘客增多，其中不乏初次乘坐地铁的乘客，购买单程票者居多，使得车站和列车比较拥挤。这种客流集中涌入，上升幅度大，可持续一段时间，对全线车站的运营冲击很大。

2）暑期大客流。暑假期间，乘客构成以学生为主，高峰时段一般集中在白天，持续时间长，对全线车站运营均有冲击，但影响不是太大。

3）大型活动大客流。由于大型活动，使得客流在短时间内迅速增加，但是客流产生的时间、地点、规模可以预见，持续时间较短，影响范围小，不会对全线车站造成影响，只有活动地点附近的车站压力较大。

（2）突发性大客流　客流在短时间内激增，这种客流是偶然爆发的，无法预见。比如恶劣天气时，市民乘坐地面交通遇到较大困难，一般会改乘地铁，全线地铁车站的客流均明显上升。但是有一些人进入地铁不是为了乘车，而是为了躲避恶劣天气，所以站台会比较拥挤，全线车站客流组织上有一定困难。

3. 运营组织办法

（1）加强运营组织

1）车站的处理。车站及时向控制中心行车调度员报告，根据客流拥挤情况请求加开列车。严密监控站台状况，发现危及行车和人身安全时，立即按压扣车或紧急停车按钮。临时增设隔离带、告示牌、临时导向标志，通过广播、手提广播，对乘客进行宣传引导。增加工作人员，加强巡视，维护好候车秩序，避免上下车拥挤。做好服务工作，增设临时售票点，避免乘客在售票点过度拥挤。发生站台拥挤，乘客上下车困难时，进行客流控制，缓解站内客流压力。

2）行车调度员的处理。控制中心行车调度员加强全线车站的客流监控，重点掌握发生大客流的车站。因为客流拥挤，得到车站加开列车的请求时，根据大客流方向，利用就近的折返线、存车线组织开行列车，保证大客流的疏散。

3）驾驶员的处理。驾驶员要确保行车安全，出库前做好列车安全检查，驾驶时加强瞭望，发现危及行车和人身安全时立即停车。在大客流车站停车时密切注意站台乘客情况，发现乘客上车困难或车门、屏蔽门关闭受影响时，及时报告行车调度员，广播引导乘客，在车站人员协助下正确处理，避免发生乘客伤亡事故。

（2）加强售检票工作

1）对于可预见性大客流。在大客流发生前，对车站的售、检票设备全面检修，防止大客流时出现故障影响正常使用。根据大客流进出站的方向，选择进站客流相对集中的地点，设置临时售票亭。根据客流预测，制作足够数量的预制单程票，配发到各车站。车站除核收保管好预制票外，还应储备充足的零钞。

2）对于突发性大客流。车站要密切注意车票的站存数量和售卖速度，发现不能满足客流需求时，立即向票务室报告，申请配发足够预制单程票。在适当位置增设临时售票亭，增派工作人员，加强现场督导，做好售票服务工作。

（3）客流控制　发生大客流时，车站应保证各出入口畅通，增设各岗位工作人员，并请求公安协助维持秩序，防止发生意外。如果出现客流过大的情况，可考虑实行客流控制，采取措施使乘客少进多出，缓解车站压力。减少乘客进入车站主要依靠减慢买票速度、控制进站客流实现，通过合理组织乘客上车，加快乘客出站。

车站应以出入口、进站闸机、站厅、站台的楼梯、自动扶梯为重点，通过适量关闭自动售票机、进站闸机及在出入口实行单向疏导等措施，加强客流监控，缓解客流压力。

1）站台客流控制办法。以站厅与站台的楼梯、自动扶梯为控制点。多派人员组织好秩序，如果客流过大，可以考虑将站厅与站台之间的自动扶梯改为出去方向，加快站台客流的输出，减缓客流进入站台的速度。

2）付费区客流控制办法。以进站闸机处为控制点。根据客流情况设置防护栏隔离进站闸机，也可以适当关闭部分进站闸机、自动售票机，并将部分双向闸机设置为只能出不能进。通过这些措施能够使乘客进入付费区的速度减慢，避免付费区内人员过多，拥挤过度、流通不畅，发生意外。

3）非付费区客流控制办法。以车站出入口处为控制点。组织车站人员依靠人为控制，减缓乘客进入车站的速度，客流过大，有必要的话，可以关闭部分出入口，来缓解站内客流压力。

七、列车冒进信号的处理

列车冒进信号是指在未经授权的情况下，列车前端任何一部分越过进路防护信号机显示的停车信号。

1. 列车冒进信号后未压上道岔时的处理

（1）驾驶员的处理　确认列车冒进信号的原因、停车位置及与防护信号机的距离、前方无道岔或前方有道岔但未压上等情况后，向控制中心行车调度员报告。通过广播说明情况，安抚乘客。得到行车调度员的退行指示后，根据车站有关人员的手信号，以较低速度退行进站，停于站内列车停车位置标处。待列车退行到站停妥后，根据具体情况开关车门，保证乘客安全上下车，同时向行车调度员报告。

（2）车站的处理　发现列车冒进信号后，确认列车运行前方没有道岔或有道岔但未压上，立即向控制中心行车调度员报告。接到行车调度员准许列车退行回车站的指示后，安排有关人员向驾驶员发出退行信号，指挥列车退行回车站，停于规定位置处。通过广播向站台候车乘客说明情况，取得乘客的配合。维护好站台秩序，防止乘客拥挤、围观、靠近列车，发生危险。

（3）行车调度员的处理　得到列车冒进信号的报告后，立即指示该列车驾驶员停车，不得再移动列车。停止续行列车的运行，将其尽量驶往就近车站停留，避免停在区间。指示列车退行，要求车站做好组织工作，保证列车安全退行回车站。

2. 列车冒进信号后压上道岔时的处理

（1）驾驶员的处理　列车冒进信号，经查看压上前方道岔后，检查是否挤岔或脱轨，立即向控制中心行车调度员报告。不得移动列车，避免未脱轨的造成脱轨，脱轨的扩大事故。通过广播说明情况，安抚乘客。等待有关人员到达后，进行处理。

（2）车站的处理　得知列车冒进信号后，根据行车调度员的指示，前往现场检查，确认列车轧上道岔，查看道岔破坏程度、列车是否挤岔或脱轨，将道岔锁闭到适当位置。向控制中心行车调度员报告列车停车地点、道岔当前位置、道岔是否破坏、是否影响邻线行车。按照行车调度员的安排，根据具体情况进行清客和列车救援。

（3）行车调度员的处理　得到列车冒进信号并压上道岔的报告后，立即指示该列车驾驶员停车，不得再移动列车，防止扩大事故。停止续行列车的运行，将其尽量驶往就近车站停留，避免停在区间。指示附近车站派人前往现场检查，了解道岔破坏程度、列车是否挤岔或脱轨。如果影响了邻线行车，停止邻线列车的运行。根据事故的严重程度，决定是否清客。根据具体情况确定列车离开现场的方法，如果发生挤岔，按挤岔处理；如果发生脱轨，按脱轨处理。事故列车驶离现场后，对轨道及道岔进行检查和试验，恢复列车运行。

八、接触网悬挂异物的处理

在大风天气下，一些较轻的物体容易被风吹起，悬挂于接触网上。接触网上悬挂的异物有可能影响列车正常行驶，需要动员各方面力量，尽快清除。在清理接触网异物过程中，应特别注意人身安全问题，避免被高压电击伤。

接触网悬挂异物按性质可分为轻飘物体和较大物体。常见的轻飘物体主要有小型、轻薄、容易熔化的塑料袋及较短的丝带类绳带物；常见的较大物体主要有较大塑料袋、气球以及较长的尼龙绳、麻绳等相对粗重的绳带物。

接触网异物按悬挂位置一般可分为承力索处悬挂物、吊弦处悬挂物、接触导线处悬挂物。

接触网异物按对行车的影响可分为对列车运行无影响和有影响两种情形。悬挂于承力索和吊弦位置处的轻飘物体，如果体积较小、长度较短、没有触及接触网导线，不容易缠绕在受电弓上，对行车没有影响；承力索和吊弦位置处的悬挂异物，如果体积较大、长度较长、相对较重并且触及到接触导线，或是接触导线上的悬挂物，就容易缠绕在受电弓上，对行车造成严重影响。接触网主要组成如图9-3所示。

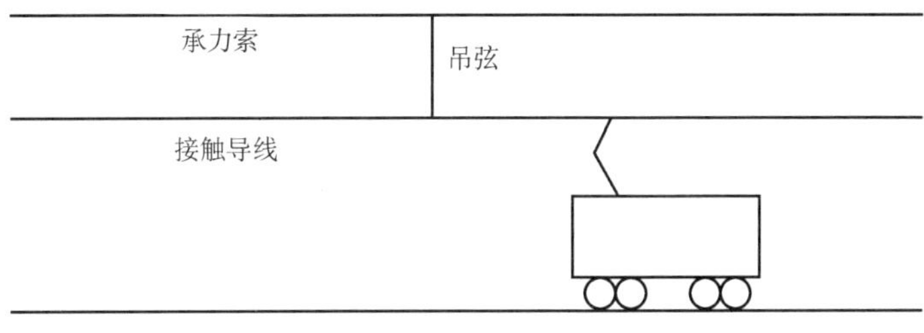

图9-3　接触网主要组成示意图

1. 驾驶员的处理

（1）确认并报告

1）确认对行车的影响。驾驶员在列车运行过程中发现运行线路的接触网上有异物悬挂时，应减速进行确认，难以确认时，应停车，确认清楚异物悬挂位置和和悬挂状态，判断是否影响行车。

2）向行车调度员报告。立即向控制中心行车调度员报告，报告内容主要有：接触网悬挂异物的确切地点，如具体的车站、区间位置；悬挂物的类型、特点、悬挂位置及是否影响行车；根据对本列车行驶的影响，计划采取的处理办法。

（2）接触网悬挂物不影响行车时　如果经确认，驾驶员可以断定接触网悬挂异物不影响行车时，向控制中心行车调度员报告后，列车按正常速度通过。

（3）接触网悬挂物影响行车时　驾驶员确认接触网悬挂异物影响行车时，向控制中心行车调度员报告后，可采取如下办法。

1）滑行通过。降低速度，降弓滑行通过异物悬挂地点，再升弓，按正常速度运行。

2）不能滑行通过时。如果列车位于长大坡道处，滑行时很容易造成制动失效，列车失去控制。这类情况不适于采用滑行通过办法，可进行以下处理：驾驶员将列车前弓降下，以较低的速度运行，待前弓越过该悬挂物后停车。再升起前弓，降下后弓，起动列车，以较低的速度运行，让该悬挂物越过后弓。然后恢复正常速度运行。

如果不适于用上述办法处理时，列车在接触网异物悬挂地点停车，向控制中心行车调度员报告，请求支援；等待行车调度员指派的有关人员到该处清理异物，通过广播安抚乘客；待接触网异物清除完毕后，恢复列车运行。

2. 清除接触网悬挂异物的组织办法

（1）现场人员报告

1）驾驶员。驾驶员在列车运行过程中应注意瞭望，发现接触网上悬挂异物时，应及时报告控制中心行车调度员。

2）车站接发列车人员。车站人员在接发列车时，发现接触网及受电弓带有异物等异常情况时，迅速向控制中心行车调度员报告。

（2）行车调度员的处理　控制中心行车调度员接到接触网上悬挂异物的报告后，安排清除异物的工作，在清除过程中，可以停止续行列车的运行，必要时对相关列车进行清客。清除异物时，首先考虑是否需要对接触网断电。遇雷雨天气，因雷电及雨水的导电作用，有触电的危险，必须先将接触网断电后再作处理。其次决定派接触网维修人员还是车站人员进行清除：如果在非行车时间内发生接触悬挂异物，或全线多处悬挂异物，应当由维修部门安排接触网专业维修人员前往清除；如果在行车时间内发生，则可指派车站人员携带必要的防护用品进行清除。

（3）车站的处理　接到控制中心行车调度员清除接触网异物的指示后，车站立即派人前往现场。清除异物人员应穿戴绝缘手套、绝缘靴、荧光衣，使用规定的绝缘杆，必须两人在场，一人清理，一人防护。如果接触网异物悬挂在区间，离车站较近时，徒步去往区间；距离车站较远时，可搭乘列车进入区间，到悬挂地点停车清除，作业完毕后搭乘列车到前方站下车，再乘其他列车返回本站。

3. 气球挂于地铁接触网的处理案例分析

（1）事件概况　2005 年 12 月 5 日 8 时 11 分，某市地铁列车在 A 站乘客上车完毕，关好车门准备起动。站台保安发现一名男子越过黄色安全线，并手持卡通气球，当即上前要求其退出安全线以保证安全，并告知不能携带气球进入地铁车站，请立即处理掉气球。结果该男子不听劝阻，反而放飞了气球，这只气球向上飞起，挂于接触网上，导致列车晚点 20 分钟。该男子受到了 500 元行政罚款处理。

（2）事件应急处理

1）列车停止运行进行清客。列车驾驶员发现接触网上的气球后，向控制中心行车调度员报告，行车调度员立即扣车，并指示车站和列车进行清客。

2）维修人员停电取下气球。地铁维修人员到达后，先将该区段接触网断电，再使用长杆慢慢将挂于接触网的气球取下，受影响区段恢复正常运营。

3）组织小交路运营。由于正值上班高峰期，为了避免发生乘客聚集站台，尽快运送乘客，地铁公司组织两列车以小交路折返方式运营，来缓解客流压力。

九、列车分离时的处理

列车分离是指列车因车辆连结状态不良或车钩作用不良而发生的车辆分离（包括车钩缓冲装置破损）。列车分离不论发生在车站还是区间，有关人员均应适当处理，避免乘客恐慌，尽快恢复行车。

1. 驾驶员的处理

驾驶员在列车运行过程中，应时刻注意驾驶员室的有关设备，如发现总风压力表指示的压力急剧下降，就可以判断有可能发生列车分离。乘客发现列车分离时，也可以直接通知驾驶员。列车驾驶员确认列车分离或有列车分离的迹象时，必须停车，并立即向控制中心行车调度员报告。

（1）确认、报告　驾驶员将列车停妥后，立即巡视，仔细检查列车各个部位，查看是否发生列车分离，如果确实发生了分离，确认分离位置。确定列车分离情况后，向控制中心行车调度员报告如下内容：列车车次、停留的准确地点（具体指明车站、区间）、列车分离部位、损坏程度；列车大约载客量、是否有乘客受伤、是否需要救治。

（2）协助清客　通过广播向乘客说明列车故障，安抚乘客情绪，劝告乘客留在列车上，不要惊慌，等待有关人员到达处理。前往分离位置查看是否有乘客受伤，对受伤者提供适当帮助。得到行车调度员清客指示后，等待车站人员到达现场后，立刻协助清客，将列车上所有乘客安全引领到附近车站，以便进行列车救援。

2. 车站的处理

接到列车分离需要清客的命令后，派人携带必要备品到现场，和驾驶员一起进行清客，引导乘客安全返回车站。清客完毕后，在现场协助救援工作。广播通知在站乘客因列车分离造成的延误及运营调整，并向乘客发布有关路段公共汽车的资料。

3. 行车调度员的处理

调度员接到列车分离的报告后，指示后续列车停留在车站，如区间有其他列车运行时，应指示尽量驶往就近车站停留，避免停在区间。停止相邻轨道的列车运行。详细了解列车分离及乘客受伤情况，下达清客指示，要求驾驶员和附近车站做好清客和救援工作。清客完毕后，进行现场查勘和公安调查。待查勘工作完成、轨道清理妥当后，即可采取适当措施，将分离的列车移到附近的停车厂、车辆段或侧线。行车调度员应随时了解现场救援进度，接到处理完毕的报告后，尽快恢复列车运行。

发生列车分离时，应尽快移走分离列车，但不得连接列车分离部分，应分段移走列车。尽量将尚能开动的列车开走，如果列车有一部分不能开动，必须安排另一列车协助，将不能移动的这部分车拖走或推走。

十、乘客进入轨道的处理

不论乘客以何种方式越过站台黄色安全线或者禁行标识牌进入轨道，均视为乘客进入轨道的事件。一旦发生乘客进入轨道的事件，不仅会影响正常的行车组织，而且极有可能会威胁到人身安全、造成人身伤害。故当发生乘客进入轨道的情况时，行车部门任何人员、均应马上按下距离最近的紧急停车按钮，防止事件地点附近的列车侵入受影响的区段。

1. 乘客进入轨道后迅速返回站台的处理

（1）站务员

1）发现有乘客进入轨道后迅速按下站台上距离自己最近的紧急停车按钮，同时通知行车值班员；

2）劝说并帮助进入轨道的乘客迅速返回站台；

3）乘客返回站台后，将其带到安全地区，并及时通知行车值班员。

（2）行车值班员

1）当得到站务员的通知或者从电视监控器中发现有乘客进入轨道时，若站台上紧急停车按钮还未按下，则迅速按下车控室内紧急停车按钮；

2）立即向值班站长和行车调度员报告；

3）密切监视事件的发展；

4）待站务员汇报乘客返回站台后，向值班站长及行车调度员报告；

5）记录好事件处理的全过程。

（3）值班站长

1）得到信息后，迅速赶往事发现场；

2）在乘客返回站台后，对其进行说服教育工作，并征询派出所的处理意见；

3）向站长和行车调度员进行汇报。

（4）行车调度员

1）得到信息后立即采取措施，防止其他列车进入受影响的区域，同时提醒车站人员切实按下紧急停车按钮；

2）迅速通知控制中心主任调度；

3）通知公司派出所；

4）在值班站长报告事件处理完毕后，检查、确定是否具备行车条件，组织相关部门恢复行车。

2. 乘客进入轨道后跑向区间的处理

（1）站务员

1）发现有乘客进入轨道后迅速按下站台上距离自己最近的紧急停车按钮，同时马上对其警告；

2）通知行车值班员和值班站长乘客进入轨道的股道、跑动的方向、与站台的距离等信息；

3）维护站台乘车秩序，避免乘客围观造成新的乘客进入轨道事件；

4）听从值班站长安排，处理好事件。

（2）行车值班员

1）当得到站务员的通知或者从电视监控器中发现有乘客进入轨道时，若站台上紧急停车按钮还未按下，则迅速按下车控室内紧急停车按钮；

2）迅速通知行车调度员和值班站长，同时密切监视事件的发展；

3）马上通知站务人员扣停从本站发往该区间的列车，同时立即通知邻站禁止向该区间发车；

4）通过广播及时疏散事故发生地周围的乘客，防止乘客围观造成新的乘客进入轨道事件；

5）根据值班站长的指示，通知站长、公司派出所等相关部门；

6）随时将事件的发展情况向行车调度员报告，并将行车调度员的信息传达至相关人员；

7）记录好事件处理全过程。

（3）值班站长

1）得到信息后，迅速前往事发现场；

2）通知行车值班员与公司派出所等相关单位进行联系，并告知站长；

3）组织本站的站务人员，维护好乘车秩序；

4）在民警不能及时到达的情况下，向行调申请下路轨，在保证安全的前提下跟踪进入轨道的人员，密切监视进入轨道人员的动向，劝说其返回站台；

5）在遵守公司规章制度和保证人身安全的前提下，配合民警进行相关处理；

6）事件处理完毕，在检查现场情况正常、确认线路出清后，向行车调度员报告事件已处理完毕、申请恢复行车，并及时通知站长。

（4）行车调度员

1）得到信息后立即采取措施，防止其他列车进入受影响的区域，同时提醒车站人员切实按下紧急停车按钮；

2）迅速通知控制中心主任调度；

3）及时通知派出所等相关部门；

4）在值班站长报告事件处理完毕后，检查、确定是否具备行车条件，组织相关部门恢复行车。

3. 乘客进入轨道后导致身体受伤、无法返回站台的处理

（1）站务员

1）发现有乘客进入轨道后迅速按下站台上距离自己最近的紧急停车按钮；

2）如果乘客受伤，立即通知行车值班员及值班站长，报告乘客进入轨道的位置、受伤情况等相关信息；

3）维护站台乘车秩序，避免乘客围观造成新的乘客进入轨道事件；

4）听从值班站长安排，处理好事件。

（2）行车值班员

1）当得到站务员的通知或者从电视监控器中发现有乘客落轨时，若站台上紧急停车按钮还未按下，则迅速按下车控室内紧急停车按钮；

2）迅速通知行车调度员和值班站长，同时密切监视事件的发展；

3）通过广播及时疏散事故发生地周围的乘客，防止乘客围观造成新的乘客进入轨道事件；

4）根据值班站长的指示，通知站长、派出所、120 等相关部门；

5）随时将事件的发展情况向行车调度员报告，并将行车调度员的信息传达至相关人员；

6）记录好事件处理全过程。

（3）值班站长

1）得到信息后，迅速前往事发现场，并通知行车值班员告知站长；

2）如果乘客受伤，值班站长应本着救死扶伤的精神，在现场安抚乘客情绪，同时询问乘客是否需要就医；

3）如乘客提出就医要求，值班站长应通知行车值班员，并与派出所及120进行联系；

4）组织本站人员，维护好乘车秩序，迅速将伤者移离轨道；

5）事件处理完毕，在检查现场情况正常、确认线路出清后，向行车调度员报告事件已处理完毕、申请恢复行车，并及时通知站长。

（4）行车调度员

1）得到信息后立即采取措施，防止其他列车进入受影响的区域，同时提醒车站人员切实按下紧急停车按钮；

2）迅速通知控制中心主任调度；

3）通知公司派出所和120；

4）在值班站长报告事件处理完毕后，检查、确定是否具备行车条件，组织相关部门恢复行车。

十一、列车缓解不良或制动故障处理案例分析

1. 某轻轨列车缓解不良故障处理

（1）事件概况　某轻轨列车在A站上行站台出站后，驾驶员发现列车实际速度为8km/h，无法提速。列车又运行约5m后，紧急制动。

（2）处理过程

1）驾驶员向控制中心行车调度员报告，同时广播通知乘客。

2）控制中心行车调度员连线检修人员为驾驶员提供技术支援。在检修人员指导下，驾驶员进行简单处理后，列车可以起动，但是速度仍然只有8km/h。

3）行车调度员指示驾驶员将列车开行至B站。

4）行车调度员向全线发布信息，要求各车站广播通报故障延误。

5）行车调度员指示续行的各列车停于车站，或驶入车站停车，避免有列车停于区间。

6）行车调度员向B站及列车驾驶员下达在B站清客的指示。

7）向乘客说明情况，待列车到达B站后清客，B站做好乘客的退票及安抚事宜。

8）行车调度员安排后续的列车实行小交路折返运行，减少列车运行间隔。

9）行车调度员指示清客后的故障列车驶往存车线等待检修。

10）行车调度员组织开行备用列车，进行运营调整，尽快恢复正常行车。

2. 某地铁列车制动故障处理

（1）事故概况　2006年3月16日14:08，某市地铁公司的1312次列车在A站乘客上车完毕后，准备开车出站时，发现列车无法缓解，驾驶员立刻下车检查，无法修复，即以5km/h的速度运行。列车于14:16经B站后，于14:17停车区间，驾驶员下车进行简单的故障处理。14:20重新起动列车，仍以5km/h的速度于14:26运行至C站，由车站及驾驶员组织清客。15:04驶入D站存车线，15:30左右全线畅通，恢复正常运营。

（2）事故原因　发生此次事故的原因为列车制动控制部分故障。该列车刚引进不久，运营时间才半年多，还在磨合期内。

（3）事故应急处理中较好的措施

1）及时通知乘客。对受影响的所有车站及列车，都及时以广播等形式通知乘客列车故障，安抚乘客情绪。通过提出无偿退票等具体处理措施，保证乘客及时换乘其他交通工具，消除了乘客的不满。

2）积极办理退票手续。故障发生后，沿线车站根据乘客的意愿，及时为部分乘客无偿退票，共计退票571张。

3）组织小交路运营方式疏散乘客。地铁运营部门启动紧急预案，组织了3趟小交路运营模式，对减少乘客候车时间、及时疏散滞留乘客、尽快恢复运营，起到了积极作用。

（4）事故应急处理需改进的方面

1）没有及时处理故障列车，延误时间较长。1312次列车发生故障后，经过3个车站才清客，在近一个半小时内一直以5km/h的速度运行，对全线车站、列车均造成了不同影响。

2）没有通知乘客预计延误时间。由于乘客不了解地铁运营方式，不告知乘客故障何时消除，很容易让乘客以为下一列车很快能到达，就会固执地守在站台等待。这样可能会耽误乘客行程，引发乘客不满情绪。再者可能造成大量人群聚集在车站，一见车来，一拥而上，存在不安全因素。

十二、列车车门不能关闭或无法打开的处理案例分析

1. 列车车门不能关闭的处理

（1）事件概况　地铁列车在A站乘客上车完毕后，驾驶员发现车门不能关闭。

（2）处理过程

1）驾驶员向控制中心行车调度员报告，同时广播通知乘客。

2）行车调度员向A站及列车驾驶员下达在A站清客的指示。

3）向乘客说明情况，列车在A站清客，由A站做好乘客的退票及安抚事宜。

4）行车调度员向全线发布信息，要求各车站广播通报故障延误。

5）行车调度员指示驾驶员尝试各种模式起动列车，最后驾驶员用洗车模式起动。

6）行车调度员指示清客后的故障列车驶往存车线等待检修。

2. 地铁列车到站后车门无法打开的处理

（1）事故概况　2007年7月30日8时33分，某市地铁列车到达A站后，车门无法打开。列车驾驶员立即进行处理，不能消除故障，只好下车手动打开车门，现场清客。由于部分乘客不愿下车，故障列车载了这些乘客到B站，进车库检修。

由于正值上班高峰期，列车内的乘客数量较大，每节车厢的乘客又只能从一扇手动打开的车门下车，因此清客花费时间较长。致使续行列车停于地铁隧道内长达35分钟，造成部分乘客出现憋闷头晕等不适，并产生一定的恐惧心理。

（2）事故原因　故障列车投入运营时间不长，设备尚处于调试期。

（3）事故应急处理中较好的措施

1）驾驶员及时手动开门清客。列车驾驶员到站后发现车门故障，无法打开，立即进行紧急处理。在处理无效后，采取手动开门的措施清客。故障列车由8辆车编组，如果将每一

扇车门都手动打开，花费时间长，乘客蜂拥挤向已打开的车门，容易造成混乱，也容易引起后面车厢内乘客的焦躁，反而减慢清客速度。因此驾驶员手动打开车门时，每节车厢打开一扇车门，是一种比较好的应急措施，便于乘客有序下车，并迅速安抚乘客情绪。

2）调派备用列车投入运营。由于列车故障造成延误，致使全线不少车站乘客滞留较多，为了缓解客运压力，地铁运营公司就近调派一列备用列车，加快乘客运输。

3）紧急疏散乘客。故障发生后，一部分乘客没有选择其他交通工具，留在车站等待下一趟列车，还不断有乘客进入车站等待乘车，使得部分车站大量乘客滞留。因此部分地铁车站启动紧急疏散应急预案，打开安全通道，让下车乘客直接出站，不用通过闸机，加快乘客出站，缓解乘客拥挤状态。

4）采取适当措施安抚乘客情绪。乘客直接出站后，所持交通卡在下次使用进站前，向站务员说明情况，即可免去票款。

另外，针对此次列车故障对乘客造成的影响，各个车站都向乘客发放了致歉信。

（4）事故应急处理需改进的方面　对续行列车处理不妥，停留在隧道内时间较长，致使部分乘客产生不适和恐惧。前方发生故障后，作为控制中心的行车调度员，应考虑后续各列车的运行，应尽量使各趟续行列车停在车站或驶入就近车站停留，避免列车停在区间，尤其是隧道内。因为隧道内通风较差，而且地下空间黑暗，容易让乘客产生恐慌和不适。

十三、轻轨接触网故障处理案例分析

1. 事故概况

2006年2月14日6时25分，某市一轻轨车站附近上行线接触网突然发生故障，导致全区段的上行线全部断电，上行线列车陷于瘫痪，全线主要车站出现乘客滞留。

2. 事故应急处理

1）利用下行线实行列车往返运行方案。由于下行线仍有电力供应，列车仍然能够正常行驶，轻轨公司立即启动应急预案，利用下行线实行单侧线路列车往返运行方案，对于疏散沿线车站的客流起到了一定的作用。

2）寻求公交车支援。列车往返运行可以缓解一定的客流，但是由于列车运行间隔较长，不能有效疏散滞留乘客。因此，通过与公交部门联系，寻求公交支援，在10分钟之内调动了56辆公交车，在较短时间内完成大批乘客疏散。

3）赶在上班高峰前抢修完毕。故障是在6时25分发生的，接近早晨上班高峰时间，如果不能及时恢复运营，在上班高峰期会有大量人群涌入，有可能造成严重的客流拥堵。轻轨公司积极组织技术人员进行抢修，到7点04分，故障全面排除，全线恢复正常运营，没有影响乘车高峰。

4）加强维护候车秩序。由于故障造成乘客滞留，各站点客流明显增多，轻轨公司制定了相应对策。要求部分行车人员坚守岗位，推迟下班，维持好候车秩序，直到上行线恢复通车后，才可以撤离现场。

十四、轻轨列车停于高架区间应急疏散乘客处理案例分析

1. 事件概况

某轻轨列车驶过A站后，于22时32分突然停于A～B间高架区间。车内空调停止运

转，室内灯灭了大半。乘客惊恐万状，尖叫、奔跑，有的想砸破玻璃，有的想强行打开车门，有的按压报警器，车内一片混乱。

经控制中心确认，由于停电导致突发停车，需要一个小时才能恢复供电。蓄电池只能维持 45 分钟的列车内照明及通风，为避免乘客出现缺氧危险，需要尽快疏散。

2. 应急疏散乘客处理

1）列车驾驶员向控制中心报告，并通过广播反复安抚乘客；

2）控制中心驾驶员、车站下达救援命令，并报警；

3）打开两扇车门，搭起应急梯，在应急梯两侧拉起绳索充当简易护栏；

4）指挥乘客分成两队，按顺序分别走向两扇已开启的车门；

5）协助乘客经应急梯安全走下轻轨列车；

6）使用手电筒照明，带领乘客分作两队，分别走向 A 站和 B 站；

7）到 23 时 15 分，将乘客全部成功疏散到 A、B 两站。

【拓展与提高】

一、从地铁火灾中逃生办法

1. 在地铁车站遭遇火灾

乘客在地铁车站遇到火灾发生，办法只有一个，即想法尽快离开车站，到地面上去。但是撤离时要沉着冷静，不要喊叫，避免引起大家的恐慌情绪。听从车站工作人员的指挥，有序撤离，争先恐后并不能加快速度，反而会因为拥挤使撤离变慢，极易造成踩踏事故。不要盲目奔跑，要按照车站疏散标志的方向撤到地面。即使火灾引起停电，地铁车站也有应急电源供电的指示标志。逃生时应背离火源方向，逆风而行。为了防止烟雾吸入，应弯腰低头，尽量贴近地面跑出。并用口罩、衣袖、毛巾、手帕等捂住口鼻，如果能弄湿这些织物，防烟雾效果更佳。

2. 在地铁列车上遭遇火灾

列车上发生火灾时，在失火之初，乘客应迅速按下紧急对讲装置的按钮向驾驶员报警。并抓紧起火之初的有利时机，使用地铁列车车厢内配备的灭火器，进行灭火自救。初期灭火失败，不能控制火势时，应立即下车，争取逃生。如果列车停在隧道内无法运行时，要听从列车广播指引，有序地通过疏散门下车进入隧道，跟随工作人员向附近车站撤离。下车及疏散时不要争先恐后地拥挤，避免造成不该有的伤亡。沿途不要踩踏轨道，以免轨道带电时造成触电。

3. 地铁工作人员的营救

发生火灾时，地铁车站一般会断电，列车无法行驶。这时驾驶员应立即降下受电弓，利用列车内的应急电源，打开车门疏散乘客。地铁工作人员应指引疏散方向，特别注意不要引起乘客心理恐慌，避免一窝蜂地往外挤，有序地将乘客引领到安全地带。并开启通风系统，把烟雾吹到远离乘客疏散的方向。

4. 注意事项

平时乘坐地铁，就要注意观察车站及列车内的结构布局，了解相关设施的作用、位置及使用说明，确认车站疏散通道和安全出口的方向。一旦发生火灾，不要惊慌失措，更不要大喊大叫，以免人群恐慌，增加逃生难度。如果发生大火阻断疏散通道等情况，不能及时从火灾中逃生时，不可强行冲出，应寻找相对安全地点，设法延长生存的时间，等待救援。

二、乘客遭遇停电时的应对办法

1. 轻轨列车停电

轻轨一般有两路供电，轻易不会停电，一旦停电，列车内的蓄电池足以维护一定时间内的照明及应急通风。同时驾驶员应尽量利用惯性，将列车驶往前方车站，待停车后疏散乘客，乘客应听从车站工作人员的指挥，按照轻轨站内的疏散标志去往安全地带。如果列车不得不在区间内停车疏散乘客，乘客不要擅自打砸车门、车窗，按照我车工作人员的指挥下车后，沿着指明的方向行走，注意脚下有无障碍物及邻线有无行驶的列车，避免发生人身伤亡事故。

2. 地铁停电

（1）乘客在站台上遭遇停电　遇站台停电一片漆黑时，乘客不必惊慌，不要随意走动，停在站台上原地等候，注意收听站内广播或车站工作人员的指示。一般情况下，车站会启动由蓄电池供电的事故应急照明灯，它可以提供45分钟左右的照明需要。如果不能立即供电，也会暂停列车运行，利用驶入车站的列车内灯光提供站台照明。得到一时不能恢复供电的通知后，听从工作人员的指挥，就近沿疏散向导标志，迅速离开车站，回到地面。

（2）乘客在列车内遭遇停电　停电时，在没有其他意外发生的情况下，乘客不必拉动报警装置。设计站台的容量足够保证乘客安全撤离，没有必要盲目乱跑，企图抢先离开，反倒容易造成拥挤混乱。应听从指挥，从指定的车门下车，沿轨道线路外侧（无高压接触轨一侧），排成单行，随引路的工作人员，借助沿途工作人员手持的照明灯或乘客自带的照明设备，向指定车站或方向有秩序地疏散。隧道内照明不足且地面情况复杂，行走时要小心，随时注意脚下障碍物及管道下凹处，避免摔伤或碰伤。一旦受伤，尽快联系抢险队员，以便得到及时救治。

3. 遇地铁列车停电后应避免以下认识误区

（1）担心车门打不开　地铁停电后，车厢内一片漆黑，乘客情绪焦躁，担心车门打不开，打砸车门及车窗，希望破门逃命。其实这种担心是多余的，即使在停电的情况下，列车驾驶员仍可以打开车门，乘客应该按照广播指示从指定的车门有序撤离。

（2）担心密闭车厢内空气不足，呼吸不通畅　地铁列车停电后，乘客被关在黑暗密闭的车厢内，人多拥挤，情绪恐慌，很容易联想到空气不足、呼吸困难的问题。其实乘客大可放心，虽然隧道内通风条件较差，但列车上的应急通风设备完全能维持一定的时间，而且行车调度员也会及时指示车站开启隧道通风系统，保持空气流通。

（3）从列车上直接跳到隧道，赶紧逃生　列车距离地面较高，足有一米多。地铁隧道地面上铺有轨道，不够平坦，在黑暗中直接跳下，容易受伤，并影响其他乘客情绪。遇列车停电，不必惊慌，待列车驾驶员打开疏散车门，并按放好应急梯后，仔细听清楚应急梯的位置及使用方法，顺应急梯有序下到隧道，再随车站工作人员返回车站。

三、不慎掉下地铁站台的救助

在站台上候车时，一定要站在黄色安全线以内，不要拥挤，以免发生坠落轨道。因为许多地铁采用第三轨供电，带有高压电的第三轨往往位于靠近站台一侧，所以一旦从地铁站台上意外坠落，就有了触电的危险。坠落轨道后，一定要冷静，不要惊慌失措，留意脚下，避免碰到接触轨，切忌盲目往站台上攀爬以图自救，因为这样很容易触电。坠落后应大声呼救，亲自或请求其他乘客向车站工作人员求救。听从工作人员的指挥，待接触轨停电后安全爬上站台。发现列车开来，立刻将身体紧贴里侧墙壁，待列车停车后，获得救助。

【复习思考题】

1. 列车发生挤道岔时，应如何处置列车？
2. 列车在区间发生脱轨时，如何处理？
3. 在地铁车站发生火灾时，如何处理？
4. 地铁列车到站后发生屏蔽门不能打开时，如何处理？
5. 地铁列车由于故障，临时停留在隧道内时，如何处理？
6. 国庆节客流突然增多时，如何处理？
7. 列车冒进信号后未压上道岔时，如何处理？
8. 列车运行过程中发现接触网导线上挂有一个气球，并影响行车时，如何处理？
9. 地铁列车在区间隧道内发生分离时，如何处理？

项目十　行车事故的分类、通报与调查处理

【知识要点】

1. 行车事故的分类、通报与调查处理。
2. 行车事故处理原则。
3. 行车事故的现场应急处置。

【项目任务】

1. 了解行车事故的分类、通报与调查处理。
2. 掌握行车事故的现场应急处置。

【相关理论知识】

城市轨道交通作为大容量的公共交通工具，直接关系到广大乘客的生命安全，安全运营是运营组织工作的基本原则和首要目标。为此必须严格按照有关规定行车，不得违规操作，防止事故的发生。一旦不可避免地发生了事故，应及时准确地做好事故通报工作及现场应急处置工作，减少事故带来的损失。

一、行车事故处理规则

1）发生事故时，首要确保乘客及有关人员的安全。

2）发生事故时，要积极采取措施，迅速抢救，尽快恢复运营，尽量减少损失。

3）有关人员应尽力判明事故对行车服务的影响，以提高处理事故的效率。

4）控制中心必须按照“先通后复”的原则组织指挥事故处理。

5）发现或确认事故后，必须确保信息畅通，立即报告有关人员。

二、行车事故调查处理原则

1. “四不放过”的原则

四不放过即事故原因不查清不放过，事故责任者得不到处理不放过，整改措施不落实不放过，事故教训不吸取不放过。必须查出原因，分清责任，吸取教训，制定措施，防止同类事故再次发生。

2. “先通后复”的原则

发生紧急事故时，要积极采取措施，迅速抢救，尽快恢复运营，尽量减少损失。

3. 事故类别判定原则

根据事故责任、事故性质、经济损失、延误列车运行时间及造成的不良影响进行综合判定。

4. 以事实为依据的原则

处理事故要以事实为依据，以有关法规、规章为准绳，认真调查分析，查明原因，分清

责任，吸取教训，制定对策。对事故责任者，应根据事故性质和情节，予以批评教育、经济处罚、行政处分直至追究法律责任。事故性质、情节严重的，要按有关规定逐级追究领导责任。对事故分析处理拖延、推脱责任、姑息纵容、隐瞒不报或不如实反映事故情况者，应予以严肃批评教育或纪律处分。

三、行车事故的定义及分类

1. 行车事故定义

凡在行车工作中，因违反规章制度，违反劳动纪律或因技术设备不良及其他原因造成人员伤亡、设备损坏、影响正常行车或危及行车安全的，均构成行车事故。

2. 行车事故分类

事故一旦发生，可能会产生人员伤亡、财产损失、中断行车、延误列车等影响正常行车、危及行车安全的后果，这些可能的后果也是城市轨道交通行车事故判定标准的主要依据。由于目前我国城市轨道交通系统还没有统一的行车事故分类标准，不同的城市轨道交通系统可根据各自的运营实践制定不同的事故等级标准。以部分城市轨道交通系统为例，行车事故分类示例如下：

根据事故损失及影响，行车事故分为：特别重大事故、重大事故、大事故、险性事故、一般事故；根据事故性质，行车事故分为：责任事故和非责任事故。

（1）特别重大事故　列车发生冲突、脱轨、火灾、爆炸，或由于技术设备、其他临时设备破损或工程车货物装载不良，造成下列后果之一的均为特别重大事故。

1）人员死亡 50 人及以上；

2）直接经济损失 1000 万元及以上。

（2）重大事故　列车发生冲突、脱轨、火灾、爆炸，或由于技术设备、其他临时设备破损或工程车货物装载不良，造成下列后果之一的均为重大事故。

1）人员死亡 3 人及以上的；

2）人员死亡或重伤 5 人及以上的；

3）直接经济损失 500 万元及以上，不足 1000 万元的。

（3）大事故　列车发生冲突、脱轨、火灾、爆炸，或由于技术设备、其他临时设备破损或工程车货物装载不良，造成下列后果之一的均为大事故。

1）人员死亡 1 人及以上，不足 3 人的；

2）人员重伤 3 人及以上，不足 5 人的；

3）电客车、内燃机车或轨道车损坏 1 辆的；

4）直接经济损失 200 万元及以上的。

（4）险性事故　有下列情形之一，但损害后果不够重大、大事故的为险性事故。

1）人员重伤 1 人及以上，不足 3 人的；

2）人员轻伤 3 人及以上的；

3）直接经济损失 100 万元及以上的；

4）客运列车冲突，造成严重不良后果的；

5）客运列车脱轨；

6）客运列车分离；

7）客运列车开车夹带人的；

8）在实行站间行车法等人工组织行车办法时，未办或错办手续发车，造成严重不良后果的；

9）机车、车辆溜入区间或站内，造成严重不良后果的；

10）未拿或错拿行车凭证发车，造成严重不良后果的。

（5）一般事故　有下列情形之一，但损害后果不够重大、大事故及险性事故的为一般事故。

1）客运列车冲突；

2）调车脱轨；

3）调车冲突，导致车辆不能继续运行的；

4）列车挤岔，造成设备损坏，延误正线行车运行超过60min的；

5）因线桥、供电、信号、通信、车辆等设备、设施故障或技术不良中断正线行车，无法采取替代措施或降级使用，影响上、下行线之一运营超过60min的；

6）因施工原因影响正线行车，导致上、下行线之一中断运营超过60min的；

7）客运列车在应停车站通过的；

8）客运列车运行途中开门、车未停稳开门、在非站台侧错开车门有乘客落入路轨的；

9）因行车有关人员违反劳动纪律、规章制度、作业程序，造成客运列车延误30min以上的；

部分城市轨道交通系统，根据运营实践还制定了事故苗子的认定范围，以加强作业人员对规章制度的严格执行，规范安全作业行为，从制度上加以约束。发生了事故苗子的行为，也要认真分析，严格处理。

（6）事故苗子　因下列行为之一，对列车安全、正点运行构成影响，但未造成事故后果及影响的意外事件，统称事故苗子。

1）向占用区间和封锁区间错误发出列车的；

2）未准备好进路接车的；

3）向占用线接入列车的；

4）客运列车错开车门的；

5）列车冒进信号的；

6）因行车有关人员违反劳动纪律漏乘、出务延迟耽误列车运行，造成客运列车3min以上晚点的；

7）错误办理行车凭证耽误列车运行，造成客运列车3min以上晚点的；

8）漏发、漏传、错发、错传调度命令耽误列车运行，造成客运列车3min以上晚点的；

9）因列车或其他设备、设施故障或技术不良，造成客运列车3min以上晚点的；

10）在实行站间行车法等人工组织行车办法时，未办或错办手续发车的；

11）机车、车辆溜入区间或站内的；

12）未拿或错拿行车凭证发车的。

13）其他对列车安全、正点运行构成影响的意外事件。

（7）责任事故　系指通过采取管理或技术手段能够预见和避免，但因工作疏漏、盲目蛮干而未能预见和避免；或者通过及时采取措施能够降低损失，但由于过失或者采取措施不力导致损失和影响加重的事故。

（8）非责任事故　系指由自然因素造成的不能预见、人力不可抗拒的事故，或在技术改造、发明创造、科学试验活动中，因科学技术条件限制无法预测而发生的事故。

四、行车事故的通报及调查处理

1. 行车事故报告程序

在区间发生行车事故时，由列车驾驶员立即报告行车调度员，无法和行车调度员联系时，可报告就近车站的行车值班员，由行车值班员转报行车调度员；在车站内或车厂内发生行车事故时，由车站行车值班员或车厂调度员报告行车调度员；其他目击人员可以通过车站工作人员向行车调度员报告。

行车调度员接到事故报告后，应立即报告上级主管部门，并积极组织救援，防止事故扩大，按照“先通后复”的原则组织指挥事故处理，尽快恢复正常行车。应及时填写“行车事故概况”，报相关部门。

发生人员伤亡、火灾、爆炸、毒气袭击等事故，需要报告119火警、120急救中心或公安派出所时，由值班站长、事故现场目击者在第一时间内报告；列车驾驶员则立即报告控制中心，由控制中心立即报告119火警、120急救中心或公安派出所等外部救援单位。

2. 事故报告的主要内容

1）发生时间（月、日、时、分）；

2）发生地点（区间、百米标和上、下行正线）；

3）列车车次、车组号、关系人员姓名、职务；

4）事故概况及原因；

5）人员伤亡情况及车辆、线路等轨道设备损坏情况；

6）是否需要救援；

7）是否影响邻线运行；

8）其他必须说明的内容及要求。

在紧急情况下，特别是发生较大的事故时，由于现场情况和环境情况比较复杂、混乱，现场情况可能一时难以全部讲清，此时可先报告上述部分内容，但必须报清事故发生的位置、事故概况、是否需要立即救援帮助等，以利于行车安全管理部门和领导决策。

必须进行现场事故抢救和救援时，由行车调度员及时通知各相关部门进行。各相关部门应按行车调度员及上级有关领导的指示做好救援和准备，及时出动展开救援工作。

3. 事故的调查处理

（1）行车事故现场处置　在事故报告完成后，有关人员要迅速进行事故现场的处置。在专业人员及救援人员到达事故现场前，若事故发生在区间，由驾驶员负责；若事故发生在车站或车辆段，由值班站长（行车值班员）或车辆段调度员负责。其任务是负责指挥抢救伤员、引导乘客自救、组织疏散及安抚乘客等工作，并保护现场、查找证人、做好记录、保存可疑物证，等待进一步救援。在有关救援人员到达后，由事故现场的负责人或委任相关专业人员指挥救援，处理善后工作。

在险性事故和一般事故发生后，驾驶员必须立即报告，并且等待行车调度员的进一步命令指示，按要求执行，不得擅自移动列车。如需事故救援，驾驶员应按规定请求救援，并在救援人员和设备到现场前负责列车安全、乘客安全等工作。在救援人员到达后向现场指挥人员报告情况，并按行车调度员或救援指挥人员的命令执行。

（2）事故调查、分析　特别重大、重大、大事故发生后，应成立专门的事故处理调查小组，并由各有关部门参加，负责事故的调查、处置、协调、善后、分析等各项工作，包括现场摄、录像及绘制现场草图、设备检测、收集物证、询问人证、调查记录现场情况等工作。

险性事故和一般事故发生后，如涉及两个以上直属单位时，由城市轨道交通企业负责调查，在规定的时间内将事故调查报告上报，并提出防范措施。对责任单位无异议的险性事故，由险性事故责任单位组织调查分析，明确原因并对责任者提出处理意见，制定防范措施。对涉及一个单位的一般事故，由责任单位调查分析，找出原因，明确责任，并对责任者进行处理，提出防范措施。

值乘驾驶员和事故有关人员要积极配合，如实报告情况，以便分析事故真正原因，明确事故责任，制定防范措施。事故有关人员均不得隐瞒事实，对推脱责任、拖延调查、隐瞒真相的个人与单位部门，经查实予以从重处理。

对事故涉及城市轨道交通以外单位的调查，由城市轨道交通企业事故调查处理小组与相关单位协调处理，必要时提请司法部门裁决处理，凡行车事故涉及刑事责任的调查处理由公安部门负责，事故有关单位、个人协助配合调查工作。

五、行车事故的防范

为减少事故的发生，做到防患于未然，应加强安全生产管理。坚持“安全第一，预防为主”的方针，各级领导要把安全工作作为首要任务去抓，加强安全管理和安全思想教育，把安全思想在各级领导和全体员工中牢固树立，强化员工安全意识，严肃劳动纪律和作业纪律，教育员工自觉执行各项规章制度；做好员工的技术培训，加强员工的日常技能演练和考核工作，不断提高员工的业务水平；加强安全检查，及时消除隐患，搞好设备维修保养，提高设备质量；深入开展安全正点、优质服务的竞赛活动，确保城市轨道交通安全运营。

【复习思考题】

1. 什么叫行车事故？行车事故是如何分类的？
2. 行车事故报告程序是怎样的？
3. 发生行车事故时怎样进行现场的应急处置？
4. 在事故调查中，事故有关人员应做到哪些要求？

附　　录

附录 A

城市轨道交通运营管理办法

中华人民共和国建设部令第 140 号

《城市轨道交通运营管理办法》已于 2005 年 3 月 1 日经第 53 次部常务会议讨论通过，现予发布，自 2005 年 8 月 1 日起施行。

建设部部长汪光焘

2005 年 6 月 28 日

第一章　总　　则

第一条　为了加强城市轨道交通运营管理，保证城市轨道交通正常、安全运营，维护城市轨道交通运营秩序，保障乘客和城市轨道交通运营者的合法权益，制定本办法。

第二条　本办法适用于城市轨道交通的运营及相关的管理活动。

第三条　国务院建设主管部门负责全国城市轨道交通的监督管理工作。

省、自治区人民政府建设主管部门负责本行政区域内城市轨道交通的监督管理工作。

城市人民政府城市轨道交通主管部门负责本行政区域内城市轨道交通的监督管理工作。

第二章　运 营 管 理

第四条　城市人民政府城市轨道交通主管部门应当按照《行政许可法》以及市政公用事业特许经营的有关规定，依法确定城市轨道交通运营单位。

第五条　新建城市轨道交通工程竣工后，应当进行工程初验；初验合格的，可以进行试运行；试运行合格，并具备基本运营条件的，可以进行试运营。

城市轨道交通工程竣工，按照国家有关规定验收，并报有关部门备案。经验收合格后，方可交付正式运营。

安全设施不符合有关国家标准的新建、改建、扩建城市轨道交通工程项目，不得投入运营。

第六条　城市轨道交通运营单位应当按照国家有关规定和特许经营协议，制定城市轨道交通运营服务规则和设施保养维护办法，保证城市轨道交通的正常、安全运营。

第七条　城市轨道交通运营单位应当执行价格主管部门依法确定的票价，不得擅自调整。

第八条　城市轨道交通运营单位应当为乘客提供安全便捷的客运服务，保证车站、车厢整洁，出入口、通道畅通，保持安全、消防、疏散导向等标志醒目。

第九条　城市轨道交通运营单位工作人员应当佩戴标志、态度文明、服务规范。驾驶员、调度员、行车值班员等岗位的工作人员应当经培训合格后，持证上岗。

城市轨道交通运营单位应当在车站配备急救箱，车站工作人员应当掌握必要的急救知识和技能。

第十条 城市轨道交通运营过程中发生故障而影响运行的，城市轨道交通运营单位应当及时组织乘客疏散，并尽快排除故障，恢复运行。一时无法恢复运行的，城市轨道交通运营单位应当及时报告城市人民政府城市轨道交通主管部门。

第十一条 城市轨道交通因故不能正常运行的，乘客有权持有效车票要求城市轨道交通运营单位按照单程票价退还票款。

第十二条 禁止下列危害城市轨道交通正常运营的行为：

（一）在车厢内吸烟、随地吐痰、便溺、吐口香糖、乱扔果皮、纸屑等废弃物；

（二）在车站、站台、站厅、出入口、通道停放车辆、堆放杂物或者擅自摆摊设点堵塞通道的；

（三）擅自进入轨道、隧道等禁止进入的区域；

（四）攀爬、跨越围墙、护栏、护网、门闸；

（五）强行上下列车；

（六）在车厢或者城市轨道交通设施上乱写、乱画、乱张贴；

（七）携带宠物乘车；

（八）危害城市轨道交通运营和乘客安全的其他行为。

第十三条 禁止乘客携带易燃、易爆、有毒和放射性、腐蚀性的危险品乘车。

城市轨道交通运营单位可以对乘客携带的物品进行安全检查，对携带危害公共安全的危险品的乘客，应当责令出站；拒不出站的，移送公安部门依法处理。

第十四条 城市人民政府城市轨道交通主管部门和城市轨道交通运营单位应当建立投诉受理制度，接受乘客对违反运营规定和服务规则的行为的投诉。

城市轨道交通运营单位应当自受理投诉之日起十个工作日内做出答复。乘客对答复有异议的，可以向城市人民政府城市轨道交通主管部门投诉，城市人民政府城市轨道交通主管部门应当自受理乘客投诉之日起，十个工作日内做出答复。

第三章 安 全 管 理

第十五条 城市轨道交通运营单位应当依法承担城市轨道交通运营安全责任，设置安全生产管理机构，配备专职安全生产管理人员，保证安全生产条件所必需的资金投入。

第十六条 城市轨道交通运营单位应当按照反恐、消防管理、事故救援等有关规定，在城市轨道交通设施内，设置报警、灭火、逃生、防汛、防爆、防护监视、紧急疏散照明、救援等器材和设备，定期检查、维护，按期更新，并保持完好。

第十七条 城市轨道交通运营单位负责城市轨道交通设施的管理和维护，定期对土建工程、车辆和运营设备进行维护、检查，及时维修更新，确保其处于安全状态。检查和维修记录应当保存至土建工程、车辆和运营设备的使用期限到期。

第十八条 城市轨道交通运营单位应当组织对城市轨道交通关键部位和关键设备的长期监测工作，评估城市轨道交通运行对土建工程的影响，定期对城市轨道交通进行安全性评价，并针对薄弱环节制定安全运营对策。

在发生地震、火灾等重大灾害后，城市轨道交通运营单位应当对城市轨道交通进行安全性检查，经检查合格后，方可恢复运营。

第十九条　城市轨道交通运营单位应当采取多种形式向乘客宣传安全乘运的知识和要求。

第二十条　城市轨道交通应当在以下范围设置控制保护区：

（一）地下车站与隧道周边外侧五十米内；

（二）地面和高架车站以及线路轨道外边线外侧三十米内；

（三）出入口、通风亭、变电站等建筑物、构筑物外边线外侧十米内。

第二十一条　在城市轨道交通控制保护区内进行下列作业的，作业单位应当制定安全防护方案，在征得运营单位同意后，依法办理有关行政许可手续：

（一）新建、扩建、改建或者拆除建筑物、构筑物；

（二）敷设管线、挖掘、爆破、地基加固、打井；

（三）在过江隧道段挖沙、疏浚河道；

（四）其他大面积增加或减少载荷的活动。

上述作业穿过地铁下方时，安全防护方案还应当经专家审查论证。

运营单位在不停运的情况下对城市轨道交通进行扩建、改建和设施改造的，应当制订安全防护方案，并报城市人民政府城市轨道交通主管部门备案。

第二十二条　在城市轨道交通线路弯道内侧，不得修建妨碍行车瞭望的建筑物、构筑物，不得种植妨碍行车瞭望的树木。

第二十三条　禁止下列危害城市轨道交通设施的行为：

（一）非紧急状态下动用应急装置；

（二）损坏车辆、隧道、轨道、路基、车站等设施设备；

（三）损坏和干扰机电设备、电缆、通信信号系统；

（四）污损安全、消防、疏散导向、站牌等标志，防护监视等设备；

（五）危害城市轨道交通设施的其他行为。

第四章　应 急 管 理

第二十四条　城市人民政府城市轨道交通主管部门应当会同有关部门制定处理突发事件的应急预案；城市轨道交通运营单位应当根据实际运营情况制定地震、火灾、浸水、停电、反恐、防爆等分专题的应急预案，建立应急救援组织，配备救援器材设备，并定期组织演练。

当发生地震、火灾或者其他突发事件时，城市轨道交通运营单位和工作人员应当立即报警和疏散人员，并采取相应的紧急救援措施。

第二十五条　城市轨道交通车辆地面行驶中遇到沙尘、冰雹、雨、雪、雾、结冰等影响运营安全的气象条件时，城市轨道交通运营单位应当启动应急预案，并按照操作规程进行安全处置。

第二十六条　遇有城市轨道交通客流量激增危及安全运营的紧急情况，城市轨道交通运营单位应当采取限制客流量的临时措施，确保运营安全。

第二十七条　遇有自然灾害、恶劣气象条件或者发生突发事件等严重影响城市轨道交通安全的情形，并且无法采取措施保证安全运营时，运营单位可以停止线路运营或者部分路段运营，但是应当提前向社会公告，并报告城市人民政府城市轨道交通主管部门。

第二十八条 城市轨道交通运营中发生安全事故，城市人民政府城市轨道交通主管部门、城市轨道交通运营单位应当依据应急预案进行处置。

第二十九条 城市轨道交通运营中发生人员伤亡事故，应当按照先抢救受伤者，及时排除故障，恢复正常运行，后处理事故的原则处理，并按照国家有关规定及时向有关部门报告；城市人民政府城市轨道交通主管部门、城市轨道交通运营单位应当配合公安部门及时对现场进行勘察、检验，依法进行现场处理。

第三十条 城市轨道交通运营过程中发生乘客伤亡的，城市轨道交通运营单位应当依法承担相应的损害赔偿责任；能够证明伤亡人员故意或者自身健康原因造成的除外。

第五章 法律责任

第三十一条 违反本办法第五条规定，未经竣工验收合格，将城市轨道交通工程项目投入正式运营的，按照《建设工程质量管理条例》的有关规定进行处罚。

第三十二条 违反本办法第七条规定，城市轨道交通运营单位未执行价格主管部门依法确定的票价的，由价格主管部门按照价格法律法规的规定依法处罚。

第三十三条 违反本办法规定，城市轨道交通运营单位有下列行为之一的，由城市人民政府城市轨道交通主管部门责令限期改正，并可处以5000元以下罚款：

（一）违反本办法第八条规定，未保证车站、车厢整洁，出入口、通道畅通，保持安全、消防、疏散导向等标志醒目的；

（二）违反本办法第九条规定，安排未经培训合格的工作人员上岗或者未在车站配备急救箱的。

第三十四条 违反本办法第十条规定，城市轨道交通运营单位在发生运营故障时未及时组织乘客疏散的，由城市人民政府城市轨道交通主管部门给予警告，并处以5000元以下罚款。

第三十五条 违反本办法第十二条、第十三条的规定，影响城市轨道交通安全正常运营的，由城市人民政府城市轨道交通主管部门责令改正，并可处以50元以上500元以下罚款。

第三十六条 违反本办法规定，城市轨道交通运营单位有下列行为之一的，由城市人民政府城市轨道交通主管部门给予警告，责令限期改正，并可处以1万元以下罚款：

（一）违反本办法第十六条规定，未设置报警、灭火、逃生、防汛、防爆、防护监视、紧急疏散照明、救援等器材和设备，并保持完好的；

（二）违反本办法第二十四条规定，未按照规定建立应急预案的。

第三十七条 违反本办法第十七条规定，城市轨道交通运营单位未按照规定定期检查和及时维护城市轨道交通设施的，由城市人民政府城市轨道交通主管部门给予警告，责令限期改正，并可处以1万元以下罚款。

第三十八条 违反本办法规定，有下列行为之一的，由城市人民政府城市轨道交通主管部门给予警告，责令限期改正，并可处以1万元以上3万元以下罚款；造成损失的，依法承担赔偿责任；情节严重，构成犯罪的，依法追究刑事责任：

（一）违反本办法第二十一条第一款规定，在城市轨道交通控制保护区内进行作业的作业单位未制定安全防护方案，或者未征得城市轨道交通运营单位同意的；

（二）违反本办法第二十一条第三款规定，城市轨道交通运营单位对轨道交通进行扩建、改建和设施改造时，未制定安全防护方案的。

第三十九条　个人或者单位违反本办法第二十二条、第二十三条规定，影响城市轨道交通安全的，对个人处以500元以上1000元以下罚款，对单位处以1000元以上5000元以下罚款；造成损失的，依法承担赔偿责任。

第四十条　城市轨道交通运营单位有下列行为之一的，由城市人民政府城市轨道交通主管部门给予警告，责令限期改正，并可处以1万元以下罚款：

（一）违反本办法第二十五条规定，遇有恶劣气象条件时，未按照应急预案和操作规程进行处置的；

（二）违反本办法第二十六条规定，在客流量急增危及安全运营时，未采取限制客流量的临时措施的；

（三）违反本办法第二十七条规定，停止运营时，未提前向社会公告和报告主管部门的；

（四）违反本办法第二十八条规定，发生安全事故时，未按照应急预案进行处置的。

第四十一条　城市人民政府城市轨道交通主管部门工作人员玩忽职守、滥用职权、徇私舞弊的，由其所在单位依法给予行政处分；构成犯罪的，依法追究刑事责任。

第六章　附　　则

第四十二条　本办法所称城市轨道交通，是指城市公共交通系统中大运量的城市地铁、轻轨等城市轨道公共客运系统。

本办法所称城市轨道交通设施，是指为保障城市轨道交通系统正常安全运营而设置的轨道、隧道、高架道路（含桥梁）、车站（含出入口、通道）、通风亭、车辆、车站设施、车辆段、机电设备、供电系统、通信信号系统等设施。

第四十三条　本办法自2005年8月1日起施行。

附录B

LOW工作站上的操作命令一览表

序号	按钮名称	命令含义	命令种类	备注
1	强解区段	解锁进路中的轨道区段	K	
2	轨区逻空	把轨道区段设为逻辑空闲	K	
3	强解道岔	解锁进路中的道岔	K	
4	岔区逻空	把道岔区段设为逻辑空闲	K	
5	开放引导	开放引导信号	K	
6	挤岔恢复	取消挤岔标记，并转换道岔	K	
7	单独锁定	锁定单个道岔，阻止转换	R	（一对命令）
8	取消锁定	取消对单个道岔的锁定	K	
9	封锁区段	将区段封锁，禁止通过该区段排列进路	R	（一对命令）
10	解封区段	取消对区段的封锁	K	

（续）

序号	按钮名称	命令含义	命令种类	备注
11	封锁道岔	将道岔封锁	R	（一对命令）
12	解封道岔	取消对道岔的封锁	K	
13	终止站停	将运营停车点取消	R	只能用于正常运营方向
14	封锁信号	不允许开放信号	R	可开放引导（一对命令）
15	解封信号	取消对关闭状态下信号的封锁	K	
16	强行站控	在紧急情况下，未经 OCC 同意车站强行取得站级工作站控制权	K	强行站控后，应报告行调
17	强行转岔	轨道电路区段被物理占用，为进行检查或临时排进路	K	
18	轨区设限	设置该区段的限制速度	K	无进路状态下使用（一对命令）
19	轨区消限	将已设置的限速值取消	K	
20	岔区设限	设置该岔区的限制速度	K	无进路状态下使用（一对命令）
21	岔区消限	将已设置的限速取消	K	
22	关站信号	关闭并封锁车站（包括属站）全部信号机	R	无论控制权在何方，车站均能操作
23	关区信号	关闭并封锁联锁区全部信号机	R	
24	重启令解	SICAS 系统重新启动后（并非指 LOW 计算机重启），解除全部命令的锁闭	K	在执行此命令前，除“全区逻空”命令外系统禁止执行其他命令
25	全区逻空	将本联锁区全部轨道区段设置为逻辑空闲	K	
26	换上至下	命令执行后，驾驶室从上行方向改至下行方向	R	
27	换下至上	命令执行后，驾驶室从下行方向改至上行方向	R	
28	转换道岔	转换道岔	R	
29	自排全开	全部信号机处于自动排列状态	R	
30	自排全关	全部信号机处于人工排列进路状态	R	
31	追踪全开	信号机由联锁自动排列进路	R	
32	追踪全关	信号机取消由联锁自动排列进路	R	
33	交出控制	建议交出控制权	R	
34	接收控制	接收控制权	R	
35	自动折返	指示 ATP/ATO 进行列车驾驶端切换	R	
36	关单信号	设置信号机为关闭状态	R	
37	开放信号	设置信号机为开放状态	R	
38	自排单开	设置单架信号机处于自动排列进路状态	R	
39	自排单关	设置单架信号机处于人工排列进路状态	R	
40	追踪单开	单架信号机由联锁自动排列进路	R	
41	追踪单关	单架信号机取消由联锁自动排列进路	R	
42	排列进路	排列进路	R	
43	取消进路	取消进路	R	

注：K——与安全有关的命令，R——普通命令；LOW 工作站上设轨道限速时，在无进路状态下使用；轨区、岔区设限速度有 60km/h、45km/h、30km/h、25km/h、20km/h、10km/h 六种。

附录 C

词　汇　表

运营时刻表	列车在车站(车厂)出发、到达(或通过)及折返时刻的集合
列车运行图	根据列车时刻表铺画的运行图
推进	在列车尾部驾驶室操纵列车运行或救援列车在前端驾驶室推送被救援客车运行为推进运行
退行	在非正常情况下,客车越过停车标须退回停车窗内或列车从区间返回发车站为退行,可以推进或牵引运行
反方向运行	在上行线开行下行方向列车或在下行线开行上行方向列车时,为反方向运行,但列车从区间返回发车站为退行
头端墙	按定义的列车正常运行方向,列车停在车站时头部对应的车站端墙
尾端墙	按定义的列车正常运行方向,列车停在车站时尾部对应的车站端墙
线路出清	施工完毕后施工负责人检查所有人员携带的工具及物料撤离行车线路,所有施工人员撤离行车线路或线路巡视员巡查完毕,该段线路已具备正常行车的条件
LOW 工作站	微机联锁区域操作员工作站
列车	按运营时刻表、施工行车通告及有关规定编成的车列,挂有动力车辆(如机车等)及规定的列车标志,称为列车。列车分为客车、工程车、轨道车、救援列车等
关门车	临时发生制动机故障,而关闭截断塞门本身失去制动力的车辆
站台紧急停车按钮(ESB)	设于站台柱墙上,当出现危及行车安全情况时,可立即按压使客车紧急停车的按钮,每站台设有 2 个
LCP 控制盘	设于站控室控制台上,设有扣车、取消扣车、紧急停车、取消紧急停车、灯泡测试等按钮,与站台 ESB 相连通
OCC	运营控制中心
DCC	车厂控制中心(即车辆段或车辆基地控制中心)
ATC	列车自动运行控制系统
ATS	列车自动监控子系统
ATP	列车超速防护子系统
ATO	列车自动驾驶子系统
AR	列车自动折返模式
DTI	发车时间显示器(倒计时器)
DTRO	无人驾驶列车折返运行
RM	限速(25km/h)人工驾驶模式
SICAS	西门子计算机辅助信号联锁系统
SM	ATP 保护的人工驾驶模式
URM	非限制的人工驾驶模式
MMI	人机接口
CCTV	闭路电视监视系统,在站台头端墙、车站控制室、OCC 等处设有监视器
RTU	远程终端单元

（续）

主任调度员	OCC 调度指挥当值负责人，负责行调、电调、环调协调运作
行调	负责行车指挥工作的专职人员
电调	负责供电系统的管理和调度的专职人员
环调	负责环境控制系统的管理和调度的专职人员
值班站长	车站当值的负责人，负责行车、客运值班员、站务员协调运作
车站值班员	车站行车及客运值班员，协助值班站长管理行车及客运工作人员
站务员	负责车站某一部分工作的员工，包括售票员等
驾驶员	驾驶列车运行的专职人员，有客车、工程车驾驶员
调车长	负责调车作业的现场指挥人员
车长	工程列车上设有车长，负责指挥列车运行及监视装载货物的安全，推进运行时负责引导瞭望
线路巡视员	指按照轨道巡回图进行轨道线路巡视检查的人员
信号防护员	指在线路上进行维修、施工作业的现场，根据需要设置的防护信号的人员
列车引导员	指经培训合格，在客车故障需要驾驶员在尾部驾驶室驾驶或 ATP 车载设备故障需添乘监控时，能够负责在客车前端瞭望，监控列车运行速度及运行安全，紧急情况时可以有效控制列车紧急停车等的员工
屏蔽门	由屏封和门组成，将车站站台与站台轨道分隔开的设备
PSL	屏蔽门就地控制盘
PSA	屏蔽门远方报警盘
PSC	站台屏蔽门中央控制盘

参考文献

[1] 张国宝. 城市轨道交通运输组织[M]. 北京：中国铁道出版社，2000.

[2] 何宗华，汪松滋，何其光. 城市轨道交通运营组织[M]. 北京：中国建筑工业出版社，2003.

[3] 傅世善. 列控与闭塞概论[M]. 北京：中国铁道出版社，2006.

[4] 钱钟侯. 高速铁路概论[M]. 3 版. 北京：中国铁道出版社,2006.

[5] 费安萍. 城市轨道交通行车组织[M]. 成都：西南交通大学出版社，2007.

[6] 何静. 城市轨道交通运营管理[M]. 北京：中国铁道出版社，2007.

[7] 欧阳全裕. 地铁轻轨线路设计[M]. 北京：中国建筑工业出版社，2007.

[8] 许玉德，李海锋，戴月辉. 轨道交通工务管理[M]. 上海：同济大学出版社，2007.

[9] 黄典剑，李传贵. 突发事件应急能力评价[M]. 北京：冶金工业出版社，2006.

[10] 谭复兴，高伟君，等. 城市轨道交通系统概论[M]. 北京：中国水利水电出版社，2007.

[11] 张凡，钱传贵. 城市轨道交通概论[M]. 成都：西南交通大学出版社，2007.

[12] 毛保华，姜帆，刘迁，等. 城市轨道交通[M]. 北京：科学出版社，2007.